CHANTS POPULAIRES

DE L'ALLEMAGNE.

BALLADES

ET

CHANTS POPULAIRES

(ANCIENS ET MODERNES)

DE L'ALLEMAGNE.

TRADUCTION NOUVELLE

PAR SEB. ALBIN.

PARIS.

LIBRAIRIE DE CHARLES GOSSELIN,
Éditeur de la Bibliothèque d'Élite,
9, RUE SAINT-GERMAIN-DES-PRÉS.

MDCCCXLI

IMPRIMERIE DE Vᶜ DONDEY-DUPRÉ,
Rue Saint-Louis, 46, au Marais.

PRÉFACE.

Sous le titre de *Chants populaires de l'Allemagne*, nous avons compris : premièrement, les anciens chants nés dans le peuple et chantés par le peuple ; secondement, les productions lyriques des poètes qui ont acquis la consécration populaire, et enfin, parmi les chants de l'époque actuelle, ceux qui sont généralement le plus estimés et le plus répandus.

Les chants populaires proprement dits composent la première partie de ce recueil; ils ne portent ni dates ni noms d'auteurs, c'est pourquoi l'ordre chronologique n'a pu être observé dans leur classement. Ils furent pour la plupart imprimés au seizième et au dix-septième siècle; toutefois ils remontaient, à quelques exceptions près, bien au-delà de cette époque, et s'étaient conservés par la tradition. Pour donner une idée complète du développement de la poésie allemande, il eût fallu commencer par les chants des Minnesænger, et par ceux des Meistersænger; mais notre but étant de faire connaître la poésie vivante de nos jours, les productions qui sont oubliées ne pouvaient figurer dans cette collection. Cependant quelques-uns des chants de la première partie furent originairement composés par les Minnesænger et par les maîtres chanteurs, tels que *l'Arrivée du printemps*, *Lettre*, *Si tu es heureux*, *Chant du désir*, *la Vérité*, *le Paradis*, etc. Mais le peuple en les adoptant les altéra et leur imprima son cachet, de telle sorte qu'ils ne sauraient plus être rendus à leurs premiers auteurs. Dans ces derniers temps, il est vrai, l'étude du moyen âge ayant pris rang à côté de l'étude de l'antiquité, les chants des Minnesænger furent recherchés et lus; néanmoins ils restèrent sans influence immédiate sur le talent des poètes, qui prirent leur tendance épique et narrative dans la poésie populaire.

Mais le peuple, qui répète journellement ses anciens chants, n'en fait plus maintenant. On dirait qu'il a perdu la faculté poétique qu'il posséda à un si haut degré au moyen âge et à la renaissance. A part quelques improvisations des paysans de l'Autriche et de la Souabe, et quelques mauvaises complaintes sur les meurtres et les accidens, on ne voit plus paraître aucun chant nouveau. Cependant nulle part l'instruction n'a atteint un si haut développement qu'en Allemagne. Tous les gouvernemens de ce pays, despotiques ou libéraux, catholiques ou protestans, font de l'éducation du peuple l'objet de leur plus vive sollicitude. Peut-être est-ce cette instruction même qui a tari les sources de l'inspiration populaire? Jadis celui qui se sentait ému par un fait ou par un sentiment quelconque, chantait cette émotion sans l'analyser, et telle qu'il l'éprouvait. Ainsi ne faudrait-il pas chercher la logique et le raisonnement dans ces productions de l'inspiration instantanée. Les contradictions, les incidens les plus étrangers au sujet y abondent. Souvent le chant commence par un aphorisme quelconque, qui n'a aucun rapport avec la suite. C'est ainsi qu'une petite chanson souabe très-connue dit :

« Un peu d'amour et un peu de fidélité et un peu de fausseté sont toujours ensemble.

» Les cerises sont mûres, les cerises sont bonnes, et quand la jeune fille vient à passer, on lui ôte le chapeau.

» Là-bas dans la vallée le ruisseau est trouble, et je ne puis te cacher que je t'aime tout plein. »

Ou bien qu'une autre dit :

« Le soleil luit sur le glacier, les étoiles sont au ciel. O toi, ma plus grande joie, combien je t'aime !

» Mon amoureuse est petite comme une noix muscade, et chaque fois que je l'embrasse elle se met à rire, etc. »

Souvent encore, dans les chants populaires, le sujet

est à peine exprimé; il faut le deviner par les détails. Ce manque de clarté vient de l'improvisation; il paraît clair alors que celui qui chantait l'émotion était en même temps celui qui l'éprouvait, et qu'il jugeait inutile d'établir un sujet qu'il connaissait si bien. Un petit chant très-répandu et très-aimé dans toute l'Allemagne en est un exemple frappant. Il fut sans doute composé par un jeune garçon qui perdit son amoureuse dans une inondation. Nous le donnons ici.

« Sur le pont de Coblentz était une grande neige ; la neige a fondu, l'eau coule dans la mer.

» L'eau coule dans le jardin de ma chérie, personne n'y demeure. Je pourrais attendre encore long-temps ; ce serait toujours en vain. Deux petits arbres y murmurent seuls.

» Leur tête verte sort et regarde au-dessus de l'eau ; ma chérie doit y être, je ne puis aller la trouver.

» Quand Dieu me salue dans l'air bleu et dans la vallée, ma chérie me salue du fond du fleuve.

» Elle ne passe pas sur le pont où passent tant de belles dames; celles-là me regardent beaucoup, mais je ne veux pas les voir. »

Gœthe a dit : « Nous autres modernes, nous savons » bien sentir la grande beauté d'un sujet naïf; nous » savons même la manière de rendre ce sujet, et nous

» ne le rendons pas. L'esprit domine trop chez nous, » il étouffe les grâces naturelles. » Ce qu'il disait là plus particulièrement pour les classes lettrées, a un sens général applicable au peuple. L'éducation, en l'éclairant, a diminué la naïveté de ses sentimens et de son esprit, et s'il chante encore par habitude, et, pour ainsi dire, par héritage paternel, les vieilles chansons du passé, il est devenu trop logique pour en faire de pareilles. Jadis il pensait en chantant, maintenant il penserait avant de chanter, et l'inspiration spontanée se perdrait dans l'examen; et l'éducation qui s'arrête pour lui au quart du chemin, le travail matériel auquel il est astreint l'empêchent de regagner par le développement de l'esprit ce qu'il perd du côté de la nature. En revanche et par la même raison, les productions des poètes sont devenues populaires et le deviennent tous les jours davantage; elles font partie de l'enseignement dans les écoles primaires; et il n'est pas rare d'entendre chanter ou réciter aux enfans de village les poésies de Schiller, de Gœthe ou d'Uhland.

Herder fut le premier à publier les chants populaires de l'Allemagne; son exemple patriotique eut bientôt une foule d'imitateurs. Les frères Grimm, Arnim et Brentano, Gœrres, Wolf, Docen, Hagen et Busching, Vulpius, etc., tous poètes ou écrivains de premier ordre, recherchèrent avec un zèle et un amour infatigables toutes les vieilles reliques et en firent des recueils qui furent considérés, pour nous servir ici de l'expression de ces écrivains mêmes, comme des *sources inépuisables d'énergique et fraîche poésie.* Plus récemment encore, Erlach et Wackernagel ont complété ces collections. C'est dans ces différens livres que nous avons puisé, en recherchant surtout dans la traduction, que nous donnons ici, le mérite de la fidélité scrupuleuse, et sans nous être permis le moindre changement qui eût altéré le caractère d'irréflexion et de désordre des originaux.

Parmi les productions d'auteurs modernes, nous avons choisi de préférence celles qui font partie des recueils de chants, soit à l'usage des écoles, soit à l'usage des réunions chantantes si nombreuses en Allemagne.

Nous n'avons pas reculé devant la traduction des chants patriotiques de 1813, de ces chants qui respirent la vengeance et l'horreur du joug étranger. C'est contre la France qu'ils furent faits, c'est à la France qu'ils portèrent de rudes coups en réveillant le patriotisme au cœur des Allemands, et c'est la France qui sait les comprendre et les apprécier. Peu importe que le sentiment qui les inspira se soit soulevé contre elle; enthousiaste de l'héroïsme national, elle l'admire partout et toujours. Au reste, les temps de conquêtes sont passés, ils sont tombés dans le domaine de l'histoire; d'autres idées plus élevées que les idées d'ambition occupent les esprits. L'Allemagne et la France, toujours solidaires l'une de l'autre, dont l'une fit la réforme religieuse, et l'autre la réforme politique, marchent maintenant vers le même but, le perfectionnement social; toutes deux elles règnent par l'esprit et par la pensée? Et quels que soient les obstacles qui puissent accidentellement entraver l'union intime des deux pays, il est une volonté providentielle ou une force logique des choses qui finira toujours par faire triompher la vérité et le droit. La France est aussi désabusée de l'ivresse de l'ambition que l'Allemagne doit l'être de l'ivresse de l'enthousiasme. Toutes deux ont trop appris à leurs dépens où mène l'exaltation aveugle pour la mettre de nouveau au service de calculs haineux et machiavéliques.

NOTICE HISTORIQUE

SUR

LA POÉSIE LYRIQUE

EN ALLEMAGNE.

L'Allemagne n'eut pas de poésie lyrique proprement dite avant la fin du douzième siècle ; antérieurement à cette époque tous ses chants étaient épiques. L'enfance des nations ressemble à celle des hommes, l'action est son premier besoin, le but de toutes ses facultés ; chez elle le sentiment ne sait pas encore s'isoler et vivre pour lui-même ; il se traduit par l'action, dont il est inséparable. C'est pourquoi toute poésie primitive est une poésie de récit, qui, par l'image des faits passés, provoque, anime, exalte les hommes et les entraîne à l'imitation. La poésie lyrique, qui est l'expression pure et simple du sentiment, est donc à cette époque-là intimement unie à la poésie épique, et se confond même avec elle.

Tacite rapporte que les anciens Germains célébraient par des chants antiques, qui leur servaient d'annales, Twiskon, le dieu né de la terre, et Mannus son fils, le fondateur de leur race ; qu'ils avaient en outre des hymnes guerriers par lesquels ils enflammaient ou intimidaient les âmes. Charlemagne fit recueillir tous les chants des races germaines soumises à sa domination, et l'histoire dit que son fils, Louis le Débonnaire, les apprit dans sa jeunesse, mais ne voulait plus ni les lire ni les entendre chanter quand il fut devenu vieux. Ce recueil n'est point parvenu jusqu'à nous. Il était dans l'intérêt de la religion chrétienne et des chefs qui fondaient alors les états modernes, de faire disparaître les traditions célébrant l'ancien culte, les héros des invasions et les temps d'indépendance. Les prêtres et les moines, seuls capables d'écrire, se fussent bien gardés de faire vivre ces restes du passé, en continuant ou en conservant le recueil de Charlemagne. Tout entiers à l'œuvre de conversion, ils s'efforcèrent de remplacer l'ancienne poésie païenne par la poésie chrétienne ; et quand les souvenirs populaires opposaient trop de résistance pour être entièrement déracinés, ils les christianisaient, c'est-à-dire que, sans s'inquiéter des anachronismes, ils attribuaient à leur religion le rôle que le paganisme avait joué, en l'adoucissant toutefois. Cette alliance du génie du Nord sombre et gigantesque, avec le génie du Midi brillant et plein d'harmonie dans ses proportions, et représenté par la religion chrétienne, donna naissance au romantisme.

Les monumens poétiques des quatre siècles qui suivirent Charlemagne sont presque tous religieux. Ils se composent de prières, de versions de l'Évangile, de psaumes et de cantiques. Il faut en excepter le *Chant d'Hildebrand*, qui date de la fin du huitième siècle, et paraît être l'épisode d'un grand poème perdu, et le *Chant de Louis*, composé en l'honneur de la victoire que Louis III, roi des Francs, remporta en 884 sur les Normands. Le Chant d'Hildebrand est écrit dans le vieux rhythme du Nord, en vers libres et *allitérés* [1]. Le sens en est obscur, le sujet barbare, puisqu'il raconte le combat d'un père et de son fils ; la langue y

---

[1] L'*allitération* tenait lieu de rime dans l'antique poésie ger-

ressemble encore beaucoup au gothique de la Bible, traduite au quatrième siècle par Ulfila, l'apôtre de la Germanie ; tout enfin dans ce chant prouve qu'à l'époque où il fut fait les vieilles mœurs germaines vivaient encore. Le Chant de Louis a un tout autre caractère ; la langue en est beaucoup plus douce, elle exprime mieux les nuances de l'idée, l'allitération a disparu, elle a fait place à la rime ; le sens est clair, le sentiment religieux, le développement logique bien observé ; tout annonce qu'un homme lettré, un moine sans doute, en fut l'auteur. Ce chant est écrit en haut-allemand, dialecte parlé dans le midi de l'Allemagne, et notamment en langage franc, qui prévalait alors, tandis que le Chant d'Hildebrand est en vieux saxon, et se rapproche davantage du bas-allemand parlé dans toute l'Allemagne septentrionale. Le premier paraît donc être une production du Midi et l'autre une production du Nord. C'est ce qui expliquerait leurs différences, et surtout les progrès que l'on remarque dans le Chant de Louis, d'un siècle seulement plus moderne que le Chant d'Hildebrand. L'Allemagne méridionale, en contact par sa position géographique et par ses conquêtes avec les restes de la civilisation antique, devait avancer bien plus rapidement que l'Allemagne du nord dans la voie du progrès. Aussi les deux hommes qui travaillèrent le plus au perfectionnement de la langue, Otfried et Notker Labio, étaient-ils tous deux du Midi. Le premier, qui fit une traduction en vers d'une partie de la Bible, était moine de Strasbourg, et l'autre, auteur

---

maine et scandinave : elle consistait à faire entrer dans les vers des mots commençant par la même consonne. Plus les répétitions étaient fréquentes, plus l'harmonie était censée y gagner.

d'une version des psaumes, était moine de Saint-Gall.

Mais ce fut surtout à dater du douzième siècle que l'influence méridionale agit avec le plus de force, et c'est à elle que l'Allemagne dut alors sa poésie lyrique.

La Provence, favorisée par son climat et par une civilisation plus avancée, avait depuis long-temps des poètes, qui, sous le nom de troubadours, chantaient la religion, l'amour et la gloire. Comme la poésie était presque toujours un métier pour eux, ils allèrent l'exercer dans les pays voisins. Partout ils furent appréciés et admirés, et partout leur exemple fit naître des poètes. La maison de Hohenstauffen ou de Souabe, qui, par son génie, et sa domination sur les deux pays, établit des relations continuelles entre l'Allemagne et l'Italie, accueillit à son tour l'art de la Provence, alors populaire en Italie. L'empereur Frédéric Barberousse appela des troubadours auprès de lui, et bientôt tous les princes de son empire l'imitèrent et se passionnèrent pour les chants.

Les circonstances étaient d'ailleurs favorables au développement poétique. La domination des Maures en Espagne et les croisades venaient de créer l'esprit de chevalerie. Un sentiment tout à la fois héroïque et religieux, individuel et général, exaltait les âmes, adoucissait l'humeur sauvage des nations de l'Europe. Le génie de l'Orient, brillant et artiste, se reflétait sur l'Occident; il lui donnait l'amour du beau et du merveilleux, et devenait le troisième élément du romantisme, qu'il porta au plus haut degré de perfection.

Vers la fin du douzième siècle, ce concours de circonstances créa en Allemagne, parmi la noblesse, une foule de poëtes qui, sous le nom de *Minnesænger, chanteurs d'amour*, firent de la poésie un élément principal de la vie des princes et des chevaliers. La civilisation et la puissance avaient développé chez eux le sentiment individuel ; d'un autre côté, les traditions germaines leur rappelaient un passé qu'ils ne pouvaient regretter, ils les dédaignèrent donc, et chantèrent de préférence leurs émotions personnelles. La poésie lyrique naquit alors. Cependant elle ne fut pas d'abord seule à briller, et la poésie épique effaça même pendant quelque temps encore son éclat. Le peuple qui vivait toujours de la vie collective, lui qui n'avait alors aucune valeur individuelle, n'avait pas oublié ses vieux chants historiques ; malgré les moines, qui les stigmatisaient du nom de *Carmina diabolica*, il se les transmettait de génération en génération, altérés, il est vrai, mais conservant toujours quelque chose de leur caractère primitif. Au treizième siècle, des poëtes, dont les noms sont restés inconnus, puisèrent leurs inspirations dans ces traditions, et composèrent de grands et beaux poëmes, réunis plus tard sous le nom de *Heldenbuch, Livre des Héros*. Ils célèbrent tous les héros des invasions, et principalement les exploits de Siegfried ou Sigurd, le héros du Nord, et ceux de Dietrich ou Théodoric, roi des Ostgoths, le héros du Midi de l'Allemagne, et se rattachent au vieux Chant d'Hildebrand. Le Livre des Héros se résume pour ainsi dire en entier dans le *Chant des Nibelungen*[1], qui, à juste titre, a pris rang parmi les plus

---

[1] *Nibelungen* était le nom d'une race de héros que Siegfried, prince des Pays-Bas, vainquit, et dont il devint le chef. Le trésor qu'il leur enleva devint la cause de sa mort, et, par suite, de celle des princes de Bourgogne, ses meurtriers ; car Chrimhilde, femme de Siegfried, et leur propre sœur, les fit exterminer pour

grandes et les plus belles épopées. Ce poème célèbre date du treizième siècle ; treize copies manuscrites en ont été retrouvées, et pas une seule ne porte le nom de celui qui en fut l'auteur. Cependant on l'attribue généralement à Henri d'Ofterdingen, l'un des premiers Minnesænger de l'époque. Quelques écrivains ont voulu y voir une suite de rapsodies, mais cette opinion ne saurait soutenir l'examen. Sa forme, il est vrai, prêtait à cette supposition, car il se divise en chants ou *aventures*, susceptibles d'être chantés séparément ; mais l'enchaînement des faits, le développement graduel de l'intérêt tragique, l'esprit unique qui règne dans tout l'ouvrage, indiquent suffisamment qu'un seul homme en fut l'auteur. Cependant, sans nul doute, des chants anciens servirent de modèles au poète ; les traces d'une tradition encore vivante y sont trop visibles, et le commencement même du poème, « *Il nous est dit merveilles dans les vieilles histoires*, etc., » témoignent de l'antiquité du sujet. Bien avant le treizième siècle, on chantait dans le peuple les aventures des Nibelungen, et à défaut de recueils, l'histoire et l'Edda sont là pour le constater. Saxo Grammaticus[1] rapporte qu'en 1130 un Saxon, voulant avertir Knut Laward, duc de Schleswig et de Seéland d'un complot qui se tramait contre lui, chanta en sa présence *la Vengeance de Chrimhilde*. Trois sagas scandinaves, *la Wolsunga*, *la Wilkina* et *la Niflunga Saga*, qui font partie de la première Edda, racontent en outre les aventures de Sigurd et celles de Dietrich, les deux

venger son époux et ravoir ce trésor fatal, qu'ils avaient noyé dans le Rhin.

[1] Saxo Grammaticus, *Historiæ danicæ*, lib. XIII.

principaux héros du chant des Nibelungen. Ces sagas datent de la fin du onzième ou du commencement du douzième siècle, elles citent souvent les chants allemands, et dans la Niflunga Saga on trouve le passage suivant : « Les hommes » nés à Brême, à Munster et à Soest, nous ont raconté » cela ; ils ne se connaissaient pas, et tous racontaient la » même chose, et disaient qu'ainsi chantaient les vieux » chants en langue allemande [1]. » Cependant, selon leur habitude, les poètes scandinaves altérèrent les traditions qu'ils avaient empruntées ; aussi ne faudrait-il pas y rechercher le caractère primitif de la poésie germaine, mais ces sagas servent à établir l'antiquité des traditions populaires des Nibelungen. Quant à l'Allemagne, elle conserva ses anciens chants long-temps encore après leur fusion dans le grand poème, et, en 1472, ils se transformèrent de nouveau. Caspar de Roen, et d'autres poètes de la même époque, dont les noms ne sont pas venus jusqu'à nous, en firent une suite de rapsodies qui ont pris place dans le Livre des Héros. Les chroniques disent encore que les maîtres chanteurs décernaient un prix à *celui qui récitait, sans une seule faute, la chanson de Siegfried*. Enfin ces traditions favorites passèrent de la poésie dans la prose, et le peuple allemand lit encore aujourd'hui le livre de *Siegfried à la peau cornée* [2]...

A côté de ces poèmes nationaux par le fond, les détails et la forme, le treizième siècle en vit paraître d'au-

---

[1] Voyez Van der Hagen, *Nordische Heldenromane*, Romans héroïques du nord ; et Frédéric Rhues, *l'Edda*.

[2] Siegfried ayant tué le dragon qui gardait le trésor des Nibelungen, se roula dans son sang. Sa peau devint alors dure comme la corne ; de là son nom de *Siegfried à la peau cornée*.

tres qui se rattachent au cycle de Charlemagne et à celui d'Artus et de la Table Ronde; ils sont tous imités des épopées provençales ou anglo-normandes. Le *Titurel*[1] de Wolfram d'Eschenbach, auquel un poème antérieur de Guiot de Provence servit de modèle, occupe le premier rang parmi eux. Les Allemands l'admirent comme le plus sublime, le plus profond et en même temps le plus mystique de leurs poèmes. L'esprit du Titurel diffère essentiellement de l'esprit des Nibelungen; tandis que le récit pur et simple sert de base au dernier, c'est le sentiment religieux et l'abstraction qui prédominent dans le premier. La poésie lyrique y joue par conséquent un grand rôle, la poésie épique ne lui sert pour ainsi dire que d'enveloppe. Titurel ouvre donc une ère nouvelle; la poésie allemande se sépare alors en deux parties bien distinctes, la poésie populaire, représentée par le chant des Nibelungen, qui se perpétua par les ballades faites et chantées par le peuple, et la poésie aristocratique, dont le poème de Titurel fut la plus haute expression, et qui prévalut exclusivement parmi la classe privilégiée de la na-

[1] Titurel est le nom d'un roi puissant de race française auquel le *saint graal*, mot qui vient de *sang réal* (*royal*) fut confié. Ce saint graal est le vase qui servit à la cène, et où le sang du Christ fut recueilli; c'est un objet mystérieux et symbolique qui joue un grand rôle dans la poésie du cycle d'Artus, mais dont l'invention ne date que des croisades. Wolfram d'Eschenbach le fait renfermer dans un temple situé en Espagne, dont personne, excepté les Templiers, ne connaît le chemin. Plus tard, les crimes de l'Europe la rendant indigne de posséder ce précieux trésor, des anges viennent l'enlever et le transportent en Asie; et désormais le lieu où il se trouve reste inconnu aux humains.

tion. Désormais le sentiment l'emporta sur le fait, et les cours et les châteaux retentirent de chants lyriques.

Les plus célèbres d'entre les Minnesænger furent Henri d'Ofterdingen, Wolfram d'Eschenbach, dont il vient d'être parlé ; Ulric de Lichtenstein, qui écrivit le *Frauendienst*, *Service des dames*, où il raconte ses amours, ses combats et ses voyages, qu'il fit, habillé en Vénus, pour soutenir l'honneur de sa dame ; Godefroy de Strasbourg, qui, outre le poème de Tristan et d'Iseult, imité du provençal, composa une hymne à la Vierge, considérée comme la plus haute expression poétique de la piété du moyen âge. Walter von der Vogelweide, Conrad de Wurzbourg, Godefroy de Nifen, Hartmann von der Aue, Raimar et d'autres auteurs princes et chevaliers, dont les productions étaient très-estimées alors. Tous ces poètes chantèrent, à l'exemple des troubadours provençaux, Dieu, la Vierge, la chevalerie, les beautés de la nature, mais sous l'inspiration première de l'amour, dont ils avaient fait une espèce d'atmosphère qui enveloppait toute la création et lui donnait la vie. C'est de ce fanatisme amoureux qu'ils prirent leur nom de *Minnesænger*.

Le règne des Hohenstauffen vit la plus brillante époque de cette poésie. Ces princes, en élevant la Souabe, leur patrie, au premier rang en Allemagne, y développèrent une force vitale qui lui valut une prépondérance marquée dans tous les travaux de l'esprit. Aussi le dialecte souabe fut-il employé de préférence par les Minnesænger, presque tous du midi, et leur poésie s'appela la *poésie souabe*. Elle atteignit le plus haut degré de sa gloire dans le célèbre combat de la Wartbourg. Un poème qui n'a malheureusement pas été terminé, et qu'on attribue à Wolfram d'Eschenbach, a perpétué le souvenir de ce fait. Il raconte comment Hermann, landgrave de Thuringe, fit publier en 1207 un tournoi poétique. Sept chevaliers se présentèrent au combat, au château de Wartbourg, résidence du landgrave. Ce furent Henri d'Ofterdingen, Walter von der Vogelweide, Biterolf, Raimar de Zweter, Schreiber, Wolfram d'Eschenbach et Klinsor de Hongrie, tous connus sous la dénomination des sept maîtres. L'éloge d'un prince était le sujet du combat; le vainqueur devait être richement récompensé, le vaincu était condamné d'avance à être étranglé, et le bourreau assistait aux luttes, tout prêt à saisir sa victime. Mais le sang ne coula pas. Chaque poète exalta le prince qui lui servait de protecteur, ce qui donna lieu à des querelles où le ton poétique fit quelquefois place à la rudesse guerrière. Un jour qu'Eschenbach est juge du camp, il déclare Henri d'Ofterdingen vaincu par Schreiber et le condamne à mort. Alors Klinsor entre en lice avec Wolfram, et la lutte change entièrement de caractère; les chants lyriques font place aux énigmes les plus extraordinaires, où la mysticité chrétienne s'unit à l'apologue oriental, à la science de l'antiquité et aux croyances superstitieuses. L'issue du combat de la Wartbourg n'est pas connue; le poème ne fut pas achevé. Au reste, le diable, qui y joue un rôle principal, fait grandement douter de l'authenticité de ces détails.

La poésie des Minnesænger, tour à tour voluptueuse, brillante, exaltée, raffinée et mystique, resta presque toujours circonscrite à la classe de la noblesse. Ses rhythmes bizarres et variés à l'infini, ses jeux d'esprit et de mots la rendaient en outre fort difficile à retenir pour les illettrés ; elle ne pénétra donc que fort peu dans le peuple, et ce qu'il en adopta s'y transforma bientôt et prit le caractère populaire. Elle serait morte avec la chevalerie, si deux nobles de Zurich, Roger de Manassé et son fils, en recueillant les chants de cent quarante Minnesænger, ne les avaient ainsi transmis à la postérité [1].

Vers la fin du quatorzième siècle, la poésie des Minnesænger disparut en Allemagne. Les croisades, et leur esprit chevaleresque, avaient complètement cessé. La maison de Souabe était éteinte, et la chaîne qui par elle avait rattaché l'Allemagne à l'Italie et surtout à la voluptueuse et mauresque Sicile, était brisée. L'exaltation poétique était remplacée par le déchaînement de toutes les mauvaises passions. La poésie s'enfuit des cours agitées, des châteaux saccagés, et alla chercher refuge au sein des villes. Là, elle retrouvait la paix et le bien-être ; car pendant les beaux siècles de la chevalerie, alors que celle-ci s'adonnait à sa vie de gloire et de plaisirs, les bourgeois, protégés par la sage politique des empereurs, avaient élevé peu à peu l'importance municipale à côté de la puissance seigneuriale, et, gagnant à tout ce que perdait la noblesse, ils eurent bientôt acquis une grande prospérité. Paisibles et contens derrière leurs bonnes murailles, ils voulurent à leur tour devenir poètes. Mais la poésie dut adopter leur constitution. Tout, chez

---

[1] Cette précieuse collection, la seule existante, se trouve à la Bibliothèque royale de Paris ; elle contient plus de quinze cents chants de Minnesænger, parmi lesquels plusieurs composés par des princes : tels que l'empereur Henri VI, l'infortuné Conradin de Souabe, le roi Venceslas de Bohême, les ducs de Breslau, de Brabant, etc.

eux, était soumis à des règles rigoureusement définies, formant des barrières infranchissables et au-dessus desquelles régnait un esprit d'ordre et de moralité qui ne permettait guère les écarts de l'imagination. Les bourgeois soumirent donc la poésie à ces règles invariables de leur existence, ils en firent, comme de tout autre métier, une corporation qui eut ses statuts, ses degrés, son tribunal, ses punitions et ses récompenses. Ils avaient commencé par accueillir et par imiter les chants des Meistersænger, mais bientôt ils en rejetèrent le sentiment trop raffiné, et ne conservèrent que les rhythmes anciens, et la forme à laquelle ils donnèrent tous leurs soins et toute leur admiration. La poésie devint en conséquence un métier où l'adresse de la facture fut réputée le degré de la perfection. Les poètes artisans prirent le nom significatif de *Maîtres chanteurs, meistersænger*. Ils chantaient la religion, les plaisirs de la vie bourgeoise et surtout la morale, mais avec une telle sécheresse d'imagination et sous une forme tellement mécanique, que toute véritable inspiration disparut de leurs chants. Mayence, Strasbourg, Nuremberg, Ulm, Francfort, Colmar, etc., étaient les principales villes où les Meistersænger exerçaient leur métier de plaisir, soit dans les tavernes où ils se réunissaient, soit dans les églises où se tenaient les concours de chant. Là, se trouvaient les grandes maîtrises, qui délibéraient sur les améliorations à adopter, et sur les admissions à faire. Fort peu de noms de Meistersængers ont échappé à l'oubli, d'autant plus que la réforme religieuse qui fut adoptée par les bourgeois vint encore donner plus de sécheresse à leurs productions : pourtant il faut citer Frauenlob le chanoine, Regenbogen le forgeron, maître

Hadlaub, Muscablut, et enfin Hans Sachs le cordonnier de Nuremberg, qui fut le seul génie poétique de son temps, et dont les œuvres ont conservé une valeur réelle.

Si l'institution des Meistersænger n'eut guère à se glorifier de ses productions, elle peut en revanche vanter les résultats qu'elle produisit. Ce fut elle qui donna naissance à la poésie dramatique, par l'invention des *Fastnachtspiele, les jeux du carnaval.* Ces jeux consistaient à se déguiser au temps du carnaval, et à aller dans les maisons réciter des dialogues ou représenter une farce. Ce furent les Meistersænger de Nuremberg qui, vers le milieu du quinzième siècle, conçurent cette idée. Hans Sachs écrivit même un grand nombre de petites pièces appropriées à ce genre de représentations, et peu à peu la poésie dramatique naquit en Allemagne. Les Meistersænger eurent indépendamment de ce mérite celui d'encourager le peuple à suivre leur exemple. Tout le monde était admis à chanter au commencement de leurs séances de concours, et quoique les gens de la corporation eussent seuls droit aux récompenses, la louange qu'on décernait aux autres chanteurs était un moyen d'émulation. L'amour du chant se répandit donc, même dans les dernières classes de la société, et le peuple, dont les vieilles traditions se perdaient, devint poète à son tour ; mais chez lui la poésie lyrique se mélangea de nouveau à la poésie épique, et cette union produisit la ballade et la romance. Ces chants, qui ne portent ni dates ni noms d'auteurs, ont par-dessus tout un grand caractère de naïveté et de spontanéité. On voit tout d'abord qu'ils sont l'œuvre de gens habitués à sentir et à agir, mais chez qui la réflexion est peu développée. Ce sont des images qui passent devant le poète, et qu'il se plaît à décrire sans arrière-pensée et sans art, avec toute la simplicité d'une bonne nature. La plupart de ces ballades et de ces romances datent du quinzième et du seizième siècle, au moins telles qu'elles sont parvenues jusqu'à nous, car il y en a dont l'origine doit remonter plus haut, et dont la forme seule date de cette époque. Ces chants existent encore de nos jours et se chantent journellement dans le peuple. Indépendamment de leur genre de mérite, qui les rendait faciles à transmettre par la tradition, l'invention de l'imprimerie vint contribuer à leur durée. Ils furent presque tous publiés au seizième et au dix-septième siècle, à Nuremberg, à Augsbourg, à Ulm, à Mayence, sur des feuilles volantes, ornés souvent d'une gravure sur bois. Ces feuilles se vendaient dans le peuple et répandaient ainsi au loin les chansons et les ballades favorites. Les chants des Meistersænger furent imprimés de la même manière, mais ils passèrent avec leurs auteurs, comme avaient passé ceux des Minnesænger, ou bien ils furent altérés et transformés; œuvres classes isolées, ils s'adressaient à des classes isolées, et furent emportés avec leur époque. Les chants populaires seuls ont survécu et ont traversé les temps et les événemens. C'est que leur inspiration était puisée dans les sentimens intimes de l'homme et dans les faits qui les expriment; c'est qu'être populaire équivaut à être durable.

Le chant populaire marque la dernière transformation de la poésie du moyen âge : elle avait eu trois époques distinctes. Presque exclusivement épique à son origine, elle exprimait alors le sentiment par le fait; plus tard, quand vinrent les Minnesænger et les Meistersænger, elle fut purement lyrique, et enfin dans les chants du peuple elle réunit les deux qualités, en faisant toutefois prédominer l'élément lyrique, et ne raconta plus que sous l'impression d'un sentiment. Mais malgré leurs différences, ces productions se distinguaient par un caractère commun à toutes, la naïveté. Que la forme en fût recherchée, extravagante et mécanique, comme dans les chants des chevaliers et dans ceux des bourgeois, ou libre et désordonnée, comme dans les chants du peuple, le fond en était naïf; c'est-à-dire qu'il exprimait toujours un sentiment quelconque, sans préoccupation, sans contrôle d'esprit, dans la simplicité de son inspiration première.

Au seizième siècle, la réforme religieuse vint changer ce caractère général de la poésie. En posant l'examen en principe, elle conduisit l'esprit à tout analyser et à tout diriger; dès lors le naturel, la naïveté perdit son empire. Dans l'antiquité, où la vie était tout extérieure, où la religion préconisait et divinisait même les passions de l'homme, la poésie avait eu la sensualité pour base. Au moyen âge, le catholicisme, ne parlant qu'à l'âme, mortifiant les passions, posant à l'esprit les bornes infranchissables des mystères, avait mis le sentiment à la place de la sensualité. La réforme protestante vint enfin, et, proclamant les droits intellectuels de l'homme, elle intronisa l'esprit. Dès lors, le spiritualisme prévalut; il refléta tout et se refléta dans tout, et la littérature, suivant l'impulsion générale, devint spiritualiste et idéale.

La poésie lyrique se ressentit doublement de la réforme. Luther, théologien, poète et musicien, était à même de sentir plus qu'aucun autre tout le pouvoir de la poésie et de la musique. Il assigna donc au chant un rôle principal dans le culte protestant ; ce fut pour lui un puissant moyen d'action, et on serait tenté de croire qu'il n'a pas peu contribué à l'affermissement de la nouvelle religion ; car le chant exerce une grande influence sur l'homme. C'est lui qui l'accompagne dans toutes les positions de la vie, et s'y trouve toujours à sa portée. C'est lui qui sait rendre toutes les émotions, qui sait en inspirer de nouvelles, qui, enfin, se gravant facilement dans le souvenir, y grave aussi ce qu'il exprime. « Où chantent de braves compagnons, dit » Luther, l'humeur méchante ne saurait être ; la colère, » l'envie, la haine, les chagrins, ne sauraient rester dans le » cœur. » Et, fidèle à ces paroles, il fit du chant en langue allemande une partie importante du service divin et de l'éducation des protestans. Le cantique devint leur prière, le symbole de leur foi, l'auxiliaire de leurs sermons.

Cette importance donnée au chant aurait dû hâter sa perfection ; cependant il n'en fut pas ainsi. La réforme eut, dès son principe, une lutte sanglante et acharnée à soutenir. La guerre civile bouleversa l'Allemagne du nord au midi ; les princes, profitant comme toujours de l'exaltation des Allemands, firent servir la question religieuse à leur politique, et le désordre dura plus de cent ans. Le protestantisme prit alors un caractère sombre et fanatique que Luther n'avait jamais pensé lui donner ; il rejeta impitoyablement tout charme et toute grâce, se renfermant dans la piété la plus austère. La poésie devint aussi sévère que lui ; elle se dépouilla alors de tout ornement mondain, et ne chanta plus que la foi et la morale. La religion catholique elle-même ne lui offrait aucun autre objet d'inspiration. Elle aussi, pour lutter avec avantage contre le protestantisme, avait dû réformer ses mœurs. L'élan, la sérénité et l'indulgence, qui lui avaient prêté tant de grâces poétiques, avaient disparu. Les Jésuites s'étaient établis en Allemagne; ils y avaient entrepris la restauration du catholicisme. Mais l'esprit humain avait été réveillé par Luther, et désormais il devenait impossible de dominer sur lui par l'ignorance et l'obscurantisme. Les Jésuites comprirent ce changement, et, en hommes habiles, ils s'en servirent pour arriver à la domination; ils s'emparèrent de l'éducation de la jeunesse, et dirigeant son esprit dans la route qui leur semblait convenable, ils en devinrent les maîtres souverains. Ils remplacèrent alors les vertus trop faciles de l'ancienne religion par le mysticisme, l'abnégation de la volonté et l'humilité absolue. La poésie, qu'ils prirent, eux aussi, pour auxiliaire, mais aux mêmes conditions que tout le reste, devint aride et insignifiante. Ainsi que les premiers protestans, ils proscrivirent l'imagination comme la vanité des vanités et la source des séductions. La poésie succomba sous leurs entraves. L'Allemagne catholique perdit ses poètes; le peuple même cessa de composer de nouveaux chants, et ne chanta plus que ses vieux souvenirs du passé.

Cependant, quand, en 1648, le traité de Westphalie eut ramené la paix et adouci le fanatisme militant, la poésie lyrique commença à renaître; mais l'inspiration ne pouvait être grande dans un pays aussi désolé que l'était alors l'Allemagne; dans un pays qui avait perdu toute unité et presque sa nationalité; car, il faut bien le dire, si le protestantisme avait été populaire par ses préceptes de liberté générale, par son affranchissement de la puissance ultramontaine, par la création de l'éducation du peuple, il avait été anti-national ; puisqu'il avait brisé l'unité de l'empire et le lien toujours resserrant d'une même religion, fractionné le pays en petites principautés rivales entre elles, et ouvert ainsi la voie à l'influence étrangère. Cependant la province de Silésie produisit alors un assez grand nombre de poètes dignes par leur talent naturel de vivre à une meilleure époque. On leur donna le nom collectif d'école de Silésie. Leurs productions ne se distinguent pas par le mérite de l'invention ; pourtant Opitz, leur chef, aura toujours le mérite d'avoir épuré la langue allemande, et de l'avoir dépouillée de son ancienne rudesse et des expressions étrangères qui y fourmillaient. Toutefois les espérances que ces poètes avaient pu faire concevoir s'évanouirent bientôt. L'influence étrangère, alors toute-puissante en Allemagne, s'étendit sur toute la littérature ; le goût français devint seul arbitre, et, semblable à une plante transportée en pays étranger, il ne donna que des fleurs chétives et sans couleur.

Au commencement du dix-huitième siècle, la poésie avait atteint le dernier degré de l'absence d'originalité. Tout ce qui se composait alors était une pâle et mauvaise imitation du français et du hollandais. Mais le proverbe protestant qui dit : « Où le péril est le plus grand, le secours est le plus » proche, » se vérifia ici complètement ; la poésie allait se relever de son état d'abaissement. Les systèmes de Leibnitz et de Wolf avaient changé la direction des idées ; la philosophie prit place à côté de la théologie, qui avait jusque alors exclusivement occupé les esprits, et donna une nouvelle impulsion à la littérature. Le chant didactique succéda alors au cantique religieux, et si la poésie n'y gagna pas en charme, elle vit au moins son horizon s'agrandir. Les études philosophiques eurent encore un autre avantage ; elles réveillèrent l'orgueil national des Allemands, et il se trouva des hommes qui attaquèrent résolument le goût étranger. Ces adversaires hardis, les pères de la régénération de l'art allemand, furent les deux Suisses Bodmer et Braitinger. Plus forts en théorie qu'en pratique, ils ne se distinguèrent pas comme poètes, mais par des écrits périodiques, où ils proposèrent l'antiquité et le moyen âge de l'Allemagne pour modèles aux écrivains. Braitinger, remontant aux sources mêmes, publia alors, d'après le manuscrit de la bibliothèque de Paris, la collection des Minnesænger faite par Roger de Manassé, événement inouï pour l'Allemagne, qui faisait à cette époque bon marché de tout son glorieux passé. Les opinions de ces deux amis, heurtant de front les opinions généralement admises, firent sensation. Gottsched, qui passait pour l'oracle de la critique, et quelques autres écrivains connus sous le nom de la réunion de Leipzig, tous apôtres du goût étranger, combattirent à outrance ces nouvelles doctrines ; mais leurs efforts furent vains : Bodmer et Braitinger avaient réveillé la fibre nationale. Haller, leur ami et leur compatriote, ajouta l'exemple au précepte, et prépara la victoire que Klopstock vint remporter aux acclamations de l'Allemagne entière. Klopstock ouvrit une ère toute nouvelle à la littérature de son pays. Il transporta dans la poésie les divers rhythmes antiques, et surtout l'hexamètre grec ; il ressuscita la vieille mythologie du Nord, et, l'unissant à l'exaltation chrétienne, il redonna à la littérature allemande son véritable caractère national, le romantisme, qu'elle avait perdu par l'imitation du classique de convention. Il créa encore par sa Messiade l'épopée religieuse ; enfin il éleva dans ses odes la poésie lyrique à un degré de sublimité qu'elle n'avait pas encore atteint. On eût dit que Klopstock venait de rompre la digue qui retenait le flot poétique ; car une foule de bons et de grands poètes parut avec lui et après lui. Parmi eux Bürger, et Herder, frappés de la beauté de la poésie populaire, la vengèrent du mépris dans lequel elle était tombée, le premier y puisa les sujets de ses ballades, que toute l'Europe connaît ; le second en publia un recueil et la fit considérer désormais comme une source précieuse d'inspiration. Enfin parurent Gœthe et Schiller, qui éclipsèrent l'éclat de tous ceux qui les précédèrent, de tous ceux qui les ont suivis, et qui semblèrent avoir porté la poésie lyrique en Allemagne à son plus haut degré de perfection.

C'était la fin du dix-huitième siècle : la philosophie avait continué à exercer son influence sur la poésie. Les systèmes nouveaux avaient élevé le *moi* à la dignité de Dieu, et le moi ne manqua pas de célébrer son triomphe par des chants. L'âme et ses mystères, l'esprit et ses calculs spéculatifs, la nature dans ses rapports avec l'homme, devinrent les thèmes favoris, et jamais le nombre des poètes lyriques ne fut aussi grand et jamais leurs œuvres n'avaient été aussi belles. Mais, soit lassitude, soit progrès, l'inspiration sortit du *moi* pour se reporter sur les objets extérieurs. Déjà Bürger avait ressuscité la ballade ; Gœthe, chez qui la sensibilité n'était qu'un des élémens du génie et ne le constituait pas en entier comme chez Schiller, opposa sa poésie d'images à la poésie d'idées et de sentimens de celui-ci, et il fraya la voie à la réaction qui eut bientôt lieu. Les poètes qui parurent au commencement du dix-neuvième siècle, formés par son exemple, s'élevèrent contre l'exaltation purement lyrique, et ils recherchèrent les monumens où elle s'unissait encore à la poésie épique. Les traditions et les chants du moyen âge furent avidement recueillis et imités. Arnim, Brentano, Tieck et les deux Schlegel, se mirent à la tête de cette nouvelle école, qui, partant du principe de Gœthe, puisa ses émotions dans le monde extérieur et dans la beauté des formes ; elle adopta les dénominations philosophiques de *plastique* et d'*objective*, et combattit à outrance la poésie précédente, toute *idéale* et *subjective*. La politique prêta son appui à cette littérature imitatrice du moyen âge. C'était le temps des victoires françaises. Humiliés dans leur orgueil national, les Allemands comprirent que les vices de leur organisation et l'absence d'unité avaient été les causes de leurs défaites. Croyant trouver un remède à leurs maux dans un retour aux formes gothiques, ils se passionnèrent pour l'époque impériale. L'empire d'Allemagne, Frédéric Barberousse, les Hohenstauffen, les Hapsbourg, devinrent leur mot d'ordre, et la poésie ne chanta plus que les empereurs et les chevaliers. Les chants de Schenckendorf, d'Arndt et de Kœrner, quoique celui-ci appartienne plutôt à l'école de Schiller par la prédominance du sentiment sur l'image, ces hymnes, disons-nous, des trois poètes inspirés qui soulevèrent toute l'Allemagne contre la France, appellent à grands cris le retour de l'empire. Mais l'antique Allemagne ne revint pas, et les chants d'héroïsme et d'enthousiasme se turent, car les Allemands *voyaient redescendre la lumière de la liberté*[1]. *Le dernier ennemi ne fut pas vaincu*[2], et il arrêta forcément l'essor de l'imagination qu'il avait appris à connaître, et qui, détrompée, aurait pu s'élever contre lui. Cependant un grand poète survécut à l'abattement général, ce fut Uhland, qui, se retirant dans le passé, devint le maître par excellence de la ballade moderne, qu'il popularisa même. Avec lui il faut citer Ruckert, si original et si varié, mais qui ne fit pas école comme Uhland. L'apparition de Henri Heine changea de nouveau la source de l'inspiration. Heine, trouvant la poésie affadie par l'imitation, chercha à lui rendre l'originalité. Il renouvela d'abord la forme poétique, retourna aux vieux rhythmes populaires, qui, par leur précision, exigent de la netteté dans l'idée. Tour à tour subjectif et objectif, il chanta la nature, les faits et son individualité personnelle. L'esprit domine chez Heine, et c'est ce qui lui soumit les esprits. Puis il était le poète révolutionnaire, et l'Allemagne était alors favorablement disposée à tout ce qui avait cette qualité. Sans décider ici quelle influence plus ou moins grande Heine eut sur chacun des poètes contemporains, car la critique n'est pas notre sujet, nous dirons qu'il eut le mérite ou le bonheur de les précéder, et que depuis son apparition, qui, au reste, coïncide presque avec le *choc électrique* de juillet, c'est ainsi que les Allemands appelèrent la révolution de 1830, la génération poétique s'est renouvelée. Le caractère de la poésie contemporaine est une sorte d'é-

---

[1] *Au loin, dans la terre étrangère,* par Guillaume Hauff, page 352.

[2] *Liberté que je comprends,* par Maximilien Schenckendorf, page 336.

clectisme qui puise à toutes les sources, mais qui semblerait retourner de préférence à la poésie didactique et subjective.

Telle fut la poésie lyrique en Allemagne. A son origine elle se confond avec la poésie épique ; au moyen âge elle est naïve et sentimentale dans les chants des chevaliers, des bourgeois et du peuple ; au dix-septième siècle, elle change entièrement de caractère, et devient spiritualiste dans son essence première ; elle conserve ce caractère dans toutes les phases qu'elle parcourt alors : d'abord religieuse et austère, elle tombe ensuite sous le joug de l'influence étrangère et de faux classique, puis elle se relève, célèbre le triomphe de la personnalité, et atteint le dernier degré de l'exaltation individuelle ; redescend alors sur terre, pénètre dans la nature passée et présente, et finit par l'éclectisme. Car nous sommes arrivés à l'époque où l'esprit de l'homme a tout sondé, où il a tout analysé, le cœur, la pensée, les sensations, le monde extérieur, le monde intérieur, le passé et le présent, où il ose même percer l'avenir. Semblable au miroir ardent, après avoir concentré tous les rayons, il communique à son tour la flamme. Reste à savoir si la poésie se complaît dans cette omnipotence spirituelle, dans cette lumière sans ombre, ou bien si elle préfère l'émotion curieuse et le jour incertain d'une demi-science.

FIN DE LA NOTICE.

CHANTS POPULAIRES

DE L'ALLEMAGNE.

L'ÉTERNITÉ.

Éternité! éternité! quelle est ta durée? Le temps court aussi promptement vers toi que le cheval court à la bataille, le messager au logis, le vaisseau au rivage; aussi promptement que la flèche s'échappe de l'arc!

Éternité! éternité! la boule n'a ni commencement ni fin; en toi il n'y a ni entrée ni sortie.

Éternité! éternité! tu es un cercle infini; ton point central s'appelle *toujours;* ta circonférence *jamais;* tu n'auras pas de fin!

Éternité! éternité! pendant ta durée, un oiseau pourrait détruire le monde, si tous les mille ans il en enlevait un grain de sable!

Éternité! éternité! pendant ta durée, un œil qui répandrait une seule larme tous les mille ans ferait tant croître les eaux, que le ciel et la terre ne pourraient plus les contenir!

Éternité! éternité! tous les grains de sable, toutes les gouttes d'eau ne sont qu'une fraction de ton unité; calculs et géométrie se fatiguent en vain à te sonder.

Éternité! éternité! hommes, écoutez : Aussi longtemps que sera Dieu, aussi long-temps seront les tourmens de l'enfer et les plaisirs du ciel. O longs plaisirs! ô longs tourmens!

LE MOISSONNEUR.

Il est un moissonneur qui s'appelle la Mort. Dieu lui a accordé la toute-puissance. Aujourd'hui il aiguise sa faucille. Elle coupe mieux. Bientôt il commencera la moisson. Garde à toi, jolie fleurette!

Ce qui aujourd'hui est vert et frais, demain déjà sera fauché. Les nobles narcisses, l'ornement des prairies, les belles hyacinthes, les ambrettes de Turquie, toutes seront fauchées. Garde à toi, jolie fleurette!

Cent mille fleurs tombent sous sa faucille sans être comptées. Vous, roses, vous, lis, le moissonneur vous coupera; il n'épargne pas même les impériales. Garde à toi, jolie fleurette!

La véronique couleur du ciel, les tulipes blanches et jaunes, les clochettes argentées, les jacées dorées, tombent toutes à terre. Qu'en arrivera-t-il? Garde à toi, jolie fleurette!

Vous, jolies lavandes, vous, romarins, vous, rosettes de toutes couleurs, vous, fières iris, vous, basilics frisés, vous, tendres violettes, il viendra bientôt vous prendre. Garde à toi, jolie fleurette!

Je te défie, Mort. Viens, je ne te crains pas. Viens; si d'un seul coup je tombe, je serai transplanté dans le jardin céleste auquel nous aspirons tous. Réjouis-toi, jolie fleurette!

LA MORT ET LA JEUNE FILLE DANS LE JARDIN.

A l'heure matinale, une jeune fille tendre, fraîche et joyeuse, parcourait le jardin pour y cueillir des fleurs; elle voulait se tresser une couronne brillante comme l'or et l'argent.

Voici qu'arriva en se glissant un homme bien effroyable : il était sans vêtement; il n'avait ni chair, ni sang, ni cheveux ; sa peau et ses nerfs étaient desséchés, il était de couleur blême.

Son regard était affreux; sa vue vraiment horrible. Il grinça des dents, s'avança vers la jeune fille, qui de frayeur faillit mourir.

« Hâte-toi, hâte-toi, jeune fille, il faut venir danser
» avec moi; je te coifferai d'une belle et merveilleuse
» couronne ; elle ne sera tressée ni d'herbes odorantes,
» ni de tendres fleurettes.

» La couronne que je te donnerai s'appelle *Mor-*
» *talité ;* tu ne seras pas la dernière à la porter : tous
» ceux qui sont nés ici-bas danseront avec moi pour
» avoir cette couronne.

» Dans la terre il y a bon nombre de vers, tous en-
» semble rongeront ta beauté; ils seront pour toi
» fleurs, or, perles, argent et pierreries.

» Veux-tu me connaître et savoir qui je suis?
» Écoute mon nom, je te le dirai franchement : on

» m'appelle la Mort féroce[1]. Au long et au large, en
» tous pays je suis bien connu.

» Pour armoiries j'ai une faux que je porte de droit.
» Avec elle je frappe à la porte d'un chacun; quand
» son temps est venu, tôt ou tard ou à l'heure juste,
» il n'y a pas de remède, il faut partir. »

La jeune fille, pleine de douleur et d'effroi, chagrine jusqu'au cœur, pria ainsi : « Hélas! chère Mort, ne
» te hâte pas tant! laisse-moi, pauvre jeune fille,
» laisse-moi vivre plus long-temps ici-bas.

» Je te ferai de riches présens; mon père a beau-
» coup d'or, tu prendras tout ce que tu en voudras;
» mes plus précieux trésors seront à toi; mais, je t'en
» prie, laisse-moi la vie!

» —Je ne veux ni or, ni joyaux, ni trésor, je ne te
» prendrai que la vie, tendre fillette; allons, il faut ve-
» nir à ma danse; bien des milliers viendront encore
» avant que la ronde soit complète.

» —O Mort! laisse-moi vivre! A ma place prends tous
» mes valets, mon père te les donnera avec joie s'il
» me revoit en vie; je suis sa fille unique, il ne me
» céderait pas pour mille bons florins.

» —Ton père, lui aussi j'irai le prendre avec tous ses
» valets; je sais quand il faudra l'aller quérir. Main-
» tenant je ne veux que toi; viens, jeune fille, il faut
» aller à la danse.

» —Aie pitié de ma jeunesse! dit-elle avec grands

[1] En allemand, la mort est du genre masculin, c'est pourquoi elle est ici sous la figure d'un homme.

» cris; je veux m'exercer à la vertu toute ma vie. Ne
» m'emporte pas de suite, épargne-moi quelques
» heures, un seul instant encore ! »

Là-dessus la Mort répondit : « Non, non, je me ris de
» tes plaintes ! Pas de prières qui sauvent : j'emporte
» maris et femmes, j'attire les petits enfans; chacun
» doit me suivre quand je frappe à sa porte. »

La Mort prit la jeune fille par le milieu du corps où
elle était le plus faible. Ses cris furent inutiles, elle la
jeta sur l'herbe, et toucha son jeune cœur. La fillette
gisait pleine d'effroi et de douleur.

Son teint pâlit, ses yeux se tournèrent, elle se tordit
par terre; toute volupté finit pour elle. Elle n'alla
plus cueillir les fleurs dans l'herbe fraîche et verte.

SIR OLOF.

Sire Olof chevauche tard au loin; il va quérir les
gens de la noce. Voici que les Elfes [1] dansent sur la
prairie; la fille du roi lui tend la main. « Bien venu

[1] Divinités, ou plutôt esprits de la mythologie scandinave. Il
y avait deux classes d'*Elfes* : les *Elfes clairs*, *Liosalfar*, êtres
francs, bienfaisans et protecteurs, qui habitaient le ciel, et les
Elfes noirs, *Schwartalfar*, esprits du mal, parmi lesquels était
le *cauchemar ;* ceux-ci demeuraient sous terre. *Les premiers,*
dit l'Edda, *sont plus brillans que le soleil ; les seconds plus
noirs que la poix.* La croyance aux Elfes survécut au culte scandinave, et elle s'est répandue en Allemagne parmi le peuple,
mais en perdant de son caractère élevé. Les Elfes des chants et des

» sire Olof, pourquoi te hâter ? Entre dans la ronde
» et danse avec moi.

» — Je ne puis et je ne veux danser ; demain je fais
» ma noce. — Écoute, sire Olof, viens danser avec
» moi ; je te donnerai deux éperons d'or, une chemise
» de soie bien fine et bien pure ; ma mère l'a blan-
» chie au clair de la lune.

» — Je ne puis et je ne veux danser ; demain matin
» je fais ma noce. — Écoute, sire Olof, viens danser
» avec moi ; je te donnerai un monceau d'or. — J'ac-
» cepterai un monceau d'or ; mais je ne puis et je ne
» veux danser.

» — Sire Olof, puisque tu ne veux pas danser, que
» la peste et la maladie t'accompagnent ! » Elle le
frappe au cœur ; jamais il n'éprouva pareille souffrance ; elle le replace sur son cheval. « Va, retourne
» chez ta belle fiancée. »

Et quand il revint au logis, il trouva sa mère qui
l'attendait toute tremblante devant la porte. « Mon
» fils ! pourquoi ton visage est-il troublé et pâle ? — Ne
» dois-je pas être troublé et pâle ? Sur mon chemin j'ai
» rencontré les Elfes !

» — Mon fils ! mon fils ! hélas ! que dire à ta fiancée,

---

ballades sont bons tant qu'on ne les attaque pas ; ils aiment la joie, dansent la nuit au clair de la lune sur les prairies, habitent dans les fentes des rochers, sur les coteaux, parmi les fleurs, grâce à l'exiguité de leur taille. Ils recherchent le commerce des humains, volent quelquefois les enfans nouveau-nés, et mettent les leurs à la place. Leur susceptibilité est très grande ; malheur à celui qui l'a offensée.

» si tendre et si jolie? — Dis-lui que je suis dans la
» forêt, que j'exerce mon cheval et mes chiens. » Le
matin, quand parut le jour, voici venir la fiancée
avec les gens de la noce. On boit de l'hydromel, on
boit du vin.

« Où est sire Olof, mon fiancé? — Sire Olof est dans
» la forêt, il exerce son cheval et ses chiens. » La
fiancée souleva le tapis écarlate. Sire Olof était couché
mort dessous!

LA NONNE.

J'étais sur une haute montagne, je regardais le
Rhin couler; une barque voguait dessus; trois chevaliers étaient dans cette barque.

Le plus jeune des trois était fils d'un comte; il avait
promis mariage, quoique bien jeune encore.

De son doigt il ôta un anneau d'or luisant :
« Prends-le, joliette, ma mie, porte-le après ma mort.

» — Que faire de l'anneau si je ne puis le porter? —
» Dis que tu l'as trouvé dans l'herbe verte.

» — Ce serait mentir, cela me siérait mal; je dirai
» que le jeune comte est mon époux.

» — Nenni, demoiselle. Si vous étiez quelque peu
» riche, si vous étiez de noble race, pardieu, alors je
» vous prendais; alors nous serions égaux.

» — Si je ne suis pas riche, je suis pleine d'honneur,
» et je conserverai cet honneur pour quand viendra
» mon égal.

»— Mais s'il ne vient pas ton égal, que feras-tu alors?
»— Je m'en irai au couvent, je me ferai nonne. »

Trois mois s'écoulent; le comte fait un mauvais rêve : il voit sa bien-aimée aller au couvent.

« Lève-toi, mon écuyer, selle mon cheval et le tien : » il nous faut chevaucher par dessus monts et vallées; » la jeune fille est digne d'honneur. »

Ils atteignent le couvent élevé; ils frappent à la porte : « Sors, joliette, ma mie; sors pour un seul in- » stant.

»— Et quoi faire dehors? ma chevelure est coupée, » l'année est écoulée. »

Le comte frémit en silence; il s'assit sur une pierre, pleura larmes amères et ne se réjouit plus.

De ses petites mains blanches comme neige elle creusa au comte une tombe; ses yeux noirs lui versèrent l'eau bénite.

Ainsi il en arrivera à tous les jeunes garçons qui cherchent de grands biens; ils voudraient de belles femmes; mais eux de richesse n'ont point.

LE NAGEUR PERDU.

Un brave jeune homme aimait la fille d'un roi; elle était sur la rive opposée d'un large lac. Tous ses tourmens finirent par un malheur!

« Cher amant, que j'aimerais être près de toi! Mais, » hélas! deux eaux coulent entre toi et moi.

» Mes larmes et le lac sont ces deux eaux; mes
» larmes augmenteront les eaux du lac. »

Quand, au banquet joyeux, on porte la santé du roi, une lueur voltige sur la coupe. Ainsi vogue sur le lac un bois où brille une lumière. Le vent et l'onde poussent ce signal d'amour vers l'amant.

Dès qu'il l'eut saisi, il s'écrie : « Mon étoile s'est » levée; je la suis avec joie! » La lumière à la main, il nage vers sa belle. Où est-il? La lumière a disparu! Pour reposer sur le sein de sa mie, l'aura-t-il cachée? Est-il dans le palais des eaux, ou dans la tombe humide?

LE TILLEUL DESSÉCHÉ.

Sur le Kindelsberg, au vieux château, il y a un tilleul tout hérissé de branches. Il murmure au vent frais.

Une pierre large et grande est là près du tilleul; la vieille mousse qui la couvre l'a rendue rude et grise. Elle résiste au vent frais.

Dessous cette pierre une vierge dort du triste sommeil. Elle fut fidèle à son chevalier, un noble comte de la Marche. La vie lui fut amère.

Pour guerroyer il était allé avec son frère en lointain pays; il donna à la vierge sa main de fer; elle pleura avec désir.

Le temps marqué pour son retour était bien écoulé;

le comte ne revenait pas. En larmes et pleine de soucis, la vierge s'assit sous le tilleul.

Un jeune chevalier vint sur son cheval noir; il parla à la belle avec amour, lui demanda fièrement son cœur.

Elle répondit : « Tu ne pourras jamais m'avoir pour » femme. Quand le tilleul sera desséché, alors je ré- » jouirai ton cœur! »

Mais le tilleul était encore jeune et élancé. Le chevalier chercha dans tout le pays un tilleul desséché aussi grand, aussi haut; il le chercha long-temps, et le trouva enfin.

A la clarté de la lune, il déracina le tilleul vert, mit à sa place le tilleul desséché et l'entoura bien vite de gazon.

La vierge se lève de bon matin. Oh! que sa fenêtre est éclairée! L'ombre du tilleul ne joue plus dessus. Sa vue à elle s'obscurcit.

Elle court au tilleul, s'y assied en pleurant. Le chevalier vient fièrement lui demander son cœur.

La vierge dit avec angoisse : « Jamais je ne t'ai- » merai! » Le chevalier la tua. Cela chagrina le comte.

Il revint le même jour, et vit avec tristesse la vierge couchée dans son sang rouge, sous le tilleul desséché.

A cette place il creusa une tombe profonde pour lit de repos à sa fiancée; partout sur les montagnes il chercha un tilleul vert, et le planta près de la tombe.

Il y mit aussi une grande pierre. Elle est encore là

au vent; dessous dort la vierge en bon repos à l'ombre du tilleul vert.

LA VENGEANCE DU SANG.

Trois étoiles brillent sur le palais d'un roi, où habitent trois vierges. Leur père est allé en lointain pays sur un cheval blanc. Petites étoiles, scintillez pour la douleur!

« Hélas! ma sœur, dis-moi, là-bas, dans la vallée,
» ne vois-tu pas encore le cheval blanc? — Oui, je
» vois le cheval de notre père, il trotte là-bas dans la
» vallée. » Petites étoiles, scintillez pour la douleur!

« Je vois le cheval, mais notre père n'est pas dessus.
» Hélas! mes sœurs, notre père est mort. Que mon
» cœur en est affligé! Comme le ciel me paraît rouge! »
Petites étoiles, scintillez pour la douleur!

Un cavalier aux vêtemens sanglans paraît dans la chambrette obscure. « Hélas! homme sanglant, nous
» t'en prions, laisse-nous vivre, nous, pauvres vier-
» ges! » Petites étoiles, scintillez pour la douleur!

« — Vous ne pouvez vivre, jeunes vierges. Votre
» père a, dans mon jardin, tué ma femme fraîche et
» tendre; un ruisseau de sang coula. » Petites étoiles, scintillez pour la douleur!

« Je le trouvai, lui, le meurtrier, dans la forêt verte;
» je lui pris son cheval et lui enfonçai un couteau
» dans le cœur; il tomba du haut du rocher. » Petites étoiles, scintillez pour la douleur!

» — Et toi, homme sanglant, tu avais tué notre
» mère chérie dans le chemin creux. Hélas! mes
» sœurs, soyons joyeuses, mourons avec plaisir. »
Petites étoiles, scintillez pour la douleur !

L'homme sanglant prit un couteau pointu et tranchant, et l'enfonça dans le cœur affligé des vierges; elles tombèrent rudement à terre. Petites étoiles, scintillez pour la douleur !

Là coule maintenant un ruisseau limpide; il court, pur et clair, dans la verte vallée. Serpente, ruisseau, jusqu'à la mer lointaine. Petites étoiles, scintillez pour la douleur !

Là dorment les trois vierges jusqu'au jour du jugement. Elles dorment dans la terre fraîche jusqu'au dernier jour. Petites étoiles, scintillez pour la douleur.

LE CHEVALIER AU CHEVAL NOIR.

Un chevalier partait pour le lointain pays. Il n'avait ni ami, ni bien, ni argent. Sa sœur était douce et jolie. « Hélas! petite sœur, il me faut te dire adieu. Je
» ne te reverrai plus; je vais en pays étranger. Donne-
» moi ta blanche main.

» — J'ai vu, le plus joli de mes frères, un petit
» oiseau au plumage varié; il sautait sur le sureau;
» je jetai ma bague après lui, il la prit dans son petit
» bec, s'envola, et ma bague fut perdue à jamais.

» — Ferme bien ton château; reste tranquille et en

» bon repos; ne laisse entrer personne dans ta cham-
» brette. Le chevalier au cheval noir t'aime et te re-
» cherche; prends surtout garde à lui. Plus d'une fil-
» lette il a fait choir. »

La jeune fille pleura amèrement. Son frère se retourna et la salua encore. Elle alla dans sa chambre et n'y put être gaie. Car le chevalier au cheval noir, elle l'aimait au-dessus de tout.

Le chevalier aux armes noires avait des biens, de grandes richesses. Il venait voir la tendre vierge; il venait souvent à minuit et repartait quand paraissait le jour. Il la mena en son château, où étaient d'autres jolies vierges.

Elle y arriva à la nuit obscure; elle vit qu'il avait fait tomber bien des vierges dans le piége. Elle prit du vin frais, y mit un noir poison, le but avec le chevalier; leurs yeux se fermèrent.

On enterra le chevalier dans son château, la jeune fille près d'une fontaine. Elle dort là dans l'herbe fraîche. A minuit, elle se promène à la clarté de la lune et soupire beaucoup. Elle se promène vêtue de blanc et dit son chagrin à la forêt.

Le noble frère arrive; il court à la fontaine claire; sa sœur lui apparaît. « Que fais-tu ici, petite sœur
» chérie? Comme tu soupires amèrement! Que veux-
» tu, petite sœur? — Dans une nuit noire, avec un
» méchant poison, je me suis tuée, moi et mon che-
» valier. »

A ces mots, comme un brouillard dans l'espace, la

jeune fille s'évanouit à travers les branches de l'arbre. On ne la revit plus. Le chevalier s'enferma au monastère et commença une vie paisible. Il pria pour sa sœur, afin qu'elle fût sauvée.

LE COMTE PALATIN.

La comtesse chevauche à travers les champs avec sa fille aux blonds cheveux; elles vont vers la tente du comte; elles espèrent s'y réjouir.

« Madame la comtesse, pourquoi sortir si matin?
» Retournez au logis avec votre jolie fille. Le comte
» vient vers vous. Demain on le descendra dans la
» tombe.

» Une balle le blessa; il en mourut sur l'heure. Il en-
» voie cet anneau à la demoiselle; qu'elle pense à lui
» jusqu'à la mort.

» — Cher comte! j'eusse préféré être noyée dans
» le Necker, à te voir tué par une balle. Si l'on porte
» mon ami dans le cimetière, je veux descendre avec
» lui dans le lit nuptial.

» Je veux lui donner ma couronne virginale; je
» veux quitter les honneurs et l'éclat. Ma mère, mets
» la couronne dans mes cheveux, que je sois belle sur
» ma bière.

» Mets-moi l'anneau au doigt; je veux l'avoir dans
» mon tombeau. Mets-moi une chemise blanche comme
» neige, que je dorme près de mon époux.

»Tu mettras une pierre sur ma tombe, avec ces
» mots gravés dessus : Ci-gît le comte palatin avec sa
» fiancée; ici ils dorment dans le lit nuptial. »

LÉONORE.

« Les étoiles sont au ciel, la lune brille claire, les
» morts vont vite.

» Mon trésor, ouvre ta fenêtre; laisse-moi entrer;
» je ne puis rester long-temps.

» Le coq chante déjà, il dit que bientôt poindra le
» jour.

» Je suis venu de loin; il me faut encore faire deux
» cents lieues aujourd'hui.

» Viens vite, ma chérie, mets-toi sur mon cheval;
» le chemin vaut la peine de galoper.

» Là-bas, en Hongrie, j'ai une maisonnette; la route
» nous y conduit.

» Ma maison est bâtie sur une bruyère verte; elle
» est pour moi et ma fiancée.

» Ne me fais pas attendre, viens vite, mon trésor,
» il faut partir.

» Les étoiles étincellent, la lune brille claire, les
» morts vont vite.

» — Où veux-tu me conduire, mon Dieu, dans cette
» nuit obscure?

» Je ne puis aller avec toi; ton lit est trop étroit, le
» chemin est trop long.

» Va te recoucher seul, mon chéri ; dors en paix
» jusqu'au jour du jugement. »

LES ENFANS DE ROIS.

Il y avait deux enfans de rois qui s'aimaient tendrement. Ils ne pouvaient se rejoindre, l'eau était trop profonde.

« Cher cœur, sais-tu nager ? Cher cœur, nage vers
» moi ! Je vais allumer trois lumières, elles éclaireront
» ta route. »

Près de là était une vieille nonne. Elle feignait de dormir ; elle éteignit les lumières. Le jeune homme se noya.

C'était le dimanche matin, tout le monde festoyait. Les yeux de la pauvre fille du roi se fermaient tristement.

« Hélas ! ma mère, ma chère mère, la tête me fait
» si mal ! Ne pourrais-je aller me promener au bord
» de la mer verte ?

» — Hélas ! ma fille, ma chère fille, tu ne peux y
» aller seule ; réveille ta jeune sœur, elle ira avec toi.

» — Hélas ! ma mère, ma chère mère, ma sœur est
» une enfant ; elle cueille toutes les fleurettes qui sont
» sur le rivage.

» — Hélas ! ma fille, ma chère fille, tu ne peux y
» aller seule ; réveille ton jeune frère, il ira avec toi.

» — Hélas ! ma mère, ma chère mère, mon frère est

»un enfant; il tue tous les oiseaux qui sont sur le
»rivage. »

Elle s'enveloppe de son manteau et s'en va au rivage; elle cherche long-temps et trouve enfin le pêcheur.

« Hélas! pêcheur, bon pêcheur, veux-tu gagner sa-
»laire? Retire du sein des flots un riche fils de roi. »

Il jette son filet à l'eau, les plombs tombent au fond; il pêche et pêche long-temps, et trouve le fils de roi.

Elle le prend dans ses bras, elle baise sa bouche. « Mon bien-aimé, si tu pouvais parler, mon cœur se-
»rait guéri! »

La fille du roi ôte sa couronne d'or. « Tiens,
» pauvre pêcheur, voici le salaire promis. »

De son doigt elle tire un anneau d'or brillant. « Tiens, pauvre pêcheur, achète du pain à tes en-
»fans! »

Elle s'enveloppe de son manteau et se jette dans la mer. « Adieu, mon père, adieu, ma mère, vous ne me
» verrez plus! »

On entend sons de cloches, on entend cris et pleurs. Là-bas gisent deux enfans de rois; ils sont morts tous deux.

LE PRISONNIER.

Si j'étais un faucon sauvage, je voudrais m'envoler et aller m'abattre devant la maison du comte.

D'une aile forte je frapperais à la porte de ma belle, le verrou en sauterait, et ma belle accourrait.

« Entends-tu le bruit des clefs, chérie ? Ta mère arrive. Viens avec moi, traversons la vaste bruyère. »

Mon bec sauvage la saisirait par ses boucles dorées, et je la porterais sur les hauteurs.

Oui, là, sur les hauteurs ; là serait un beau nid. Hélas ! pourquoi donc suis-je ici prisonnier ?

Si je l'enlevais en volant, le comte n'oserait me tuer ; car sa jeune fille, en revanche, tomberait morte à terre.

Mais, hélas ! mes ailes sont bien liées ! Quelque sonore que soit mon chant, ma chérie ne l'entend pas ; elle pleure seulette.

ULRIC ET ANNETTE.

Ulric s'en va à cheval ; il passe devant la maison d'Annette la jolie. « Chère Annette, veux-tu venir avec moi dans la forêt verte ? Je t'apprendrai le chant des oiseaux. »

Ils partent ensemble, ils passent devant un coudrier. Ils arrivent sur une verte prairie.

Il la conduit sur l'herbe, il la fait asseoir, il met sa tête sur ses genoux ; elle l'arrose de chaudes larmes.

« Annette, mon Annette, pourquoi donc tant pleurer ? Pleures-tu les biens de ton père ? Pleures-tu ta

» mort prochaine? Ou ne suis-je pas assez beau
» pour toi?

» — Je ne pleure pas les biens de mon père, je ne
» pleure pas ma mort prochaine. Ulric, je te trouve
» si beau!

» — Là-bas, sur les sapins, j'ai vu onze vierges
» pendues. Ah! Annette, chère Annette, tu vas être
» la douzième.

» — Puisqu'il me faut être la douzième, laisse-moi
» pousser trois cris. » Par le premier cri, elle appelle
son père.

Par le second cri elle invoque le Seigneur; par le troisième cri, elle appelle son jeune frère.

Son frère est assis près d'un bocal de vin frais et vermeil. Le son entre par la fenêtre. « Mes frères,
» écoutez, notre sœur crie dans la forêt!

» Ulric, cher Ulric, qu'as-tu fait de ma jeune sœur?
» —Elle est là-haut sur le tilleul, elle y file de la soie
» noire.

» — Pourquoi tes souliers sont-ils rougis de sang?
» Pourquoi tes yeux sont-ils si morts? — Comment
» mes souliers ne seraient-ils pas rougis de sang?
» J'ai tué une tourterelle.

» — La tourterelle que tu as tuée, ma mère l'a
» portée dans son sein, ma mère l'a portée dans ses
» flancs, elle l'a nourrie de son sang. »

Annette la jolie fut mise en fosse profonde. Ulric le beau-frère fut mis sur la roue. Autour d'Annette les anges chantèrent; autour d'Ulric les corbeaux croassèrent.

LE SIRE DE FALKENSTEIN.

Le sire de Falkenstein chevauche sur une vaste bruyère. Que voit-il sur le chemin? Une fille en blanche robe.

« Où vas-tu, fille jolie? Que fais-tu ainsi seulette? » veux-tu être cette nuit ma compagne de lit? Viens » avec moi dans ma maison.

» — Je n'irai pas avec vous, je ne vous connais pas.
» — Je vais te dire mon nom; je suis le sire de Fal-
» kenstein.

» — Si vous êtes le sire de Falkenstein, je vous de-
» mande votre prisonnier. Il est à moi; je veux l'avoir
» en mariage.

» — Non, je ne te donnerai pas mon prisonnier. Il
» pourrira dans la tour. A Falkenstein il est une tour
» profonde garnie de deux hautes murailles.

» — Si à Falkenstein il est une tour profonde garnie
» de deux hautes murailles, j'y resterai collée, j'y gé-
» mirai avec le prisonnier. »

Elle tourna autour de la prison : « Chéri, es-tu là-
» dedans? Si je ne puis te voir, j'en perdrai la rai-
» son! »

Elle tourna autour de la prison et tâcha de l'ouvrir. « Quand même la nuit serait longue comme une
» année, je ne me découragerais pas.

» Si j'avais un couteau tranchant, comme les valets
» du seigneur, je me battrais avec le sire de Falken-
» stein pour mon doux ami.

» — Je ne me bats pas avec une femme, j'en aurais
» trop de honte. Je vais te donner le prisonnier.
» Quitte le pays avec lui.

» — Je ne quitterai pas le pays, je n'ai volé per-
» sonne. Si j'ai oublié quelque chose, je puis hardi-
» ment l'aller chercher. »

LE CAVALIER.

Le batelier aborde. Pour qui sonne-t-on ainsi? A qui chante-t-on si doucement les derniers honneurs?

Il voit les jeunes filles qui tiennent une couronne : est-elle pour la vie ou pour la mort? Le chemin lui devient pénible.

Le chemin lui devient pénible jusqu'à la maison de sa mie : est-elle morte? est-elle la fiancée d'un autre?

Il la trouve dans sa chambrette; elle tressait ses beaux cheveux. « Dieu merci, mon doux ange, je te
» vois en santé!

» On m'avait dit que tu épousais le jeune fileur de
» soie; rends-moi donc les gages que je t'ai laissés.

» Je ne sais rien de ces gages; je ne sais rien de cet
» argent. Que le cavalier m'emporte si je sais ce que
» c'est. »

Au troisième jour, comme on faisait la noce, arrive un fier cavalier; il s'assied au haut de la table.

« Mangez, buvez, jeunes filles; moi je ne puis me
» réjouir. » Les trompettes et les hautbois sonnent
ensemble.

Tout d'abord il danse avec la fiancée; il la fait tourner trois fois, et disparaît avec elle.

Ils arrivent sur une bruyère, plaine large et longue; il lui casse le cou, son âme est à lui.

LE COMTE.

Je veux vous dire une histoire nouvelle ; restez tranquilles auprès de la cruche de vin. A Rome il était un comte, bien fait, riche en biens et en vertus: il voulut aller en Terre-Sainte pour acquérir honneurs et chevalerie.

Sa dame en fut épouvantée; elle le regarda et dit: « Pardon, noble sire, mon cher époux, que vous fait
» la chevalerie? vous avez biens et honneurs autant
» qu'il vous en faut ! »

Il répondit à sa dame : « Dieu te garde en santé, je
» te confie tout ici. » Ainsi il partit le noble comte. De grandes peines l'accablèrent, il devint le prisonnier d'un roi.

Il ne pouvait s'enfuir, c'était un grand chagrin. Il tira la charrue plus d'un jour et d'un an, souffrit la faim ; la pénitence fut dure. Le roi vint à passer près de lui, le comte tomba à genoux.

Le roi dit : « Jamais, » et se railla du comte : « Vaines

» sont tes prières : je le jure par ma couronne, tu ne
» seras délivré que quand viendra ta dame. »

A cette nouvelle, le comte s'effraie fort; il souhaite grand mal au roi. « Si ma dame vient, elle faiblira;
» mais s'il me faut rester, mes forces faibliront; donc
» je veux lui écrire et l'envoyer quérir. »

A la cour était un homme qui gardait les prisonniers; le comte lui confie son message, et lui promet de l'or et de l'argent. Il écrit une lettre à sa dame, il lui fait voir clairement qu'elle seule peut détourner ses maux; qu'il lui faut venir de suite.

Le messager partit gaiement, traversa la mer furieuse. A Rome, il trouva la dame et lui donna sa lettre; elle la lut secrètement, et vit le désir de son époux; son cœur en devint froid.

Elle répond une lettre sage : qu'elle ne pouvait partir, qu'une femme ne devait pas traverser la mer furieuse; que de ses biens elle n'épargnerait rien pour délivrer le comte, son seigneur.

Le messager s'en retourna promptement au pays. La dame était dans la douleur, elle la sentait vivement. En grand secret elle se fait faire un froc et se fait raser la tête.

Elle savait lire, écrire, et d'autres joyeux arts; elle savait jouer de la harpe, du violon, et d'autres instrumens. Elle pendit à son côté une harpe et un bon luth, suivit le messager, et passa la mer avec courage.

Ils voyagèrent bien des jours. La dame était pleine de grâces; elle se mit à jouer, chacun fut émerveillé;

ses yeux se mouillèrent de larmes; en face d'elle était le messager, il ne la reconnut point.

Le messager dit sagement au moine : « Seigneur, » si vous voulez gagner des richesses, venez en mon » pays, chez un roi puissant, il vous donnera riche » salaire; il vous fera servir des mets aussi long-temps » que vous resterez. »

Il ne cessa de prier, et le moine céda enfin. Ils arrivèrent ensemble au rivage de la mer, traversèrent monts et vallées. La dame en habit de moine entra dans la salle du palais.

Le roi vint avec ses chevaliers et ses valets. Le moine fut bien reçu, lui et ses chants joyeux : il joua du luth, chanta des paroles gracieuses; les païens jurèrent que jamais ils n'avaient entendu de si belles choses.

Le moine s'assit au haut de la table. Tous l'aimaient et l'honoraient; on lui servit du gibier, du poisson, tout ce que son cœur put désirer. Comme elle vit cela, et que bien lui en arrivait, elle se dit : « Je réussirai ! »

Elle joua de la harpe, entonna un chant joyeux et sonore; le palais en retentit, les païens en sautèrent de joie, jusqu'à ce que la nuit vint. Durant ces choses, le comte reçut son message.

Il reçut des nouvelles de sa dame, qui lui disait qu'elle ne viendrait pas; que les païens étaient sans vertu, qu'elle serait en grand danger. Le comte fut affligé et pensa : « Maintenant il me faut souffrir la mort! »

Le jour suivant, la dame cherche son époux avec grande inquiétude. Elle monte en secret sur les créneaux; tout-à-coup elle l'aperçoit, il tirait la charrue.

Ne pouvant l'aider, elle se prit à pleurer; enfin elle rappela son courage, chanta mieux tous les jours, et resta quatre semaines avant de prendre congé.

Le roi, pour récompenser le moine, mit sur sa tête une couronne d'or, lui donna un bassin plein de pièces d'argent. « Prends cela, cher moine, ne le dé» daigne pas. » Le moine s'en défendit : « Ce n'est pas » d'usage dans mon ordre!

» Je ne veux pas de salaire; je te veux demander » une grâce; ce n'est pas de l'or brillant, ce ne sont » pas des joyaux, ni d'autres richesses semblables, que » je demande, mais cet homme qui laboure le champ. »

Le roi dit aussitôt : « Prends-le en ta puissance. » On amena le comte. « Rends grâce à l'aventure qui t'a » délivré. »

La dame se mit en mer; déjà, le jour suivant, le comte se rappela son vœu d'autrefois : il voulut cheminer en Terre-Sainte, quoique pauvre et mendiant. Dieu, le Seigneur, lui fut en aide, et il repassa la mer sain et sauf.

Il revint chez lui pauvre et tout poudreux; sa femme le reçut avec grande joie. « Je t'ai écrit une lettre dans » mon chagrin, dans mes malheurs; tu es restée au » logis sans souci de ma mort. »

La femme répondit avec pudeur : « Seigneur, dans » la lettre vous m'avez écrit votre grande peine; mais

» je n'osai me fier au messager, je craignais pour
» mon honneur. »

Le jour suivant les amis du comte vinrent le saluer;
ils portèrent plainte contre sa femme, ils dirent comme
elle avait couru si long-temps et si loin, et qu'on ignorait où.

La dame se lève promptement, elle s'en va en sa
chambre, revêt le froc de moine, prend en main sa
harpe et son bon luth, telle qu'elle parut devant le roi.

Elle rentre avec bruit, salue tous ceux qui étaient
assis. Dès qu'il l'aperçut, le comte en eut grande
joie : « Voici l'aventure qui m'a délivré. »

Elle dit avec colère : « Seigneur, vous m'avez bien
» vue devant le roi, quand il se prit à vous dire : Pri-
» sonnier, sois libre, et pars sans injure! »

Les amis se récrièrent, la punition était rude; ils
quittèrent la table et tombèrent à ses pieds. Ainsi on
ravit aux femmes honneur et fidélité.

LE VERRE ROMAIN[1].

J'étais sur une haute montagne, je regardais le Rhin
profond; je vis voguer un batelet. Trois chevaliers y
buvaient assis.

Le plus jeune éleva son verre romain et me fit signe:
« Ma mie, à ta santé !

[1] Verre en usage sur les bords du Rhin; il est de couleur verte,
façonné, et à patte.

» — Pourquoi bois-tu à ma santé, pourquoi m'offrir
» du vin? Au monastère il me faut aller, il me faut
» servir Dieu! »

Vers le milieu de la nuit le chevalier fait un rêve pénible, dans le couvent il voit entrer sa mie.

« J'ai rêvé que je voyais une nonne, je buvais à sa
» santé; elle ne voulait pas entrer dans le cloître, ses
» jolis yeux étaient humides.

» Arrêtez! arrêtez à la porte du monastère! appe-
» lez vite ma mie! » Voici venir la plus vieille des nonnes : « Que de suite ma mie sorte d'ici!

» — Ici il n'est aucune amie; aucune amie ne sor-
» tira. — Si ma mie n'est pas ici dedans, je mets le
» feu au monastère! »

Alors elle parut dans son vêtement blanc comme neige : « Ma chevelure est coupée; adieu pour tou-
» jours! »

Il s'assit devant la porte et regarda dans la vallée profonde; son verre se brisa, son jeune cœur aussi.

LE CHEVALIER ET SA FEMME.

Un chevalier était tombé en grande pauvreté, il avait mangé tout son bien; c'est ce qu'on nous a appris. Sa pauvreté était telle, qu'il voulait se tuer.

Un jour qu'il chevauchait à travers la forêt, le diable se trouva sur son chemin; il en eût voulu deux. Le diable dit : « Veux-tu m'aider secrètement, afin que
» je t'aide aussi?

» Si tu veux me donner ta dame, je te ferai avoir du
» bien, en caisse et en coffre; alors tu vivras content
» et tu ne mourras pas; aie bon courage tant que tu
» es en vie. »

La pieuse dame apprit la bonne nouvelle, elle se
réjouit fort du nouveau bien : « D'où vient-il, sei-
» gneur? » Mais quand elle regarda le chevalier il devint triste et chagrin.

« Ah! ma chère dame! Veux-tu venir chevaucher
» avec moi à travers une verte forêt? On y trouve main-
» tenant beaucoup de petits oiseaux, et ces petits oi-
» seaux chantent tous. »

Ils arrivèrent ensemble à cheval dans une verte forêt. Au milieu du chemin était une chapelle dédiée à
Marie, la vénérable Mère, à Marie notre chère Dame.

La chevalière dit : «Laissez-moi descendre, je vous
« en prie; je veux aller dans la chapelle dire un *Ave*.»
Elle s'agenouilla devant l'autel, et croisa ses deux bras.

La chevalière, dans sa fatigue, s'était endormie;
Marie descendit de l'autel, vint trouver le chevalier,
elle monta à cheval et chevaucha avec lui comme si
c'était la chevalière.

Ils arrivèrent ensemble dans la forêt. Le diable était
sur le chemin. Et il dit : « Tu m'as trompé, toi faux
» menteur, toi scélérat!

» Tu me promis de m'amener ta dame, et tu m'amè-
» nes la reine du ciel. Contre elle je ne saurais réus-
» sir, il me faut lui céder, lui céder à jamais.

» — Va-t'en, malin esprit! va-t'en bien loin d'ici!

» Va vers la troupe des tiens. Tu dois me laisser la
» dame. Elle entrera dans le royaume de mon fils,
» maintenant et en toute éternité. Amen. »

LA RACINE MYSTIQUE.

Une racine sort de Jessé, elle produit une tige miraculeuse, de cette tige éclot une jolie rose.

La racine est la race de David ; Marie, toi tu es la tige, ton fils est la fleur, la jolie rose ; il est Dieu et homme dans ton sein.

Le Saint-Esprit seul a créé en toi ce bel enfant ; comme le soleil par sa force fait sortir les roses de la tige.

O miracle ! la même tige produit des roses et des feuilles. O miracle ! dans le fils de Dieu il y a deux natures en une personne !

La rose est rouge, la feuille est verte, quoique la même tige les ait produites ; ainsi l'on trouve deux natures en une personne, en cet enfant.

O tige ! la belle fleur fait ton ornement, la rose te donne honneur et gloire. La rose ne défigure pas la tige, l'enfant te conserve ta virginité.

LA FILLE DU SULTAN ET LE MAITRE DES FLEURS.

Le sultan avait une fille qui s'était levée de bonne heure, pour cueillir les fleurettes du jardin de son père.

Lorsqu'elle vit les belles fleurettes briller dans la rosée : « Qui peut être le maître de ces fleurs ? pensa
» la jeune vierge.

» Il doit être un grand maître, un sire de haut pa-
» rage, celui qui fait ainsi sortir les fleurs de la terre.

» Je l'aime bien profondément, de cœur. O que ne
» puis-je le voir ! Je quitterais volontiers le royaume
» de mon père pour aller cultiver son jardin. »

Voici qu'à minuit arrive vers elle un homme lumineux : « Ouvre, ouvre vite ; pour toi, belle fille, je suis
» saisi d'amour. »

La vierge quitte bien vite son lit et va à la fenêtre. Là elle voit devant elle Jésus, son bel amour, plein de splendeur.

Elle lui ouvre avec joie, elle s'incline bien bas vers a terre, et lui souhaite la bienvenue avec des manières modestes.

« D'où viens-tu, d'où viens-tu, ô beau jeune homme?
» Dans le royaume de mon père personne ne saurait
» t'être comparé, personne ne saurait marcher ton
» égal.

» — Belle fille, tu pensais à moi ; c'est pour toi que
» je viens du royaume de mon père. Je suis le maître
» des fleurs.

« O Seigneur, Seigneur, combien y a-t-il d'ici au
» jardin de ton père ? Là, je voudrais soigner tes
» belles fleurs durant l'éternité.

» Mon jardin est dans l'éternité, à bien des mille

» lieues d'ici. Là, pour présent de noce, je te don-
» nerai une couronne rouge. »

Il ôta de son doigt une bague d'or du soleil, et demanda si la fille du sultan voulait être sa fiancée.

Et comme elle lui promit amour, ses plaies versèrent du sang : « O bien-aimé, comme ton cœur est
» rouge! tes mains portent des roses.

» — Mon cœur est ainsi rouge pour toi ; c'est pour
» toi que je porte ces roses, je te les cueillis dans la
» mort d'amour, lorsque j'y versai mon sang.

» Mon père nous appelle, prépare-toi, fiancée. De-
» puis long-temps je t'ai acquise. » Elle se confia à l'amour de Jésus, sa couronne fut tressée.

HONNÊTETÉ PORTE SON FRUIT.

Trois étoiles volent au-dessus du Rhin. Une veuve avait trois filles; l'une mourut quand le soir fut venu, l'autre à minuit, la troisième à l'heure du matin.

Elles se prirent par les mains et arrivèrent ensemble au ciel; elles frappent doucement à la porte. Saint Pierre dit : « Qui va là ? — Trois pauvres âmes sont
» là dehors, hélas! ouvrez-leur bien vite la porte du
» ciel ! »

Il répondit : « Il faut d'abord savoir qui de vous
» doit entrer ici. » Après quoi il s'en alla et demanda.
La voix du ciel répondit : « Que les deux aînées en-
» trent, que la plus jeune reste dehors. »

Elle cria et dit : « Qu'ai-je donc fait pour rester
» ainsi dehors? » Saint Pierre reprit : « Tu as méprisé
» la parole de Dieu ; tu n'as pas pensé à ton âme. Va
» donc, va voir si tu trouves le repos dans l'enfer.

» Quand tu devais aller à l'église, tu restais devant
» ton miroir, tu couronnais ta tête, tu pommadais tes
» cheveux, tu te parais orgueilleusement. C'est pour-
» quoi, va-t'en et dépêche-toi, l'enfer te recevra
» bien. »

Lorsqu'elle arriva devant l'enfer, elle frappa avec
frayeur. Satan dit : « Qui est là? — Hélas! c'est une
» pauvre âme! » Là-dessus il s'élança, la fit entrer,
et lui versa du vin brûlant.

Quand elle eut vidé la coupe, le sang lui sortit des
ongles. Satan la porta dans le marais infernal, et l'y
assit sur un siége de feu. Oh! oui, sa peine fut extrême.
Elle reçut maint terrible coup.

Elle dit : « C'est la faute de ma mère, c'est elle qui
» a souffert ma méchanceté ; c'est elle qui m'a laissé
» marcher dans le péché, elle ne m'en a pas même
» fait la mine. Tandis que mes sœurs sont dans la
» salle du ciel, je suis dans les tourmens de l'enfer.

» A quoi me servent mon orgueil, mes richesses,
» mes honneurs, mon argent et mon bien? A quoi
» me servent les ornemens et la splendeur ? Ah! que
» n'y ai-je jamais pensé! Je ne serais pas assise
» dans ces flammes où tous les tourmens fondent sur
» moi! »

LA CHANSON DE LA BELLE BERNAUER [1].

Trois seigneurs sortent à cheval de Munich; ils vont vers la maison de Bernauer. « Bernauer, es-tu » là-dedans, oui, là-dedans ?

» Si tu es là-dedans, viens, sors un instant; le duc » est devant ta maison, avec toute sa cour, oui, avec » toute sa cour. »

Dès que Bernauer eut entendu ces mots, elle mit une chemise blanche comme neige, pour paraître convenablement devant le duc, oui, devant le duc.

Sitôt qu'elle parut à la porte, les trois seigneurs la saisirent. « Bernauer, que veux-tu faire, oui, que » veux-tu faire ?

» Veux-tu quitter le duc, ou bien quitter ta vie, si » jeune et si fraîche, être noyée dans le Danube, oui, » dans le Danube ?

» — Le duc est à moi, et je suis à lui. Nous sommes » fidèlement fiancés, oui, fiancés. »

---

[1] Agnès Bernauer, fille d'un bourgeois d'Augsbourg, fut épousée secrètement par Albert de Bavière, fils unique du duc Ernest. Celui-ci, pendant une absence du prince, fit saisir Agnès à Straubing, où elle habitait, et la fit jeter dans le Danube, le 16 octobre 1436. Elle surnagea pendant quelque temps, et appelait au secours, lorsqu'elle fut replongée dans l'eau par le bourreau. Albert, furieux, courut aux armes; mais, en 1437, il consentit à épouser Anne de Brunswick. Le duc Ernest avait fait enterrer Agnès honorablement, et, dix ans plus tard, Albert fonda une messe à perpétuité pour le repos de son âme. La beauté d'Agnès est restée célèbre dans son pays.

Bernauer nagea sur l'eau. Elle avait invoqué Marie, la mère de Dieu, pour qu'elle l'aidât dans cette angoisse, oui, dans cette angoisse.

« Marie, sors-moi de cette eau. Mon duc te fera
» bâtir une église neuve ; il te fera faire un autel de
» marbre, oui, de marbre. »

Dès qu'elle eut ainsi parlé, Marie, la mère de Dieu, vint à son aide, et la sauva de la mort, oui, de la mort.

Dès que Bernauer arriva sur le pont, un valet de bourreau s'approcha d'elle. « Bernauer, que veux-tu
» faire, oui, que veux-tu faire ?

» Veux-tu être la femme du bourreau, ou veux-tu
» que ton corps jeune et fier soit noyé dans l'eau, oui,
» dans l'eau ?

» — Avant de devenir la femme du bourreau, je
» laisserai noyer mon jeune et fier corps dans l'eau
» du Danube, oui, dans l'eau du Danube. »

A peine trois jours se sont écoulés, que la triste nouvelle parvint au duc. « Bernauer est noyée, oui, noyée.

» — Qu'on appelle tous les pêcheurs, qu'ils pêchent
» jusqu'à la mer Rouge, qu'ils cherchent ma douce
» amie, oui, qu'ils la cherchent ! »

Tous les pêcheurs arrivent ; ils ont pêché jusque dans la mer Rouge, ils ont trouvé Bernauer, oui, ils l'ont trouvée.

Ils la mettent sur les genoux du duc. Le duc verse des milliers de larmes. Comme de cœur il pleure, oui, comme il pleure !

« Appelez cinq mille hommes ; je veux faire une
» nouvelle guerre au seigneur mon père à l'instant
» même, oui, à l'instant même !

» Et si je n'aimais autant le seigneur mon père, je
» le ferais pendre comme un voleur. Mais ce me se-
» rait une grande honte, oui, une grande honte. »

A peine trois jours sont écoulés, une triste nouvelle
parvient au duc : « Le seigneur son père est mort,
» oui, mort.

» — Ceux qui m'aideront à enterrer le seigneur
» mon père doivent porter des manteaux rouges ; ils
» doivent porter des manteaux rouges, oui, rouges.

» Ceux qui m'aideront à enterrer ma belle amie
» doivent porter des manteaux noirs ; ils doivent por-
» ter des manteaux noirs, oui, noirs.

» Nous fonderons une messe perpétuelle, pour qu'on
» n'oublie pas Bernauer. Que pour elle on prie, oui,
» que pour elle on prie ! »

LÉGENDE D'IDA DE TOGGENBOURG.

Le comte Henri de Toggenbourg vint épouser Ida,
de la noble race de Kirchberg ; elle accepta son anneau avec grande pudeur.

Du matin au soir, on voyait la pieuse comtesse en
prières et à l'ouvrage. Elle tenait fidèlement la maison
du comte, elle battait elle-même ses vêtemens.

Un jour elle exposa au soleil sa robe de soie et sa

parure de noce. Voici un noir corbeau qui emporte l'anneau nuptial.

La comtesse, craignant la fureur de son seigneur, se tait sur ce qu'elle a perdu. Elle veut auparavant fouiller partout et épier celui qui a pu prendre l'anneau.

Un chasseur passait dans la forêt ; il entend crier les petits corbeaux ; il monte vers eux à travers les feuilles et les branches, et trouve la bague en leur nid.

Un scélérat, ennemi du chasseur et de la comtesse, l'ayant appris, irrite le comte par un mensonge, il lui montre la bague au doigt du serviteur.

Aveuglé par une fureur soudaine, le comte Henri attache le chasseur à un cheval indompté, qu'il chasse du haut de la montagne ; il ôte ainsi cruellement la vie au chasseur.

De là il court à la chambre de la comtesse. Il méprise ses larmes et tout ce qu'elle lui dit. Il la précipite de la salle élevée dans la profonde, la terrible vallée.

Mais les broussailles arrêtent sa chute, et saine et sauve elle arrive dans la vallée. Elle remercie Dieu de sa grâce, et jure d'être à lui en toute éternité.

Puis elle s'enfonce dans la forêt, y cherche un endroit sauvage et touffu ; elle y porte des pierres et des branchages, et s'y bâtit une pauvre petite cabane.

Là, pendant dix-sept ans, la comtesse sert Dieu avec peines et dangers. Là, avec joie et frayeur, les serviteurs du comte la trouvèrent en chassant.

Le comte l'apprend; il accourt à l'instant, il se jette à genoux, lui témoigne son repentir et sa douleur, et la prie de vivre avec lui; car depuis long-temps il a reconnu son innocence.

Elle repousse sa prière, mais tout doucement, et lui dit : « Je me suis vouée à Dieu. » Elle le prie de lui bâtir une cellule dans la prairie.

Là elle servit Dieu soir et matin, et lorsqu'elle allait à matines au couvent voisin, elle était précédée d'un cerf dont le bois était resplendissant de lumière.

Sa vie pieuse déplut au malin esprit; il voulut la troubler; mais ses prières en triomphèrent. Elle brilla par ses miracles.

Enfin Dieu écouta gracieusement sa prière, et l'appela à lui. Il lui donna là-haut les plaisirs du ciel; ici elle vit encore par ses miracles.

LA BELLE-MÈRE.

« O reine, ma chère mère, quand viendra-t-il mon » fier et beau fiancé? — Tu le désires donc bien? Aye » patience, mon doux mouton. »

Le fiancé tarde long-temps. La belle-mère pense à la puissance royale. Sa jolie fille ne pense qu'à son joyeux Hiling.

« O reine, ma chère mère, quand viendra-t-il mon » fier et beau fiancé? — Tu le désires donc bien? Aye » patience, mon doux mouton.

» La plus belle parure t'est préparée; elle est ca-
» chée dans le bahut; maintes pierres y brillent dans
» l'or, je t'ornerai d'une façon royale. »

Elle monte l'escalier tournant, la vierge la suit avec rapidité. Les verroux fermaient la porte, la reine les tire, et ouvre ainsi l'appartement.

« Chère mère, reine, dis, quel est ce grand bahut?
» Quel est ce couvercle si lourd? dis-moi, couvre-t-il
» des bijoux?

» — Oui, il couvre de grands trésors; il couvre le
» diadème royal. Va, ouvres-en les serrures, plonges-
» y tes mains et choisis à ton goût.

» — Ah! mère! quelle splendeur, quelle richesse!
» Je ne sais ce qu'il me faut choisir. — Baisse-toi en-
» core plus, mon enfant, au fond tu trouveras ce qu'il
» y a de plus beau. »

La vierge se baisse bien bas, sa petite tête est dans le bahut profond. La belle-mère dans sa fureur fait retomber sur elle le lourd couvercle en fer.

« O fiancé, o fils de roi, tu viens par trop tard,
» ta belle amie est déjà enterrée, son tombeau est là-
» bas dans la prairie. »

Le fils de roi pleure, se lamente; la reine lui ment impunément. Une seule tête pouvait dire la vérité, mais elle était enfermée dans le bahut.

LE PRENEUR DE RATS DE HAMELN.

» Quel est sur cette image cet homme aux vête-
» mens bigarrés? Il médite le mal, il siffle si étran-
» gement, et avec tant d'attention. Je ne lui aurais
» pas amené mon enfant! »

A Hameln les souris et les rats se battaient en plein jour avec les chats. C'était grande misère, le conseil chercha comment l'art pourrait y remédier.

Alors arriva l'homme merveilleux habillé de vêtemens bigarrés. Son sifflet rassemble les rats et les souris, en nombre immense, et il les noie tous dans le Weser.

Le conseil ne voulut plus lui donner ce qui lui avait été promis; il pensa que cela s'était fait trop vite, que c'était peut-être un coup du diable.

Quelque durement que parlât l'homme au conseil, celui-ci répondit à ses menaces par la menace. A la fin, le village seul fut son refuge contre la commune irritée.

La ville, délivrée du grand fléau, se réjouit en une fête d'actions de grâce; tout le monde est assis sur les bancs de l'église, toutes les cloches sonnent au loin.

Les enfans jouent dans les rues; l'homme merveilleux vient à y passer. Il vient, et il rassemble bien vite, en sifflant, une centaine de beaux enfans.

Le berger les vit aller au Weser, et personne ne

les revit jamais. Depuis ce jour ils furent perdus, au grand chagrin et à la grande douleur de leurs parens.

Souvent des feux follets dansent sur le fleuve, où les jeunes enfans rafraîchissent leurs petits membres; alors l'homme merveilleux les rappelle au fond en sifflant, car il lui faut bien être payé de son art.

« Bonnes gens, quand vous voulez jeter du poison,
» éloignez vos enfans : le poison, c'est le diable qui
» nous vola les chers enfans. »

LA FAUSSETÉ PUNIE.

Deux jeunes garçons aimaient une jeune fille. L'un était le fils d'un marchand, l'autre, le fils d'un marinier.

« Laisse donc le fils du marchand, et prends le fils
» du marinier. Si tu me quittes ainsi, un sort cruel
» t'attend !

» Je t'ai fait présent d'une bague de dix-huit cou-
» ronnes. Le diable t'emportera le jour même de ta
» noce. »

Et au jour de sa noce, la fiancée devint tout orgueilleuse. Et lorsqu'on se mit à boire et à manger, un étranger entra dans la salle.

« Que faut-il vous servir ? Un verre plein de vin
» rouge ? — Il ne faut rien me servir, je me servirai
» moi-même.

» Je vous demande la grâce de danser avec la ma-

» riée. » Il la fait tourner trois fois et l'emporte par la fenêtre.

Là, sur la bruyère verte, là, sur le coteau vert, sous un saule, il lui cassa le cou.

Que trouva-t-on d'elle? Rien que la couronne nuptiale; le corps avait disparu, l'âme était toute à lui.

LE CHEVALIER ET LE VOILE.

Il y avait une noble duchesse, un duc bien puissant, l'amour était en eux et en même temps le chagrin. Ils s'aimaient de tout cœur, et ne pouvaient se voir tant ils étaient gardés.

La vierge était belle. Elle se promena un soir devant la porte du château de son père [1], là elle trouva le gardien. « Ah! gardien, viens, approche; » puis-je me confier à toi?

» — Confiez-vous à moi, chère et tendre vierge. — » Mais je ne crains rien au monde autant que la co-» lère de mon seigneur.—Je crains la colère de votre » père; si votre projet ne réussit, je perdrai la vie!

» — Je réussirai; je ne veux aller que là-bas, jus-» qu'à la haie, et si je tarde trop, appelle-moi par tes » chants. Laisse-moi entrer chez toi, gardien, pen-» dant que mon père et ma mère dorment tous deux.»

[1] Le château s'appelait Stargard; la jeune princesse était fille d'un duc de Mecklenbourg.

Elle lui donna son manteau, il le mit sur son bras.
« Adieu, noble vierge; que Dieu veille sur vous. »
Elle arriva près d'une pierre creuse, d'où jaillissait
une petite fontaine, un tilleul vert était au-dessus,
monsieur le rossignol y était assis et chantait.

« Que chantes-tu, monsieur le rossignol, toi petit
» oiseau de la forêt? Que Dieu conserve celui que
» j'attends. Que Dieu le tienne en santé; il a deux
» yeux bruns, et une bouche vermeille. »

Le nain entendit ces mots de la grotte où il était,
il se lève aussitôt et s'approche en silence : « Ah!
» vierge, il faut venir avec moi; je suis un messager
» envoyé vers vous, vous devez m'accompagner. »

Elle ôte son voile et le jette sur la branche de l'arbre. « Tu verras, noble chevalier, que je suis venue
» au rendez-vous. Un nain sauvage m'emmène. O
» riche Seigneur du ciel! que m'arrivera-t-il? »

Il la conduit près de sa mère dans le fond de la
grotte : « Bien vite remène-la; tu nous causeras bien
» du souci et des peines. Tu nous causeras un grand
» souci, un grand chagrin au cœur; avant que la nuit
» ne s'achève, trois meurtres seront commis. »

Il serre les mains de la vierge, ses mains blanches
comme neige; il la reconduit sous le tilleul vert, où il
l'avait trouvée. Là elle eut un grand chagrin, une
grande douleur au cœur. Là le noble fils du duc était
mort percé de son épée.

Elle retire l'épée, et s'en perce à son tour : « Puisque

» tu t'es tué, moi aussi je me tuerai. Jamais plus un
» fils de prince ne mourra pour moi. »

Le gardien sur les créneaux entonne un chant sonore : « Jamais, en aucune année, une nuit ne me parut
» si longue que celle d'aujourd'hui. O riche Seigneur du ciel, que m'arrivera-t-il? »

La mère entendit cela, de son lit où elle était couchée : « Seigneur, mon époux, écoutez donc la plainte
» que le gardien chante cette nuit. Je crains qu'à notre fille il ne soit arrivé mal. »

La mère se lève, elle allume une lumière, elle va au lit de sa fille, et ne l'y trouve pas. Alors éclate un grand chagrin, une grande douleur, car deux enfans chéris étaient percés à mort par la même épée.

On saisit le gardien, on le met sur une table, on le coupe en petits morceaux, comme si c'était un poisson. On agit de la sorte afin que d'autres à l'avenir pensassent à bien faire leur garde.

LA JEUNE FILLE ET LE COUDRIER.

Une jeune fille voulait aller à la danse, elle cherchait des roses pour se parer; elle vit près d'elle un coudrier qui la saluait gracieusement.

« Bonjour, bonjour, mon cher coudrier; d'où te
» vient ta belle robe verte? — Merci, merci, chère
» fillette; d'où te viennent tes joues si tendrement
» colorées?

» — D'où me viennent le reflet rose de mes joues et
» ma blancheur de lis? Je mange du pain blanc, je
» bois du vin frais; de là vient la fleur de mes joues.

» — Si tu manges du pain blanc, si tu bois du vin
» frais, si c'est cela qui te rend les joues de couleur
» tendre, la rosée du ciel tombe sur moi, c'est d'elle
» que vient ma parure verte.

» — Merci, merci, cher coudrier! Maintenant je te
» dirai une chose : j'ai trois méchans frères qui veu-
» lent tous trois t'abattre.

» — Puisque tu m'as averti, chère et belle fillette!
» en remerciement je te dirai une chose, mais prends-
» la bien à cœur : les jeunes filles qui vont à la danse
» perdent facilement leur couronne.

» Le coudrier, si on l'abat, repousse avec plus de
» beauté. Mais la couronne virginale, une fois perdue,
» ne refleurit plus jamais! »

LA SALUTATION ANGÉLIQUE.

Un bon chasseur voulait chasser sur les hauteurs du ciel, que rencontre-t-il sur la bruyère? Marie la belle Vierge.

Le chasseur que je veux dire nous est bien connu, il chasse avec les anges, il s'appelle Gabriel.

Le chasseur sonne dans son petit cor de chasse; ce qu'il sonne signifie : « Salut, ô Marie, tu es pleine
» de grâce.

» Salut, ô Marie, belle et noble Vierge, ton corps
» verra naître un bel enfantelet.

» Ton corps verra naître un bel enfantelet, et cela
» sans époux. Cet enfant triomphera du ciel et de la
» terre. »

Marie la très-pure tombe alors à genoux, elle dit au
Dieu du ciel : « Que ta volonté soit faite.

» Que ta volonté soit faite, sans peine et sans dou-
» leur! » Alors elle conçut Jésus-Christ, sous son
cœur toujours vierge.

NOEL.

Au milieu de la nuit, les bergers se réveillent ; ils
entendent sonner dans les airs, ils entendent chanter
le *Gloria*. C'est le chœur des anges. Dieu est né, c'est
bien vrai.

Les bergers de la prairie abandonnent leurs tentes.
Ils peuvent à peine respirer, tant ils courent vite ;
le berger et son garçon courent à perte d'haleine vers
la petite crèche.

« Père, père, vois donc ce que nous trouvons là !
» Un charmant enfantelet, sur de petits langes blancs
» comme neige. Deux bêtes sont près de lui, un âne
» et un bœuf.

» Il y a encore une jolie vierge, qui tâche de s'age-
» nouiller près de l'enfant, et qui l'adore. Tiens, petit
» frère, regarde-les donc.

» Que Dieu en ait pitié ! Comme il fait donc froid;
» on gèle presque, on meurt presque ! Que l'enfant me
» fait peine ! Que le vent souffle fort !

» Hélas, que Dieu en ait pitié. Que la mère est pau-
» vre ! Elle n'a pas de poêlon pour faire la bouillie.
» Elle n'a ni farine, ni beurre, ni sel, ni lait.

» Frères, venez, retournons au logis. Venez tous ;
» allons chercher quelque chose à l'enfant, et qu'en
» revenant nos mains ne soient pas vides.

LA NOEL DE L'ENFANT ÉTRANGER[1].

Un enfant étranger court la veille de Noël à travers la ville, pour voir les lumières qui sont toutes allumées.

Il s'arrête devant chaque maison, et regarde la clarté, qui brille par les fenêtres ; il compte les arbres lumineux. Tout cela lui fait bien mal !

Le pauvre enfant pleure et dit : « Chaque enfant a
» aujourd'hui un petit arbre et des lumières, et il
» s'en réjouit. Moi seul, pauvre enfant, je n'en ai pas !

---

[1] La veille de Noël, il est d'usage, en Allemagne, de donner aux enfans des *arbres de Noël*. Ce sont des branches de sapin, plus ou moins grandes, auxquelles pendent des pommes, des noix dorées, des bonbons, des rubans, des cadeaux de toute espèce, et qui sont illuminées par de petites bougies qu'on allume à une certaine heure de la nuit. Cet usage fort ancien est général : riches ou pauvres, grands et petits, tous les enfans reçoivent un arbre de Noël.

» Lorsque auprès de mes frères j'étais à la maison,
» l'arbre s'allumait aussi pour moi. Mais ici je suis
» oublié, ici en pays étranger.

» Personne ne me laissera donc entrer et ne me
» donnera une petite place? Dans toutes ces rangées
» de maisons, pour moi il n'est donc pas un coin,
» quelque petit qu'il soit?

» Personne ne me laissera donc entrer? Je ne veux
» rien pour moi; je ne veux que me réjouir à la clarté
» des présens d'autrui. »

Il frappe à toutes les portes, aux fenêtres et aux volets; mais personne ne vient inviter le pauvre enfant; là-dedans personne n'a d'oreilles.

Chaque père ne pense qu'à ses enfans, chaque mère leur donne ses présens, et ne voit rien de plus, et rien de moins, et personne ne se soucie du pauvre enfant.

« O cher et saint Christ! je n'ai ni père ni mère, à
» moins que tu ne m'en serves. O toi, console-moi,
» puisque tout le monde m'oublie. »

L'enfant frotte ses mains engourdies par la gelée; il se renfonce dans son vêtement, et il attend dans la rue, le regard fixé au loin.

Voici que vient avec une lumière un autre enfant vêtu de blanc; il s'avance vers lui. Quels doux sons quand il dit:

« Je suis le saint Christ; j'ai été autrefois un pauvre
» enfant comme toi. Moi je ne t'oublie pas, quand tout
» le monde t'oublie.

» Ma parole est pour tous et pour tous la même.

» J'offre mes trésors ici dans la rue, aussi bien que là
» dans les maisons.

» Je vais te faire luire ici, dans cet espace libre, un
» arbre si beau que les arbres des maisons là bas ne
» sauraient l'égaler. »

Alors de sa main l'enfant Jésus montre le ciel, et
là haut un arbre fourmillant d'étoiles étendait ses
branches nombreuses.

Comme les lumières brillaient! elles semblaient si
proches et pourtant si éloignées. Comme il devint doucement content l'enfant étranger, lorsqu'il vit son arbre de Noël !

Il crut faire un rêve. Alors de petits anges se penchèrent de l'arbre vers lui et l'élevèrent dans l'espace
lumineux.

L'enfant étranger est retourné dans son pays ; il y
fait sa sainte Noël, et il y oublie facilement tout ce qu'on
donne sur terre.

L'ARRIVÉE DU PRINTEMPS.

Le printemps est venu ! Ne l'avez-vous pas appris ?
Les petits oiseaux le disent, les petites fleurs le disent.
Le printemps est venu !

Vous le voyez aux champs, vous le voyez aux forêts ;
le coucou appelle, le pinson siffle, tout ce qui a du
mouvement se réjouit. Le printemps est venu.

Là, fleurette sur la bruyère ; ici, mouton sur la prairie. Ah ! voyez comme tout se réjouit ! Le monde s'est
renouvelé. Le printemps est venu !

LA FIDÉLITÉ ALLEMANDE.

Demande à toutes tes connaissances, demande à tous tes parens, demande à tous les malheureux, demande à tous les amoureux, demande au ciel, demande à la terre, demande à qui et à quoi on peut demander, tout et tous te diront que rien n'est si beau que la fidélité allemande!

Le corail de l'Angleterre peut plaire, les rubis de la France peuvent servir de parure, ils peuvent faire les fiers et orner les rois; mais je le dis, je le maintiens, rien n'est plus beau que la fidélité allemande!

PRIÈRE D'AMOUR.

Adélaïde, si tu m'aimes, je mourrai de plaisir; si tu me refuses, je mourrai de douleur.

Que tu m'aimes, ou que tu me chagrines, Adélaïde, je mourrai toujours. Rends-nous donc, au moins, tous deux heureux!

Ne me fais pas mourir de chagrin. Décide-toi par bonté. Laisse-moi descendre au tombeau avec bonheur.

ENCOURAGEMENT.

Veux-tu marcher librement, et joyeusement, dans le tourbillon du monde, regarde les petits oiseaux qui habitent sous le ciel. Chacun d'eux saute, chante, produit, sans souci et sans peine, et dort, couvert par la feuillée, en sûreté jusqu'au matin.

Chacun d'eux accepte sans malice ce que Dieu lui envoie. Et madame est contente de monsieur son époux. Pas un ne rassemble avec peine des provisions dans la grange, et pourtant tous se nourrissent, tous se rafraîchissent, eux et leurs chers petits.

Pas un ne tremble aux rayons du soleil en pensant à l'orage ; car s'il vient ils seront tous à l'abri dans la vallée, sous les arbres. Tous les jours chacun remercie Dieu de chacune de ses grâces, et un jour en chantant il descend en voltigeant dans son tombeau !

Veux-tu marcher librement, joyeusement, dans le tourbillon du monde, regarde les petits oiseaux qui habitent sous le ciel. Comme eux, nous avons là-haut notre père. Qu'une femme fidèle l'aime et le glorifie avec toi !

LE MAUVAIS RÊVE.

J'ai fait cette nuit un bien mauvais rêve ; dans mon jardin germait un romarin.

Le jardin était un cimetière, le parterre un tombeau, et la couronne et les fleurs se détachaient du romarin.

Je rassemblai ces fleurs dans une cruche d'or, celle-ci m'échappa des mains et se brisa en éclats.

J'en vis couler des perles et des gouttes toutes roses. Que signifie ce rêve ? Mon ami, es-tu mort ?

L'ARCHER DES MENDIANS.

J'étais encore bien jeune et j'étais déjà bien pauvre, je n'avais pas d'argent; que Dieu ait pitié de moi! Je pris mon sac et mon bâton de voyage, et je chantai le *Pater* tout le long du jour.

Et lorsque j'arrivai à Heidelberg, les archers des mendians me saisirent par devant et par derrière. L'un me prit d'un côté, l'autre me prit de l'autre : « Maudits archers, laissez-moi en repos! »

Et lorsque j'arrivai devant la maison de l'archer des mendians, le vieux coquin regardait par la fenêtre. Je me retourne et je cherche sa femme. « Maudit ar- » cher, comme ta femme est belle! »

L'archer des mendians entre en grande colère, il me fait jeter dans une tour profonde, dans une tour profonde où il me met au pain et à l'eau : « Maudit ar- » cher, puisse-t-il t'arriver malheur! »

Et quand l'archer des mendians sera mort, qu'on ne l'enterre pas comme un autre chrétien. Qu'on l'enterre vivant avec du pain et de l'eau, comme il l'a fait de moi, sans aucune raison.

Frères, réjouissons-nous; l'archer des mendians est mort, il pend lourdement au gibet, il est à toute extrémité. C'est la semaine dernière, mardi, à huit heures et demie, qu'on l'a si bien pendu.

Il avait presque tué sa jolie femme parce qu'elle m'avait souri, à moi pauvre diable. La semaine dernière il regardait par la fenêtre, et aujourd'hui je suis près d'elle, oui, près d'elle, dans sa maison.

L'ANNEAU.

Il était une fois trois soldats, parmi eux un jeune homme, ils avaient failli; le comte les fit prisonniers et les condamna à mort.

Il y avait une brave fillette d'un lointain pays; elle courut en toute hâte, fit sûrement dix lieues par jour, elle alla trouver le comte.

« Dieu vous garde, noble seigneur; bonjour je vous
» souhaite. Hélas! exaucez-moi, donnez-moi le pri-
» sonnier, donnez-le-moi en mariage.

» — Non, non, chère fillette, ce ne peut et ne doit
» être; le prisonnier doit mourir, il doit hériter de la
» grâce de Dieu, il l'a méritée. »

La fillette s'en retourna, et pleura amèrement; elle courut en toute hâte, fit bien vingt lieues par jour, alla à la tour profonde.

« Dieu vous garde, chers prisonniers; j'ai prié
» pour vous. Hélas! je ne puis vous sauver, tout l'or
» du monde n'y pourrait rien!

» — Qu'a-t-elle sous son tablier? Une chemise blan-
» che comme neige. — Prends-la, mon bien-aimé, c'est
» ta chemise de noce; qu'elle te couvre dans la tombe!

» — Que tire-t-il de son doigt? Un anneau tout en
» or. — Prends-le, ma jolie, ma chérie, ma bien-
» aimée à moi; c'était ton anneau nuptial.

» — Que ferai-je de cet anneau, si je ne le puis
» porter? — Mets-le en coussins, en cassette; laisse-
» le reposer jusqu'au dernier jour.

» — Et quand j'ouvrirai les coussins, la cassette, et
» que je verrai l'anneau que je ne puis porter, mon
» cœur se brisera! »

LE JOYEUX CHASSEUR.

Il est un chasseur libre et joyeux; lui et ses chiens poursuivent maintes bêtes sous les tilleuls verts.

Il court par monts et par vaux; il fouille les buissons, il sonne du cor; sa mie l'attend là-bas sur le chemin vert.

Il étend son manteau sur le gazon; il la prie de s'asseoir près de lui, de l'entourer de ses bras blancs. « Bonjour, ma consolation, combien je te désire!

» La rosée ne nous mouille pas, la neige ne nous
» refroidit pas. Sur la bruyère sont deux roses qui
» fleurissent au milieu des trèfles verts, à la lumière
» du soleil, à la lumière de l'amour : on ne les sé-
» parera jamais! »

LETTRE.

Mon cœur est enfermé dans le tien; trois lettres d'or sont gravées dessus : la première est en or brillant, elle dit : Je t'aime de toute mon âme; la seconde est de pierres précieuses, elle dit : Je voudrais que tu fusses mon amie ; la troisième est de velours et de soie, elle dit : Fuis tous les autres hommes.

Je te souhaite une chambre à coucher d'or, une fenêtre de cristal, un lit de velours, une porte de canelle, un seuil de muscat, et moi pour ton compagnon de sommeil.

Tout cela je le souhaite à la belle, à la jolie, à la tendre, à la pure, à la vertueuse, qui n'a pas sa pareille ; soyons amis jusqu'au tombeau. En gage de fidélité, je baise mille fois ta main blanchette.

Bien-aimée, tu es mon étoile du matin et du soir ; que je sois à manger ou à boire, je ne puis t'oublier. Quand je te vois pleine de joie ma vie s'en réjouit. Bien-aimée, je t'aimerai jusqu'à ce qu'on me porte au tombeau ; bien-aimée, ne m'abandonne pas !

Mon cœur est de diamant, personne ne saura briser mon amour. Les roses, les œillets ne sont pas si beaux que deux âmes amoureuses ; ni flammes ni charbon ne brûlent si fort qu'amour caché. Mets un miroir dans mon cœur, tu verras comme je suis sincère. Adieu, je ne te dirai pas mon nom ; si tu m'aimes, tu le devineras.

Dors, enfantelet, dors ! Ton père garde les moutons ; ta mère secoue l'arbrisseau, il en tombe un beau petit rêve ! Dors, enfantelet, dors !

Dors, enfantelet, dors ! Les moutons paissent au

ciel; les petites étoiles sont les moutons, la lune est le petit berger. Dors, enfantelet, dors!

Dors, enfantelet, dors! Je te donnerai un mouton avec une clochette d'or; il sera toujours ton compagnon. Dors, enfantelet, dors!

Dors, enfantelet, dors! Ne bêle pas comme un mouton; sinon viendra le chien du berger, il mordra mon méchant enfant. Dors, enfantelet, dors!

Dors, enfantelet, dors! Va-t'en, chien noir! va garder les moutons; ne réveille pas mon enfantelet qui dort.

SI TU ES HEUREUX, PENSE A MOI.

J'erre par les rues et par les chemins, les gens me regardent; mes yeux répandent des larmes, je ne puis parler.

Souvent, pendant la nuit silencieuse, nous étions assis l'un près de l'autre; le sommeil était oublié, le temps s'écoulait en tendresses.

Petits musiciens, chantez une nouvelle chanson. Et vous, sons, doux messagers, dites adieu à ma belle, car je pars pour long-temps!

LES MUSICIENS CHANTENT.

Dans le deuil je me couche, dans le deuil je me lève; dans le deuil s'écoulera ma vie, puisque je ne puis avoir celle qui réjouit mon cœur!

ELLE.

Hélas! monts et vallées profondes, est-ce donc

pour la dernière fois que je vois mon trésor? Que le soleil, la lune et le firmament pleurent avec moi jusqu'à ma mort!

LES MUSICIENS.

Dans le deuil je me couche, dans le deuil je me lève; dans le deuil s'écoulera ma vie, puisque je ne puis avoir celle qui réjouit mon cœur!

ELLE.

Si tu es heureux, pense à moi; si tu es malheureux, comme j'en serai affligée! Si tu es content, comme j'en serai joyeuse, quoique ton absence condamne ma jeune vie au deuil!

LUI.

Hélas! monts et vallées profondes, mille et mille fois vous verrez ma belle, mais vous serez toujours loin de son cœur; moi seul je serai à jamais près d'elle!

SALUT.

Autant il y a d'étoiles au ciel, autant il y a de moutons dans la verte prairie, autant il y a d'oiseaux qui voltigent, autant de fois je te salue!

Ne plus te revoir! hélas! je ne puis le comprendre. O séparation amère! Que ne suis-je mort avant d'avoir aimé! je ne serais pas si triste maintenant!

Je ne sais si, après bien des peines, des tourmens, je te reverrai sur terre. Je ne sais quelles vagues, quelles flammes s'élèveront au-dessus de moi. Que mon chagrin est grand!

Je le supporterai avec patience. Tous les matins je dirai : « O mon trésor ! quand viendras-tu à moi? » Tous les soirs, quand mes yeux se fermeront, je dirai : « O mon trésor ! pense à moi. »

Oui, je ne t'oublierai pas, quand même je devrais m'endormir sur le lit de mort. Je veux reposer dans le cimetière comme dans son berceau l'enfant qu'endort une chanson.

O Dieu ! que ça fait mal de se séparer ; mon cœur est tout blessé ; je vais sur les bruyères gémir à toute heure. Hélas! combien il y en a d'heures! Mon sein renferme un chagrin secret, et souvent il faut paraître joyeux.

Je m'étais fait un jardin de violettes et de trèfles verts, il a péri trop vite. Mon chèvrefeuille, ma fleur de *ne m'oublie pas* [1], ont gelé au soleil.

La petite fleur dont je parle est d'une noble espèce ; elle est belle de toutes les vertus. Sa bouche est délicate ; ses yeux sont beaux et tendres : que je voudrais être près d'elle !

Et quand je suis près d'elle, je crois qu'elle est une impératrice ; je n'aimerai jamais qu'elle ! Elle réjouit mon cœur ; quand je pense à elle, tout chagrin disparaît !

[1] Germandrée, appelée en allemand *ne m'oublie pas*.

SORT.

Il y avait long-temps que je n'avais vu ma mie; hier je la vis, elle était sur sa porte.

Comme je voulais passer, elle me demanda un baiser; sa mère ne devait pas le voir, et sa mère l'a vu.

« Hélas! ma fille, tu veux te marier? Mon Dieu, » que t'en arrivera-t-il? Tu t'en repentiras quand tu » verras les autres.

» Quand toutes les jeunes filles iront gaiement à la » danse; quand, avec des couronnes vertes, elles com-» menceront les rondes.

» Toi, jeune femme au joli corps blanc, tu resteras » près d'un berceau, ta pauvre tête te fera mal.

» Le feu peut s'éteindre quoiqu'il soit ardent; mais » l'amour ne s'éteindra pas, ni maintenant, ni ja-» mais! »

DÉSIRS D'AMOUR.

Au monde je n'ai pas d'ami; j'ai un amant, et il est loin; si je pouvais lui parler, mon cœur serait en santé.

Monsieur le rossignol, salue mille fois mon amant pour moi, salue-le bien, salue-le tendrement; dis-lui qu'il reste toujours à moi.

Quand je passerai devant un bijoutier, et qu'il se mettra à sa fenêtre, je lui dirai : Bijoutier, cher bijoutier, fais-moi un bel anneau d'or; ne le fais ni trop grand ni trop petit, qu'il aille à un joli doigt ; grave mon nom dessus, c'est un cadeau pour mon chéri.

Si j'avais une clef d'or pur, je t'ouvrirais mon cœur. Il y a dedans une belle image, mon bien-aimé, c'est la tienne.

Si j'étais un petit oiseau de la forêt, j'irais me percher sur une branche verte, et quand j'aurais assez chanté, je volerais vers toi, mon ami.

Si j'avais deux ailes de tourterelle, je volerais par tout le monde ; je volerais par dessus monts et vallons jusqu'aux lieux où est mon trésor.

Et quand enfin je serais près de toi, si alors tu ne me disais rien, je m'en irais en pleurant : Adieu, chéri, adieu !

PLÛT A DIEU.

La bouche de ma dame est comme l'écarlate, rouge comme la rose à sa naissance, et comme le rubis enchâssé dans de l'or ; elle brûle comme un charbon ardent au milieu du feu.

Son joli cou est blanc, ses yeux noirs sont clairs, ses cheveux sont d'or et bouclés ; son corps est plus blanc que l'hermine. Il n'y a pas de maître sur terre qui sût en peindre un si beau.

Plût à Dieu que je fusse un miroir ; tous les matins la plus belle des femmes viendrait se mirer en moi. Plût à Dieu que je fusse une chemise de soie blanche, et que la plus belle des femmes me portât sur son corps.

Plût à Dieu que je fusse un anneau d'or, et que la plus belle des femmes me mît à son doigt. Plût à Dieu que je fusse un écureuil et que je sautasse sur elle; elle me serrerait dans ses bras avec tendresse; elle me baiserait sur ma bouche rosée, je me croirais plus heureux que l'empereur, si même je devais devenir pauvre après.

VISION.

Je traversais le cimetière pour aller trouver ma mie; comme je voulais passer outre, quelque chose me retint, il me fallut rester.

Une âme était tristement près d'une tombe, et criait : « Lève-toi, mon corps, viens te défendre, je » suis ici pour t'accuser. »

La pierre se lève, un squelette blanc paraît, s'en va trouver l'âme, et lui dit :

« Qui est là? qui me demande et me fait sortir de » terre? est-ce toi, mon âme, qui depuis des années » m'as abandonné? »

L'âme dit : « Quand je voulais prier, tu te disais » malade; quand je commençais la prière du soir, toi » tu t'endormais. »

Le corps dit : « Hélas! j'étais paresseux, je bâillais » et faisais la grimace, parce que j'avais un compa-
» gnon de lit.

» Hélas! hélas! reprit l'âme, pourquoi te fus-je as-

» sociée! Je souffre peines d'enfer, c'est toi qui en es
» cause.

» Dans la vallée de Josaphat, au dernier jour, je
» me plaindrai hautement; alors commencera aussi
» ton martyre, tu brûleras dans l'éternité. »

Le corps dit : « C'est toi qui seras accusée, tu étais
» la maîtresse et moi le valet; porte avec moi la peine
» du péché, puisque tu m'as si mal conduit. »

L'âme allait répondre, l'étoile du matin vint à poindre; l'oiseau de saint Pierre se mit à chanter; l'âme et le corps disparurent.

Moi, j'écrivis cette chansonnette et la mis à la fenêtre de ma belle. « J'étais en société de l'âme et du
» corps; si tu m'as attendu, j'en suis bien fâché. »

ADIEU.

Demain je dois partir, demain je dois te dire adieu, à toi mon plus beau trésor. La séparation amène le chagrin; maintenant que je t'aime si fidèlement, au-delà de toute mesure, il me faut t'abandonner!

Quand deux bons amis se connaissent, le soleil et la lune se rejoignent plutôt qu'eux ne se séparent volontiers; mais il est bien plus grand le chagrin, quand un cœur amoureux s'en va en pays étrange.

Hélas! ma jeune vie est sur la plaine verte; mes jours s'écouleront-ils tous à l'étranger? si je t'ai chagrinée, je t'en prie, oublie-le; maintenant c'est fini!

Si un zéphir vient baiser ou tes joues ou tes mains,

4

pense que ce sont mes soupirs que je t'envoie; tous les jours je t'en envoie plus de mille, qui voltigent autour de ta maison, car sans cesse je pense à toi.

CHANSON A FILER.

File, fillette, file, l'esprit t'en croîtra; tes cheveux blonds pousseront, les années sages viendront.

Honore, fillette, honore le vieil art de filer : Adam bêchait, Ève filait; ils nous ont tracé le chemin de la vertu.

Loue, fillette, loue le travail de la mère de Dieu; cette sainte couronne du ciel fila une jupe à son petit enfant.

Chante, fillette, chante, et sois de bonne humeur; commence gaiement à filer, cesse pieusement de filer.

Apprends, fillette, apprends, tu auras heureuse étoile et bonheur; en filant apprends toujours la crainte et la parole de Dieu.

Crois, fillette, crois que ta vie n'est que poussière, que tu arriveras au tombeau aussi vite que ton fil se cassera.

Loue, fillette, loue bien ton Créateur; reste-lui fidèle; que la foi et l'espérance croissent en toi comme du fil et du lin.

Remercie, fillette, remercie le Seigneur de ce que tu es en santé, de ce que tu peux souvent et beaucoup te récréer au jeu du rouet; de cela remercie-le, fillette.

LA SENTINELLE.

« Je ne suis et je ne saurais être gai. Quand les autres dorment, il faut que je veille, il faut que je sois triste !

» — Jeune homme, ne sois pas triste, je t'attends dans le jardin des roses, sur le trèfle vert.

» — Hélas ! sur le trèfle vert, à toi, je n'irai pas ; je suis de garde dans le jardin des hallebardes.

» — Si tu es dans le camp, que Dieu te protége ! Tout vient de la bénédiction du ciel, pour celui qui y croit.

» — Celui qui y croit est loin d'ici : il est roi, il est empereur ; c'est lui qui fait la guerre.

» — Halte ! — Qui vive ? — Patrouille ! — Qui chante ? » — Sentinelle perdue, à l'heure de minuit. — Passe au loin ! »

Si j'étais petit oiseau, si j'avais deux petites ailes, je volerais vers toi ; mais puisque ce ne peut être, je reste ici.

Quoique loin de toi, dans mon sommeil je te suis proche, je te parle, et quand je me réveille, hélas ! je suis seul !

Il ne s'écoule pas d'heure dans la nuit que mon cœur ne s'éveille et ne pense à toi, à ce que mille fois tu m'as donné ton âme.

LES TROIS CAVALIERS.

Trois cavaliers chevauchent vers la porte. « Adieu!» La belle se met à la fenêtre : « Adieu! Puisqu'il faut nous séparer, donne-moi ton anneau d'or. Adieu, adieu! Se séparer, se quitter fait bien mal!

« Ce qui nous séparera, c'est la mort. Adieu! Elle emporte tant de vierges fraîches. Adieu! Pourquoi ton corps si gracieux ne s'est-il pas livré à l'amour? Adieu, adieu! Se séparer, se quitter fait bien mal!

» — Quand donc posséderai-je mon amoureuse? Si ce n'est pas demain, que ce soit aujourd'hui. Ensemble que nous serions heureux! Adieu, adieu! Oui, se quitter, se séparer, fait bien mal! »

CHANT DU DÉSIR.

Le doux sommeil, qui calme tout, ne sait calmer mon cœur plein de deuil! C'est la faute de celle qui devrait me rendre heureux!

Pas de mets, de boisson, qui me nourrissent et me plaisent; pas d'amusement qui réjouisse mon cœur. C'est la faute de celle qui y est renfermée.

Plus de société qui me distraie. Seul je suis assis et la nuit et le jour, plongé dans ma douleur. C'est la faute de celle que je porte en mon âme!

Je n'espère qu'en elle. Elle ne me laissera pas toujours ainsi languir. Sinon, oh! sûrement, je tomberais au pouvoir de la mort.

CHANT D'UN RELIGIEUX.

Sur terre il n'y a pas d'autre bonheur que d'être au couvent! Je me suis voué à la vie monastique. Amour, qu'ai-je fait!

Le matin, quand je vais à l'église, je suis seul à chanter la messe. Quand je chante le *Gloria Patri*, ma mie est devant moi. Amour, qu'ai-je fait!

Voici venir mon père et ma mère; ils prient pieusement; ils ont de beaux vêtemens; moi, je suis habillé d'un froc. Amour, qu'ai-je fait!

Le soir, quand je m'en vais dormir, ma couchette est solitaire, et je dis : Hélas! que ma mie n'est-elle dans mes bras! Amour, qu'ai-je fait!

LA SORCIÈRE BRUNE.

Un chasseur sonnait du cor. Il sonnait en vain. Hop sa sa, tra la la ; il sonnait en vain.

« Sonnerai-je toujours en vain? Sonner en vain, » mieux vaudrait ne pas être chasseur. Hop sa sa, » tra la la ; mieux vaudrait ne pas être chasseur. »

Il jeta son filet sur un buisson, une fille brune en sortit soudain. Hop sa sa, tra la la, une fille brune en sortit soudain.

« Fille brune, ne t'enfuis pas, je t'en prie, ne t'en-» fuis pas ! J'ai de grands chiens qui t'atteindraient. » Hop sa sa, tra la la. J'ai de grands chiens qui t'at-» teindraient.

» — Tes grands chiens ne m'atteindront pas; non,
» ils ne m'atteindront pas. Ils ne savent pas sauter
» aussi haut que moi. Hop sa sa, tra la la. Ils ne sa-
» vent pas sauter aussi haut que moi.

» — S'ils ne savent pas sauter aussi haut que toi, ils
» savent que tu dois mourir aujourd'hui. Hop sa sa,
» tra la la. Ils savent que tu dois mourir aujourd'hui.

» — Si je dois mourir, je mourrai, on m'enterrera
» sous les roses rouges. Hop sa sa, tra la la. On m'en-
» terrera sous les roses rouges!

» Sous les roses rouges, sous les trèfles verts, là-
» dessous, je ne pourrirai pas. Hop sa sa, tra la la
» Là-dessous je ne pourrirai pas. »

Trois lis crûrent sur sa tombe; un cavalier voulut les cueillir. Hop sa sa, tra la la. Un cavalier voulut les cueillir.

Cavalier, laisse donc les trois lis; ils sont pour un jeune et beau chasseur. Hop sa sa, tra la la. Ils sont pour un jeune et beau chasseur.

L'ARBRE DE LA FORÊT D'ODEN.

Dans la forêt d'Oden il est un arbre qui a des branches vertes; j'y fus au moins mille fois avec ma bien-aimée.

Dessus l'arbre était un oiseau qui sifflait à merveille; ma belle et moi nous l'écoutions quand nous étions ensemble.

L'oiseau était tranquillement perché sur la plus haute branche : quand nous le regardions il se mettait à chanter.

L'oiseau est encore maintenant dans son nid, bâti sur l'arbre vert. Ma mie, étais-je autrefois avec toi, ou bien ce ne fut-il qu'un songe?

Quand je revins dans la forêt, l'arbre avait séché. Un autre amoureux était avec elle. Oh! oui, ce fut un songe!

Cet arbre est dans la forêt d'Oden, et moi, je suis en Suisse : la neige ici est froide, mon cœur est déchiré.

A UN MESSAGER.

Quand tu verras mon amoureuse, dis-lui que je la salue. Si elle demande comment je vais, dis-lui : Sur les deux jambes. Si elle demande si je suis en santé, dis-lui que je suis mort. Si elle se met à pleurer, dis-lui que j'irai la voir demain.

LA BELLE ENFANT.

Dans mes jeunes années j'étais heureux comme un empereur; c'est qu'alors Julia, la belle enfant, belle comme sont les anges, était avec moi.

Sa mère me nommait son mari. La pudeur ne nous faisait pas rougir. Hélas! Julia, la belle enfant, s'en alla par un vent froid. Elle ne le sentit pas.

Maintenant je n'ai plus de joie; quoique jeune d'années, je suis comme un vieillard; je suis un roi sans royaume, car, hélas! Julia, maintenant, tu danses parmi les chœurs des anges.

Comme les petites abeilles dorées voltigent sur la prairie, et donnent mille baisers aux herbettes odorantes, ainsi dans mon cœur je soupire après ta bouche charmante.

Les mets, le vin, la joie, les baisers des autres, augmentent ma souffrance d'être sans toi, ô ma vie! Par ses baisers ta bouche apaise mes désirs; je suis blessé, redonne-moi la santé.

LE ROMARIN.

La vierge se lève à l'aurore; elle va dans le jardin de son père cueillir de douces roses pour s'en faire une couronne jolie,

Pour s'en faire une couronne de noces: «Rosettes » rouges, je vous cueille pour mon ami, mon doux » ami, je vous entrelacerai en couronne jolie. »

Elle alla sur le gazon: hélas! plus de roses, du romarin tout seul! « Mon fidèle, tu es donc mort? Pas de » roses, pas de couronne jolie! »

Elle parcourt le jardin; au lieu de roses elle cueille du romarin: « Je te l'offre, ô mon fidèle! ma cou- » ronne funèbre est sous les tilleuls près de toi! »

LA MARIÉE.

Viens, viens, jolie mariée, tes beaux jours sont passés. Hélas! pourquoi pleurer? Il faut quitter les demoiselles, il faut aller avec les femmes!

Mets ta belle robe de noce, porte-la un instant. Hélas! pourquoi pleurer, jolie mariée? Il faut cacher ta chevelure sous la blanche cornette.

Ne ris pas, tes beaux souliers rouges te feront bientôt mal, ils sont bien étroits! Hélas! pourquoi pleurer? Quand les autres iront danser, tu resteras près du berceau.

Fais signe de la main; tes signes ne seront plus légers quand tu porteras l'anneau nuptial. Hélas! pourquoi pleurer? On te met des chaînes d'or, et tu vas en prison.

Saute et danse aujourd'hui, c'est ton dernier bon jour; demain tu gémiras sur ta couronne de noce. Hélas! pourquoi pleurer? Belle mariée, il faut quitter les fleurs, aller piocher aux champs!

L'HORLOGE DE LA NOURRICE.

La lune luit, l'enfantelet pleure; la cloche sonne minuit; que Dieu secoure tous les malades!

Dieu sait tout. La petite souris grignote; la cloche sonne une heure; le rêve folâtre sur ton oreiller.

Les étoiles marchent au ciel; la cloche sonne deux heures; elles descendent les unes après les autres.

Le vent souffle, le coq chante; la cloche sonne trois heures, le roulier se lève de dessus sa paille.

Le cheval gratte la terre de ses pieds; la porte de l'écurie s'ouvre et crie; la cloche sonne quatre heures, le cocher vanne l'avoine.

L'hirondelle rit, le soleil s'éveille; la cloche sonne cinq heures, le voyageur se met à trotter.

La poule caquette, le canard crie; la cloche sonne six heures, lève-toi, jeune fille paresseuse.

Cours chez le boulanger, achète un petit pain; la cloche sonne sept heures, mets le lait sur le feu.

Mets-y du beurre et puis du sucre; la cloche sonne huit heures, vite, apporte la soupe à mon enfant.

Joyeuse et gaie, la jeunesse traverse le Rhin, le Belt, le monde de long en large.

Sans soucis, sans repos, par dessus monts et vallées! que la sottise se forge de peines pour des bagatelles!

La grognerie voit tout en gris; le plaisir peint tout en vert et en bleu; la gaieté bâtit son nid partout où le ciel laisse tomber sa rosée.

Partout rayons de soleil! Entres-tu dans le monde, l'arbre te forme un toit, le ruisseau coule pour t'abreuver.

Par-ci par-là, dans le pays, bons avis, mains amies, sang probe et léger. Jeune fille, je t'aime.

Existence, que tu seras belle, si nous nous entendons bien! Chérie, ta main est plus que couronne et royaume.

Existence, tu es si belle quand nous entrons dans le pays! Des ombres chinoises plein la muraille! voyez! ces bagatelles variées, voyez!

Faut-il donc mourir? je suis si jeune! Si mon père savait que je dois mourir, il se chagrinerait à mort; si ma mère, si ma sœur le savaient, elles se chagrineraient à mort. Si mon amoureuse le savait, elle mourrait avec moi!

« Joseph, cher Joseph, hélas! qu'as-tu fait? Tu as
» précipité la jolie Nanette dans le malheur!

» Joseph, cher Joseph, tout va être fini pour moi;
» on va me conduire par la porte du supplice.

» On me conduira sur un vert gazon; tu verras à
» quoi l'amour m'aura réduite.

» Juge, hâte-toi de juger; je meurs avec plaisir, je
» vais retrouver mon enfant!

» Joseph, cher Joseph, donne-moi ta main; je te
» pardonne, Dieu le sait. »

L'enseigne arrive au galop, il agite son drapeau :
« Arrêtez! ne tuez pas la jolie Nanette, j'apporte son
» pardon! »

Las! elle est déjà morte! « Adieu, ma jolie Nanette;
» ton âme est avec Dieu! »

PEINE SECRÈTE.

Mon amoureux est en voyage; je ne sais pourquoi je suis si triste. Mon Dieu, est-il mort, ou est-il en bon repos ? Voilà pourquoi je suis triste.

Quand avec lui j'allais à l'église, bien des mauvaises langues étaient sous la porte; elles jasaient de nous; souvent mes yeux étaient mouillés de larmes.

Les épines, les ronces piquent fort, mais les mauvaises langues piquent encore davantage. Pas de feu sur terre qui brûle autant qu'amour secret que personne ne connaît.

Hélas! cher ami, je ne veux qu'une chose, c'est que tu viennes à mon enterrement, quand on me descendra dans la tombe fraîche, parce que je t'aurai aimé d'un amour trop tendre.

CHANSON DU MATELOT.

Allons, matelots, levez l'ancre, ouvrez la voile, tournez le compas! Chérie, adieu! se séparer fait mal. Demain, à la mer grondante!

Là au loin, sur les vagues furieuses, les vaisseaux ébranlés se brisent aux écueils. Au milieu de la neige et de la tempête, qu'il me fait mal de penser que je quitte à jamais ma chérie!

Encore un baiser de sa bouche vermeille, et je ne crains ni écueils ni tempêtes.

Gronde, mer! siffle, ouragan! que je revoie seulement ma belle !

Et si je ne reviens plus au pays, si les flots m'entraînent dans la mer profonde, chérie, adieu! au revoir là-haut!

LE SUISSE A STRASBOURG.

A Strasbourg, sur le rempart, commença mon malheur; de l'autre côté du fleuve j'entendis la cornemuse des Alpes; je nageai vers ma patrie, et ce n'était pas bien.

Hélas! à une heure de la nuit ils m'ont repris, ils m'ont conduit devant la maison du capitaine : c'en est fait de moi.

Demain matin, à dix heures, on me mènera devant le régiment : là, je demanderai pardon, et pourtant je recevrai mon châtiment, je le sais bien.

« Camarades, vous me voyez pour la dernière fois;
» c'est le berger qui en est cause, c'est la cornemuse
» des Alpes qui me fait ce mal; c'est elle que j'ac-
» cuse.

« Vous, mes trois camarades, tuez-moi de suite, je
» vous en prie; n'épargnez pas ma jeune vie; visez
» juste, que le sang jaillisse à l'instant!

» Roi du ciel, prends mon âme avec toi, prends-la
» dans ton ciel; laisse-la éternellement près de toi!
» Seigneur, ne m'oublie pas! »

LA BERGÈRE.

Je dors ici avec mon troupeau; je dors dans la mousse sur le sein du bonheur. Je regarde ton château, il est là devant moi comme une fraîche rosée. Quand vient l'aurore, je loue Dieu, la joie récompense mes chants. L'heure matinale a de l'or en sa bouche, elle me bâtit un trône.

LE ROI.

De mon château je m'échappe pour venir à toi, bergère chérie; si tu le veux, mon sceptre deviendra une houlette, et mes trésors t'appartiendront.

LA BERGÈRE.

Moi, bergère à l'humeur légère, je continue ma chansonnette sage : que chacun garde son troupeau; une bergère n'honorerait pas un roi.

LA DERNIÈRE FOIS.

Tu ne te fâcheras pas si je ne viens plus te trouver. Oh! toi, tu sais bien pourquoi je ne puis plus aller te voir!

Ce beau bouquet, c'est moi qui l'ai cueilli, c'est moi qui l'ai noué; mais toi tu sais bien à qui maintenant il appartient ce bouquet!

Si j'avais pu seulement tout oublier en dormant; mais, hélas! tu m'as ôté le sommeil. Tu sais bien, toi, pourquoi je ne puis plus dormir.

Là, sous mon sein, bat quelque chose. Oh! viens

sur mon cœur, laisse-moi te serrer dans mes bras. Hélas! toi, tu sais bien que je ne puis plus te serrer sur mon cœur!

LA FLEURETTE.

J'ai vu une jolie fleurette, une fleurette rouge et blanche; cette fleurette, je ne la vois plus, c'est ce qui fait mal à mon pauvre cœur. O fleurette! ô ma fleurette! que je voudrais être avec toi!

Que n'ai-je ma fleurette! je ne la flétrirais pas; une petite larme tomberait peut-être dessus; mais qui donc sait toujours être gai? O fleurette! ô ma fleurette! que je voudrais être avec toi!

Et quand je serai mort, que la fleurette aussi sera fanée, alors mettez-la sur ma tombe. O fleurette! ô ma fleurette! que je voudrais être avec toi!

LA VÉRITÉ.

Quatre filles de haut parage étaient en compagnie. Ignis, feu, s'appelait la première; Aqua, eau, la seconde; Aer, air, la troisième, puis Veritas, vérité, la quatrième; celle-ci était dans le milieu du jardin, et brillait comme un soleil.

« Je soupire souvent après vous, dit-elle. Avant de » m'envoler, dites-moi où je vous retrouverai. »

Feu dit : « De la pointe de l'épée frappe la pierre, » il en jaillira de joyeuses étincelles, et je serai à l'in- » stant près de toi. »

Eau dit : « Creuse la terre où tu verras des joncs,
» tu me trouveras près des racines, je te rafraîchi-
» rai. »

Air dit : « Quand les feuilles murmureront et trem-
» bleront sur l'arbre, je serai présente, je te récrée-
» rai. »

Toutes trois dirent : « Noble Vérité, et nous, où te
» retrouverons-nous ? » Elle répondit : « Dans la
» peine.

» O mes sœurs! malheur sur malheur! il ne me
» reste plus de gîte. On ne me trouve ni ici, ni là-bas,
» chacun me chasse.

» J'ai frappé chez les savans, ils me semblaient
» honnêtes. Hélas! leurs œuvres sont erreur et men-
» songe, elles tendent au commerce.

» Ils m'ont prise, ils m'ont liée, ils ont barbouillé
» d'encre mon visage blanc comme neige; ils m'ont
» presque aveuglée.

» De leurs livres ils m'ont frappée, à m'en rendre
» bête; ils m'ont griffée, égratignée, traînée par les
» cheveux et jetée à la porte. »

Elle allait continuer ses plaintes. Une petite porte
de s'ouvrir, un critique survint, la Vérité s'envola.

L'INFIDÉLITÉ PUNIE.

Trois étoiles brillent au ciel, elles prêtent leur éclat
à l'amour. « Que Dieu vous garde! belle vierge.
» Vierge, où attacher mon cheval ?

— « Prends ton cheval par la bride; attache-le au
» figuier. Viens t'asseoir près de moi, viens un in-
» stant me divertir.

» — Je ne puis, je ne veux m'asseoir, je ne veux
» non plus être gai. Mon cœur est chagriné, ma mie,
» à cause de toi. »

Que tire-t-il de sa poche? Un couteau tranchant et pointu; il l'enfonce dans le cœur de sa mie. Le sang rouge jaillit sur lui.

Il l'en retire, il était tout pourpré. « Grand Dieu du
» ciel, que la mort m'est amère! »

Que tire-t-il du doigt de sa mie? Un anneau d'or tout sanglant. Il le jette dans l'eau qui passe. Il brille pour la dernière fois.

« Vogue, vogue, anneau d'or, jusqu'en la mer pro-
» fonde. Hélas! ma mie est morte! je n'ai plus
» d'amie. »

Voilà ce qui arrive quand une fille a deux amans. Elle finit toujours mal. Tous deux nous savons ce que vaut amour trompeur.

FIDÉLITÉ.

Un tilleul regarde dans la vallée profonde; il est large d'en haut, étroit d'en bas.

Deux fiancés sont assis dessous. L'amour leur fait oublier leurs peines.

« Ma mie, il faut nous séparer; je dois cheminer
» pendant sept ans.

» — Quoiqu'il te faille cheminer pendant sept ans,
» je n'en épouserai pourtant pas d'autre. »

Quand les sept ans furent écoulés, elle crut que son ami reviendrait.

Elle alla dans le jardin attendre son amour. Elle alla dans le bois vert. Voici venir un fier cavalier.

« Dieu te garde, fille jolie! que fais-tu ainsi seulette?

» Ton père, ta mère te haïssent-ils? As-tu en se-
» cret un amant?

» — Mon père, ma mère m'aiment bien; en secret
» je n'ai point d'amant.

» Hier il y eut sept ans trois semaines que mon
» ami partit.

» — Hier j'ai passé par une ville où ton ami faisait
» sa noce.

» Que lui souhaites-tu maintenant qu'il ne t'a pas
» été fidèle?

» — Je lui souhaite d'heureux jours autant qu'il y a
» de sable en la mer.

» Je lui souhaite du bien autant que l'arbre a de
» branches.

» Je lui souhaite du bonheur autant qu'il y a d'é-
» toiles au ciel. »

Que tire-t-il de son doigt le chevalier? Un anneau d'or bien pur.

Il jette l'anneau sur elle, le torrent de ses larmes l'entraîne.

Que sort-il de sa poche? Un mouchoir blanc comme neige.

« Sèche, sèche tes doux yeux; désormais tu es à
» moi.

» Je voulais t'éprouver; je voulais savoir si tu crie-
» rais, si tu me maudirais.

» Si tu avais proféré une malédiction, sur l'heure
» même je serais reparti.

L'AMOUR.

Rien n'est meilleur au monde, rien n'est plus précieux que l'amour. Il sait enlacer les cœurs et les âmes, alors deux êtres n'en font plus qu'un; c'est pourquoi je nie le mal qu'on en dit. S'aimer bien n'apporte pas de peines. Quand deux cœurs n'en forment qu'un, c'est le vrai bonheur.

L'âme de l'homme est plus précieuse que son corps; pourtant l'amour par sa puissance a su la mettre sous le joug. Garde à vous!

C'est pourquoi je nie ce que l'on dit; c'est folie et sottise. S'aimer bien n'apporte pas de peines quand on aime un cœur fidèle.

Les plaisirs, les amusemens passent avant qu'on en ait joui, avant qu'on en ait rafraîchi son courage. Mais le bonheur d'amour dure des années. Il se renouvelle et pénètre le cœur.

C'est pourquoi tout ce qu'on dit est folie et sottise. S'aimer bien n'apporte pas de peines; cela réjouit au contraire jusqu'à la mort.

ROSETTE SUR LA BRUYÈRE.

Un jeune garçon vit une rose sur la bruyère; elle était fraîche et joliette; il s'arrêta pour l'admirer, et fut saisi d'un doux plaisir. Rosette, Rosette rouge, Rosette sur la bruyère. Il dit : « Je veux te cueillir, Rosette sur la bruyère. » Rosette répond : « Je ne veux pas le souffrir ; je te piquerai, tu penseras longtemps à moi. Rosette rouge, Rosette sur la bruyère. »

Le méchant cueillit la Rosette sur la bruyère ; elle se défendit, le piqua; mais la jouissance lui fit oublier la douleur. Rosette, Rosette rouge, Rosette sur la bruyère !

CHANSON A FILER.

J'étais assise devant ma porte et je filais. Un bel homme vint à passer ; ses yeux bleus me souriaient, ils me firent rougir, je baissai le regard, j'étais honteuse et je filais.

Avec grâce il me dit bonjour, et craintif il s'approcha de moi. Dieu ! que j'eus peur. Le fil cassa, mon cœur palpitait dans mon sein. Comme ses regards étaient charmans ! J'étais honteuse et je filais.

Le bras appuyé sur ma chaise, il loua mon fil si fin. Tout près de moi sa bouche brûlante et vermeille murmura : « Douce jeune fille ! » Cette louange conquit mon cœur. J'étais honteuse et je filais.

Sa tête s'abaissa lentement sur ma joue. Par hasard la mienne la rencontra en chemin, et le bel homme m'embrassa. J'étais honteuse et je filais.

Je me fâchai sérieusement ; mais lui devint plus téméraire, il m'embrassa avec délire, il rougit mes joues de baisers. Dites-moi, mes sœurs; était-ce possible que je continuasse à filer ?

CHANT DU BERCEAU.

Dors, fils de mon cœur; toi qui es ma vie, ferme bien tes jolis petits yeux. Tout est serein, tout est silencieux comme la tombe. Dors en paix, je chasse les mouches loin de toi.

Le temps est encore doré pour toi. Plus tard, hélas ! plus tard il n'en sera plus ainsi. Quand les soucis entoureront ton lit, cher enfant, alors tu ne dormiras plus si tranquillement. Les anges du ciel, charmans comme toi, planent sur ton berceau et te sourient doucement. Plus tard ils viendront encore, mais pour essuyer tes larmes.

Dors, fils de mon cœur; la nuit descend; ta mère est assise près de toi et veille : qu'il soit tard ou matin, enfant bien-aimé, l'amour d'une mère ne s'endort jamais !

LE MAL DU PAYS.

Cœur, mon cœur, pourquoi si triste? Que veulent dire ces soupirs ? Le pays étranger est si beau. Cœur, mon cœur, que te manque-t-il donc ?

5.

Ce qui me manque? hélas! tout me manque! Je suis abandonné ici. Quelque beau que soit le pays étranger, il ne remplace pas la patrie.

Je voudrais retourner au pays; mais bientôt, hélas! bientôt. Je voudrais revoir mon père, ma mère, mes montagnes, ma vallée et ma forêt.

Je voudrais revoir les rochers que couronnent les glaciers brillans, où les daims agiles sautent, où les chasseurs ne peuvent monter.

Je voudrais entendre encore les clochettes tinter au départ du berger. Alors les troupeaux courent joyeusement, et dans la vallée il ne reste plus un seul agneau.

A l'étranger personne ne m'aime, personne ne me serre cordialement la main : aucun enfant ne veut me sourire comme dans ma Suisse bien-aimée.

Oh! reconduisez-moi au pays, où jeune je fus si heureux! La paix, la joie resteront loin de moi, si je ne retourne pas au village.

LE JEUNE GARÇON.

Je suis petit, je le sais; je ne veux pas devenir grand. Il me faut une amoureuse grande comme une noisette.

Yeux bleus, joues rouges, fossette au menton, telle est l'amoureuse que j'aime.

Cher cœur, petite belle, noisette chérie, viens, donne-moi un baiser, puisque je t'aime tant.

Que les gens causent et de toi et de moi; ceux qui en savent tant sont pires que nous deux.

DOUZELÉ ET BABELÉ.

Un paysan avait une fillette; elle s'appelait Babelée. Elle avait des tresses comme de l'or, c'est pourquoi Douzelé l'aimait tant. Douzelé alla trouver le père.

« Père, donne-moi Babelée. — Babelée est trop petite » encore, elle dormira encore seule cette année. »

En une heure Douzelé court jusqu'à Soleure; il court par toute la ville, il trouve enfin le capitaine.

Capitaine, mon cher capitaine, je veux m'enrôler pour la Flandre. Le capitaine délie les cordons de sa bourse et lui donne trois écus.

Douzelé retourne au village, il s'en va vers Babelée. « O Babelée! ma chère Babelée, voilà que je suis en- » rôlé pour la Flandre. » Babelée s'en va derrière la maison, et pleure ses beaux yeux. — « Babelée, ne » pleure pas; c'est bien sûr, je reviendrai.

» Et si dans un an je ne reviens pas, je t'écrirai une » petite lettre; il y aura dedans : Je pense à ma chère » Babelée.

LE PRINTEMPS.

Le printemps est venu, les arbres sont verts, et les hirondelles du toit entrent toutes dans leur nid.

L'amour ainsi entre dans mon cœur! Mais, hélas! l'hiver viendra, et alors il neigera.

Mais pourquoi m'inquiéter? nous sommes au printemps. L'amour rend le cœur si heureux et si grand!

Si l'amour n'était pas, la forêt et la plaine seraient un cimetière, et toute créature serait bien misérable!

LE PAUVRE GARÇON.

Ma mère ne m'aime pas, et je n'ai pas d'amoureuse. Pourquoi donc ne pas mourir? Qu'est-ce que je fais ici?

Hier, c'était la fête du village; on ne m'y a pas vu; car je suis trop triste, je ne puis danser.

Laissez ces trois roses qui fleurissent près de cette petite croix. Avez-vous connu la jeune fille qui dort là-dessous?

PRIÈRE DE GUERRE SUISSE.

Prions maintenant pour nos villes et nos villages, pour nos vaches et pour nos chèvres, pour nos veuves et pour nos orphelins, pour nos chevaux et pour nos bestiaux, pour nos femmes et pour nos enfans, pour nos poules et pour notre coq, pour nos chaudrons et pour nos poêlons, pour nos oies et pour nos canards, pour nos supérieurs et pour nos régens; mais en particulier pour notre chère Suisse. Si la guerre sanglante vient, nous nous défendrons fidèlement, nous ne la laisserons passer nulle part; nous tuerons l'ennemi, et alors nous chanterons : « Ah! victoire! » l'ennemi est venu, il avait tout pillé, il avait brisé les » fenêtres, il en avait pris le plomb, il en avait fait » des balles, il avait tué le paysan. Allons, victoire! » maintenant tout est fini, que chacun retourne chez » soi. »

AU MOIS DE MAI.

Allons, cher mois de mai, laisse tomber ton voile et mets ta robe d'espérance. Le printemps vient, et des chansons vont à sa rencontre tout le long du chemin.

Le printemps envoie ses messagers dans tout le pays. Il vient aussi revêtir les chers morts, il leur apporte un beau vêtement vert.

Mais que m'apportera-t-il à moi? Oh! il n'aura pas pensé à moi. Je me plaindrai, je dirai en chantant qu'il ne m'a rien apporté.

L'espérance verdit sur tous les sentiers et te présente joyeusement sa couronne. Qu'elle m'en donne seulement une feuille, alors le printemps sera aussi venu pour moi.

FLEUR D'HIVER.

Là haut sur la montagne il y a bien de la neige. Où fleurissent maintenant les roses? où verdit maintenant le trèfle?

Je connais une belle fleurette, l'hiver ne l'atteint pas. Mon amoureuse est cette fleurette qui donne mille plaisirs.

Mon amoureuse chante à sa fenêtre comme l'oiseau sur la branche; elle porte un ciel de printemps dans le regard de ses yeux.

Où fleurissent maintenant les roses? où verdit maintenant le trèfle ? Va, trouve une amoureuse, elle te le dira bien !

LE CAVALIER.

Mon amoureux est cavalier ; il faut bien qu'il le soit. Le cheval est à l'empereur, le cavalier est à moi, oui, à moi.

Mon cœur est fidèle. A mon cœur il y a une petite clef; un seul garçon la possède cette clef.

Je suis fidèle, je resterai fidèle à mon amour, qui va à Vienne et à Francfort.

Plus la tour est haute, plus le son de la cloche est beau ; plus mon chéri est loin, plus j'aurai de plaisir à le revoir.

Au-delà de la montagne où regarde le clocher, là le curé nous mariera moi et mon amoureux.

Deux pigeons blancs comme neige volent au-dessus de la maison. Bien sûr, mon amoureux ne tardera pas à revenir.

CHANT DE GUERRE.

Il n'y a pas de mort plus belle que d'être tué devant l'ennemi ; d'être couché en plein champ sur la verte bruyère, sans entendre les lamentations, sans être renfermé en un lit étroit d'où il faut aller seul à la danse des morts.

Sur le champ de bataille il y a grande compagnie. Les hommes y tombent comme l'herbe sous la faux. Oui, il n'est pas de mort plus belle que de tomber sur la verte bruyère. Sans cris, sans pleurs, on est mis en terre aux sons du tambour et de la trompette. C'est une gloire immortelle. Les vrais héros exposent corps et sang pour la patrie.

LE MÉCHANT FRÈRE.

La belle Adélaïde était assise auprès du feu, et réchauffait son petit enfant tout mouillé. Je te réchauffe bien, je te réchauffe maintenant, et je ne te réchaufferai plus. A peine Adélaïde eut-elle prononcé ces mots que son frère entra par la porte.

« Bonjour, bonjour, ma chère sœur ! comment va » ton petit enfant ?—Je n'ai pas d'enfant, je ne connais » pas d'enfant ? Hélas ! mon frère, qu'as-tu en idée ? » Il saisit sa sœur, et la tint si long-temps serrée que le lait jaillit de ses mamelles.

Il battit Adélaïde pendant trois jours et trois nuits, jusqu'à ce qu'elle eût perdu la vie. Cet enfant, le plus

beau du pays, était le fils du roi d'Angleterre: « O
» sœur! si tu me l'avais dit, je ne t'aurais pas tuée! »

A peine eut-il prononcé ce mot que le roi entra dans
la chambre : « Bonjour, bonjour! cher beau-frère;
» comment va ma jeune fiancée?—Je l'ai battue à
» mort. Aidez-moi à la porter au tombeau.

» —Avant de la porter au tombeau, je veux te ban-
» nir du pays. » Les cloches sonnent pour Adélaïde,
les corbeaux croassent autour de son frère. Qu'est-ce
qui vaut mieux, le son des cloches ou le chant des
corbeaux?

LA DANSE.

« Petite sœur, petite sœur, quand retournerons-
» nous au logis?—Demain, quand le coq chantera,
» nous retournerons au logis; oui, petit frère, alors
» nous retournerons au logis.

» — Petite sœur, petite sœur, quand retournerons-
» nous au logis?—Demain, quand poindra le jour, car
» le plaisir ne cessera pas plus tôt, petit frère, ni le
» bruit joyeux non plus.

» — Petite sœur, petite sœur, maintenant il est bien
» temps!—Mais, mon chéri, danse avec moi; si je m'en
» vais, il dansera avec *elle;* petit frère, laisse-moi
» donc aujourd'hui.

» Petite sœur, petite sœur, pourquoi es-tu si pâle?
» —Petit frère, c'est l'aurore qui blanchit mes joues
» mouillées par la rosée.

» — Petite sœur, petite sœur, tu chancelles et tu
» faiblis?—Cherche la porte de la chambre, cherche-
» moi mon lit, petit frère. Ah! petit frère, il est, je
» crois, sous le gazon. »

MARIE VA A L'ÉGLISE.

Marie, voulant aller à l'église, arriva sur le bord de la mer profonde.

Lorsqu'elle fut sur le bord de la mer, un jeune batelier se trouva là tout prêt.

« Ah! batelier, fais-moi passer la mer; je te don-
» nerai ce que ton cœur désire.

» — Je te ferai passer la mer, si tu veux être ma
» femme.

» — S'il me faut être ta femme, j'aime mieux tra-
» verser la mer à la nage. »

Lorsqu'elle atteignit le milieu, toutes les cloches se mirent à sonner.

Elles sonnent haut, elles sonnent bas, elles sonnent toutes ensemble.

Marie s'agenouilla sur une pierre; le cœur du batelier se brisa en deux.

LA JUIVE.

Il y avait une juive, une femme merveilleuse en beauté; elle avait une belle fille, ses cheveux étaient tressés, elle était prête à aller à la danse.

« Hélas ! chère, très-chère mère, comme mon cœur
» me fait mal ! Hélas ! laisse-moi me promener un in-
» stant sur la bruyère verte, jusqu'à ce que j'aille
» mieux ! »

La mère tourna le dos, la fille sauta dans la rue,
où étaient assis les écrivains : « Oh ! cher, très-cher
» écrivain, que le cœur me fait mal !

— « Si tu te fais baptiser, tu seras ma petite femme. —
» Plutôt que de me faire baptiser, j'aime mieux me noyer
» dans la mer profonde.

» Bonne nuit, mon père, bonne nuit, ma mère,
» bonne nuit, mon frère plein de fierté ; vous ne me
» verrez plus ! » Le soleil s'est couché dans la mer
profonde.

L'HOTE MORT.

Un jeune homme frappe doucement à la fenêtre de
sa belle amie : « Belle amie, dis-moi, es-tu là-de-
» dans ? Lève-toi, et laisse-moi entrer.

» — Je puis bien te parler, mais je ne puis te faire
» entrer ; je suis promise à quelqu'un, je n'en veux
» pas un second.

» — Celui auquel tu es promise, belle amie, c'est
» moi. Donne-moi ta petite main blanche ; peut-être
» me reconnaîtras-tu.

» — Tu sens bien la terre ; dis-moi, mon chéri, es-
» tu mort ? — Comment ne sentirais-je pas la terre,
» puisque j'ai reposé dans la tombe ?

» — Éveille ton père et ta mère, éveille tous tes
» amis! tu dois partager avec moi, dans le ciel, une
» petite couronne verte. »

LA RELIGIEUSE.

Hélas! hélas de moi pauvre fille religieuse! O ma mère! qu'as-tu fait? Le printemps a passé devant la grille, il ne m'a pas apporté une seule petite fleur!

Hélas! hélas! qu'ils sont loin les deux petits moutons qui vont là-bas dans la vallée! Bien du bonheur, petits moutons, vous avez vu le printemps pour la première fois!

Hélas! hélas! qu'ils sont élevés les deux petits oiseaux qui volent en paix! Bien du bonheur, petits oiseaux; vous volez vers une meilleure patrie!

ALBERT LE GRAND ET LA REINE DE FRANCE [1].

La reine regarde par la fenêtre; un jeune homme est dehors, elle lui fait signe d'entrer dans la maison.

[1] Les histoires et les chroniques du quinzième siècle attribuent l'aventure qui fait le sujet de cette ballade à Buridan le philosophe, recteur de l'université de Paris en 1320, et à Jeanne de Navarre, femme de Philippe le Bel. Robert Gaguin et Bayle ont lavé Jeanne de cette imputation, qu'ils ont reportée sur l'une de ses trois belles-filles, Marguerite, Blanche ou Jeanne de Bourgogne, femmes des trois fils de Philippe le Bel, princesses célèbres par leurs désordres. Quelle que soit la reine dont il s'agisse

Il vint et il passa la nuit avec elle, et lorsque le jour parut : « J'ai goûté de ton amour, dit-elle ; main-
» tenant va-t'en sans tarder. »

Elle le prit par les mains et le conduisit sur une planche ; elle tira une corde afin qu'il tombât.

Elle le fit tomber dans une eau profonde, cette femme fausse ; huit jeunes hommes y étaient déjà qui avaient perdu la vie.

Ils étaient neuf maintenant ; le nombre était trop petit, elle voulut en chercher un dixième, et Albert fut choisi.

Mais lui, au moyen de son art magique, il vit dans

dans la ballade, le personnage d'Albert le Grand est un anachronisme, puisque Albert mourut fort âgé en 1280, Jeanne de Navarre en 1304, et que les trois autres princesses furent enfermées au Château-Gaillard en 1314. Marguerite mourut étranglée en 1316, Blanche prit le voile et vécut encore quelques années, et Jeanne rentra en grâce auprès de son époux. Il est à supposer que la popularité dont Albert le Grand jouit en Allemagne, long-temps même après sa mort, lui a fait donner dans la ballade le rôle de Buridan. Peut-être cette confusion de personnes et de dates prouve-t-elle le peu de vérité du fait en lui-même. Cependant cette tradition était très-populaire au quinzième siècle, car, outre la ballade allemande, qui doit remonter à cette époque, Bayle rapporte qu'un maître ès arts de l'université de Leipzig composa, en 1471, un petit ouvrage sur le même sujet, et Jean Villon dit dans sa ballade des *Dames du temps jadis,* composée en 1461 :

> Semblablement où est la royne
> Qui commanda que Buridan
> Fut jeté en ung sac en Seine ?

son cœur ; il ne se laissa pas tromper par l'amour enflammé de la reine.

« Je vois voltiger ici dans ta chambre les ombres de
» neuf jeunes hommes ; ton lit est un bateau qui cha-
» virera quand je serai dedans. »

La reine devint colère, elle lui fit lier et les pieds et les mains : « Serviteurs, pour le noyer jetez-le du haut
» du rivage. »

Et lorsqu'ils l'eurent jeté tout au fond dans le gouffre de la mer, ses liens se rompirent ; le jeune homme nagea à l'instant librement.

« Je me donnerai, corps et sang, à celui qui le tue-
» ra. » Bien des flèches sifflèrent droit sur la poitrine du jeune homme.

Et à un signe qu'il fit les flèches devinrent des oiseaux. Le jeune homme arriva dans la forêt, il y arriva libre et sauf.

Il met au bec des oiseaux de petites lettres, sur lesquelles il y a : « La reine en a tué neuf par son amour. »

Les oiseaux traversent la bruyère, ils volent dans la ville et dans tout le pays, à la honte de la méchante reine.

Parmi eux était un oiseau étrangement bigarré ; la reine en eut envie, elle voulut l'attraper ; il se posa sur ses cheveux.

Il laissa tomber avec malice la lettre entre ses seins, puis il s'envola, et elle lut sa propre honte.

Elle déchira à l'instant le billet de ses lèvres vermeilles, elle tordit ses mains en tous sens.

Sa faute fut mise clairement au jour, le magicien porta la première plainte : « Dame reine, je me nomme » Albert.

» Albert le Grand je me nomme, l'Église y ajoute : » *saint*; tu as perdu contre moi tout ton art amou- » reux.

» On m'appelle un sage maître; toi, dans ta colère, » tu voulus me noyer. » — Elle se mit à crier : « O » malheur que je sois née!

» O malheur que je sois née! » s'écria la noble reine : et le désespoir s'empara de ses sens.

Albert l'apaisa alors, elle resta pleine de honte devant lui; il lui parla et lui fit prendre courage.

A l'instant même elle eut chagrin et repentir, elle déchira sa robe royale, et se revêtit d'un ordre gris.

Albert lui enseigna dans la confession comment, par une sévère pénitence, elle obtiendrait le pardon de sa faute et de ses crimes.

Devant sa cellule, pendant dix-huit ans, neuf oiseaux tristement chantèrent; elle les nourrissait et pleurait amèrement.

Et lorsque ce temps fut passé, c'étaient neuf petits anges, qui la conduisirent au royaume du ciel.

DEMOISELLE LINNICH.

Lorsque demoiselle Linnich était encore une petite fille, son père et sa mère moururent.

Demoiselle Linnich prit des années et devint grande; elle fut recherchée en mariage par un chevalier anglais.

Elle alla dans sa chambrette, et peigna ses cheveux et orna son corps.

Elle passa son bras par la fenêtre : « Viens, fier » cavalier, viens chercher ta fiancée! »

Elle sauta sur son cheval, et l'entoura de ses bras blancs.

Ils chevauchèrent trois jours et trois nuits avant de penser à manger et à boire.

« Hélas! cavalier, cher cavalier, où prendras-tu la » nourriture et le vin?

» — Là, sur le bord de la forêt verte, là derrière » est un tilleul.

» Veux-tu grimper sur l'arbre élevé, ou bien veux- » tu nager dans l'écume de la mer?

» Ou bien, veux-tu baiser le fer nu, de telle sorte que » ta tête saute de dessus ton cou?

» — Je ne saurais grimper sur l'arbre élevé, je ne » saurais nager dans l'écume de la mer.

» Je baiserai donc le fer nu, quand même ma tête » devrait sauter de dessus mon cou.

» Eh bien donc, ôte ta robe de soie, ôte ton collier d'or. »

Le sang de la demoiselle jaillit. La belle Linnich était morte.

LE SAPIN.

« O sapin, sapin ! que tes feuilles sont fidèles ! Tu
» ne verdis pas seulement en été, mais aussi en hiver
» quand il neige et qu'il gèle. O sapin, sapin ! que tes
» feuilles sont fidèles !

» — O jeune fille, jeune fille ! que ton cœur est per-
» fide ! Dans mon bonheur tu me jures fidélité ; main-
» tenant que je suis pauvre, tu te retires de moi. O
» jeune fille, jeune fille ! que ton cœur est perfide !

» Tu as pris le rossignol pour modèle ; il reste aussi
» long-temps que l'été dure ; mais à l'automne il s'en
» va ; oh ! oui, tu as pris le rossignol pour modèle !

» Le ruisseau de la vallée est le miroir de ta fausseté;
» il ne coule que quand la pluie tombe, il tarit quand
» vient la sécheresse. Oh ! le ruisseau de la vallée est
» le miroir de ta fausseté. »

MOURIR.

Mourir, c'est une rude pénitence ; je sais bien que je
dois mourir. Et après ma mort on plantera une petite
rose rose sur ma tombe.

Quand je serai mort, où m'enterrera-t-on ? Regarde
dans le cimetière, il s'y trouvera bien encore une place.

Les fleurettes s'ouvriront et formeront un joli bouquet. Hélas ! à quoi sert une petite rose rose quand
elle fleurit après la mort ?

Là-bas on me portera pour n'en plus sortir ; là on

me portera dans la maison du tombeau; je l'ai vu la nuit en rêve.

J'allais au cimetière, ma tombe était ouverte, et la croix était plantée dessus; je la regardai tristement.

La tombe avait bien sept aunes de profondeur; j'y étais couché et j'y dormais; quand la cloche eut fini de bourdonner, nos amis s'en retournèrent chez eux.

Mourir est un grand tourment; mais quand ce sont deux amans que la faux de la mort sépare, hélas! c'est là le plus grand tourment!

Car à quoi sert une fleurette, quand il vous est dit: Au tombeau. Hélas! à quoi sert une petite rose rose quand elle fleurit après la mort de l'amour?

LE PARADIS.

Après la croix et les douleurs, les plaisirs du ciel viendront nous consoler. C'est pourquoi chantons les choses célestes, dont chacun de nous goûtera dès qu'il aura dépouillé le vieil Adam.

Nous menons une vie angélique et nous sommes en même temps fort gais, nous dansons et nous sautons, nous gambadons et nous chantons. Saint Pierre nous regarde dans le ciel et nous joue du violon.

Jean lâche un petit mouton, Hérode le boucher le guette. Les pigeons rôtis, croyez-le bien, volent dans la bouche ouverte. Celui qui n'y fait pas attention n'est qu'un paresseux.

Saint Luc tue son bœuf sans réflexion et sans respect. Le vin ne coûte pas un liard dans la cave du ciel; les anges font des pains et des craquelins à chaque commande.

Les légumes de toutes espèces poussent dans le jardin du ciel, des pois et des carottes, ils poussent tout seuls ; les asperges sont grosses comme une jambe et les artichauts petits comme des têtes.

De bonnes pommes, de bonnes poires, de bons raisins, le jardinier vous permet de tout cueillir. Veux-tu des chevreuils, veux-tu des lièvres? Ils arrivent tout courant à la cuisine. Allons, aiguise ton couteau.

S'il y a un jour maigre, les poissons viennent aussi nageant. Saint Pierre accourt avec ses filets et son appât, et il se met à pêcher afin de vous réjouir le palais.

Veux-tu des carpes, des truites ou du brochet? de la bonne morue, des sardines fraîches? Les veux-tu sur le gril où saint Laurent a perdu la vie? Sainte Marthe est la cuisinière, saint Urbain l'échanson.

Nulle musique sur terre ne saurait être comparée à la nôtre; onze mille vierges se mettent à danser, sainte Ursule en rit; la fête dure fort tard dans la nuit.

Cécile fait chanter une petite chanson sans pareille; les voix angéliques réveillent les sens, et quand vous croyez que tout est fini, ça recommence de nouveau.

Plus les Alpes sont hautes, et plus le vent est fin,

plus la jeune fille est belle et plus le péché est petit.

Oui, si le ciel était de papier et si chaque étoile était un écrivain, ils n'arriveraient pourtant pas à dire combien l'amour vrai brûle dans le cœur.

ADIEU.

Sur la montagne il y a un château; là demeure une jeune fille; un jeune garçon, venu de loin, l'a demandée en mariage.

Elle l'aima, mais il dut partir. Au moment de l'adieu il donna sa parole à son cher trésor.

« Des années pourront s'écouler sans que tu enten-
» des parler de moi, mais dans mon cœur l'amour sera
» éternel.

» Adieu! mais non pas pour toujours; vois, l'étoile
» du soir luit. L'amour se lève, quand bien même la
» vie se couche ! »

CHANTS D'AUTEURS CONNUS

ET CHANTS AVEC DATES CERTAINES.

CE QUI EST ÉTERNEL.

Sainte vérité! qui peut éteindre ta flamme? qui peut s'élever contre ta force et la combattre? Qu'ils s'avancent donc, tes ennemis nombreux comme le sable; que dans les convulsions de l'erreur, les armes à la main, ils ravagent tout par le meurtre et l'incendie.

Dieu t'a faite et plus forte que le roc pétrifié au milieu des vagues de la mer, et plus forte qu'une brillante étoile à la voûte des cieux, et plus forte que la masse des montagnes, et plus forte que les abîmes de la mer, qu'aucun œil humain ne peut sonder.

Et si nous tombons tous, qu'il en soit ainsi! C'est pour la vérité que nous mourrons, c'est pour le bien du monde! La félicité du ciel réjouira alors nos cœurs! Nous serons enlevés à tout chagrin, à tout souci!

Quand le noir tombeau enfermera nos corps, la riche moisson de nos œuvres sortira de son germe. Ce que nous aurons tenté fidèlement et avec courage pour le salut de la terre brillera pour nous d'une vive lumière, et s'entrelacera à notre vie!

Chant des Hussites dans la guerre de la foi.
Commencement du XVe siècle.

LA BATAILLE DE SEMPACH [1].

Les abeilles vinrent se poser sur le tilleul, le paysan dit : « Ça signifie des étrangers ! » La forteresse de Villisow s'ébranla. Chacun reconnut le duc et son armée. Dans leur orgueil les Suisses se dirent : « Tous, jeunes » et vieux, nous saurons bien les tuer ! » Ils sortirent de Surzée au son des instrumens, ils se mirent en marche avec tous leurs bagages.

Seigneurs de la plaine, vous allez en pays élevés sans savoir vous y nourrir ; vous feriez bien, dès cette heure, de vous confesser dévotement. Dans le combat sur les montagnes il pourrait vous arriver malheur. Où est donc le moine qui doit nous confesser ? Il est dans les champs de Schwitz ; il vous donnera une dure pénitence, sur vos têtes il appuyera ses lourdes mains, avec les hallebardes il vous donnera la bénédiction !

Un lundi matin les filles fauchaient dans la rosée, voici venir les ennemis près de Sempach. Les hommes de Lucerne se redressent fièrement, eux l'élite des braves. Pas un ne regarde en arrière. Un sire de Hasenbourg [2] parle ainsi au duc : « Regarde cette petite » troupe, elle est sans peur ! » Alors Ochsenstein dit: « O Hasenbourg ! ô cœur de lièvre ! » Hasenbourg ré-

---

[1] Livrée en 1386 par les confédérés suisses de Schwitz, d'Uri, d'Unterwald, de Glarus, de Zug, de Lucerne et de Zurich, au nombre de quatorze cents, à Léopold d'Autriche, dont l'armée s'élevait à six mille chevaliers.

[2] Hasenbourg veut dire *château de lièvre*.

pondit: « Nous verrons le jeu ! » Ils délièrent leurs casques, les mirent retournés, coupèrent les pointes de leurs souliers, en remplirent un chariot; ils se dirent ensuite: « Cette troupe est chétive ; battre des manans
» est une petite gloire ! »

Les braves confédérés implorent Dieu à grands cris. Un arc-en-ciel regarde du haut des nuages. Leurs cœurs et leurs âmes croissent en force virile, ils marchent avec courage contre les chevaliers.

Le lion commence à rugir, à battre de la queue. Les confédérés tirent sur les seigneurs qui manient de longues lances. Le mal n'est pas doux, des branches de grands arbres tombent à leurs pieds.

L'armée des nobles est ferme, leur ordre bien serré. Les confédérés s'en attristent Winkelried dit : « Si
» vous voulez être en aide à ma femme et à mon en-
» fant, je vais faire une grande témérité ; chers con-
» fédérés, j'y perdrai la vie. Ils ont resserré leurs
» rangs, nous ne pourrons les percer Moi j'y ferai une
» brèche. En tous temps que ma race s'en réjouisse. »

Sur l'heure, de ses deux bras il embrasse les lances des chevaliers ; il fraye ainsi aux siens le passage et met fin à sa vie. Son sang précieux enleva tout courage au lion. Son action forte et brave profita aux villes des quatre cantons. De la pointe de leurs sabres les confédérés rompirent l'ordre des nobles. Que Dieu ait pitié d'eux.

Le lion commence à reculer et à gémir ; le taureau bondit, il donne encore un coup, et le lion laisse en paix sa bannière et ses pâturages. A Konigsfels, dans le monastère bien des chevaliers reposent avec douleur. Le duc Léopold bataillait en prince, mais les manans le tuèrent.

La vache dit au taureau : « Dans tes prairies un maî-
» tre voulait me traire ; j'ai renversé le seau : je l'ai
» frappé à l'oreille, ils l'ont enterré.

Un sire avait fui, un sire de haut parage ; à une heure fatale, avec son valet, il arrive près du lac chez Hans Rot. « Pour Dieu et pour de l'or, tire-nous du
» péril ! »

Hans Rot se réjouit du salaire, il vogue sur le lac ; dès qu'il voit Rotwyl il rame fort et vite. Le sire fait signe au valet, il faut tuer le pêcheur. Hans Rot les voit à l'ombre, il renverse le bateau. Ils voulurent se sauver, il les poussa dans l'eau : « Buvez, chers sei-
» gneurs, vous ne tuerez plus les pêcheurs. Aujour-
» d'hui j'ai pris deux poissons ; je n'en demande que
» les écailles, la chair en est mauvaise. »

Un messager courut en Autriche : « Hélas ! noble
» dame d'Autriche, mon seigneur est couché sur le
» champ de bataille ! Hélas ! noble dame, il est resté
» sanglant à Sempach.

» Hélas ! saint Christ dans le ciel ! quel malheur il
» me faut ouïr ! »

Suter fut celui qui fit cette chanson quand il revint de la bataille où Dieu avait jugé. Il était homme joyeux, né à Lucerne, où il fut long-temps connu.

Halb Suter Tschudi.

CRI CONTRE LES TURCS [1].

Allons! par la puissance du nom de Dieu, par la chevalerie de saint George! si nous combattons les Turcs, Dieu lui-même nous assistera, afin que nous les vainquions.

Les Turcs ont bien réfléchi ; ils marchent sur nous avec de grandes forces, ils accordent à l'unisson l'affliction et la misère, ils battent à mort jeunes et vieux; nous aurons le même sort.

Que Dieu venge les ignominies que commettent les Turcs en égorgeant la pauvre chrétienté; j'en suis chagrin aujourd'hui, j'en serai chagrin toujours : cela trouble mes sens.

Grèce! tu étais une noble terre, et les Turcs t'ont violée; ils t'ont ravi un grand trésor; à plus d'une mère ils ont tué leurs enfans ; ils savent trouver les riches aussi bien que les pauvres.

Constantinople, noble ville! Malheur à celui qui t'a trahie. Jamais je ne vis pareille infortune; tu me fais grande peine. Je le dis ici, que Dieu ait pitié de toi!

C'est un coup pour la chrétienté. Le pape en est attristé; il a envoyé une lettre à l'empereur, il lui dit d'écrire plus loin aux princes et aux seigneurs.

L'empereur écrit aux princes : Hélas! nobles seigneurs, donnez-moi votre conseil, et venez en aide à la pauvre chrétienté, afin qu'elle ne tombe pas dans l'affliction et la misère; les Turcs veulent la tuer!

[1] Chanson faite après la prise de Constantinople par les Turcs.

Nous écrivons au loin en tous pays ; nous ferons à l'instant la paix, afin que tous les seigneurs soient d'accord, que toutes les guerres à pied ou à cheval soient apaisées.

Le Turc a résolu de marcher sur nous, de venir devant notre ville. Hélas ! nobles seigneurs, donnez-nous votre conseil, afin que nous nous défendions.

Le Turc a fait serment, que cela fasse plaisir ou peine à l'empereur, de détruire les églises, de souiller la cathédrale de Saint-Pierre et d'y loger ses chevaux.

On m'a aussi dit que le Turc est grand et large, qu'il a une figure féroce ; on a fait son portrait pour l'envoyer à l'empereur.

C'est par là qu'il veut nous effrayer. Hélas ! chrétienté, éveille-toi ! Pense à David : il était petit, il blessa Goliath à travers son casque et le déshonora.

Vous, nobles princes, vous tous, je vous implore humblement ; que votre cœur soit touché du mal que nous ont fait les Turcs, au chagrin de la chrétienté.

Roi élu de France, on vous appelle le roi de la chrétienté ; pensez à votre grande dignité, que ce malheur vous touche, aidez-nous à battre les Turcs.

Roi Caffka de Hongrie, vous êtes désigné pour nous garder contre les Turcs qui font de grandes infamies ; venez à notre aide en cette extrémité, afin que nous vainquions l'ennemi.

Le duc Frédéric de Saxe, dûment reconnu margrave de Misnie, bien sûrement landgrave de Thuringe, et maréchal de l'empire romain, il viendra lui aussi à nous.

Duc Albert le très-haut, prince de Bavière noble et prédestiné, comte palatin du Rhin, nous espérons que vous nous aiderez à sauver la chrétienté.

Le duc Louis le très-haut, prince de Bavière noble et prédestiné et comte palatin du Rhin, il sera aussi du voyage, il nous sera d'un grand secours.

Duc Albert d'Autriche, noble prince, puissant en Souabe et dans le Brisgau, apprenez à connaître les Turcs, que nous les défassions.

Duc Sigismond de bon courage, en grand honneur, en continuelle garde, prince libre en Autriche, nous espérons que vous nous aiderez pour le bien de la chrétienté.

Duc Frédéric, comte palatin du Rhin, noble électeur et beau seigneur, venez aussi y mettre la main afin que les Turcs soient défaits. Dieu vous en récompensera!

Les princes de Brandebourg suivront aussi la bannière pour la consolation de la sainte chrétienté. Margrave Albert, soyez prêt; vous méritez une couronne de chevalier.

Vous toutes, honorables villes libres, dépêchez-vous bien vite, et unissez-vous contre ces méchans païens. Dieu nous donnera la puissance et la force de les chasser.

Je dirai encore à part : Grands et petits, riches et pauvres, moines et frères, tous les ordres religieux doivent sortir de leurs couvens afin de combattre les païens.

Allons, marchons avec joie! Le chevalier saint Georges conduit la troupe sur le champ de bataille où l'empereur Frédéric nous attend. Nous attaquerons fermement; nous nous exposerons avec courage.

Nous espérons en toi, seigneur saint Pierre! Sois ici avec nous, reste fidèlement avec notre troupe, prie Marie qu'elle nous protége, afin que nous revenions sains et joyeux.

Celui qui a fait cette chanson en l'honneur de la chrétienté s'appelle Mandel Veid. Les Turcs seront tous défaits en peu de temps; ils seront repoussés.

1465.

L'AFFAIRE DE PONTARLIER.

L'hiver a duré long-temps, c'est ce qui a attristé beaucoup de petits oiseaux qui maintenant chantent gaiement; sur les branches vertes de la forêt on entend de doux sons.

Les branches ont porté peu de feuilles, on en désirait pourtant bien; la bruyère a enfin verdi. C'est pourquoi beaucoup d'hommes courageux ont quitté leurs foyers.

L'un allait par-ci, l'autre par-là; tout avait un aspect sauvage. On a fait un outrage dont le duc de Bourgogne a bien peu ri.

On a marché sur son pays, sur sa ville qui s'appelle Pontarlier; c'est là qu'a commencé la danse. Là, on voit aujourd'hui bien des veuves vêtues de robes de deuil.

Elles ont perdu leurs époux, auxquels les confédérés ont pris la ville en l'assiégeant sans pitié. Ils l'ont prise de force, et ils en ont jeté les défenseurs par-dessus les murailles.

C'est ce que les Welches apprirent; ils arrivèrent alors bien douze mille en nombre tant à pied qu'à cheval; ils voulurent la reprendre, mais ils en furent grandement punis.

Ils furent réduits à toute extrémité; on en tua beaucoup en tirant et en jetant sur eux; ce furent les confédérés qui agirent ainsi. Les Welches avaient planté deux bannières sur la muraille, ils durent les y laisser.

On dit à l'ours de Berne comme quoi les siens étaient assiégés; il aiguisa ses griffes. Il prit avec lui quatre mille hommes; on entendit les trompettes sonner joyeusement.

Ils marchèrent sur Pontarlier pour narguer les Welches, qui étaient plus de douze mille. Quand ceux-ci virent l'ours, la frayeur les saisit.

L'ours alla en grande hâte rejoindre les confédérés. Les Welches se formèrent en compagnies; ils voulurent se montrer hardis, mais l'ours les salua de pierres d'arquebuses, ils se sauvèrent aussitôt.

L'ours les suit avec son drapeau; il incendie tout, comme il l'avait déjà fait, au grand désespoir des

Welches. Lorsqu'il eut embrasé le village, il se retira sur la bruyère lointaine.

C'est ce que les Welches virent; ils revinrent alors sur lui; l'ours se mit en défense, en bon ordre, d'après les leçons des capitaines.

Lorsque les Welches aperçurent comme l'ours était irrité, ils tirèrent au loin, et quoiqu'ils fussent quatre contre un, ils cédèrent la place.

L'ours conserva long-temps sa colère. Les confédérés disaient tous d'une commune voix : « Qu'ils reviennent à cheval, ces Welches, nous nous battrons comme des chevaliers ! »

Je loue ceux de Berne, ceux de Fribourg, ceux de Bienne, ceux de Soleure et les autres confédérés aussi, d'avoir osé risquer en rase campagne un semblable combat.

Ceux de Lucerne, pour ne pas rester en arrière, allèrent aussi rejoindre l'ours, quoiqu'on leur eût écrit qu'ils ne se missent pas en route; mais ils ne voulurent pas rester chez eux.

Ceux de Bâle savaient bien que l'ours était sorti de sa tanière; ils envoyèrent des gens à pied et à cheval et leur donnèrent de bonnes armes.

Ils allèrent rejoindre l'ours, qui s'était couché sur la bruyère devant Granson; là, l'armée se réunit; là, on entendit tirer et la nuit et le jour, jusqu'à ce que Granson fût pris.

. . . .

L'ours était sorti de sa tanière, et bien lui en prit;

maintenant il est retourné chez lui. Que Dieu lui accorde bonheur et bénédiction! Voici ce que Witt Weber nous a chanté. Amen.

Witt Weber, 1475.

LA BATAILLE DE MORAT.

Mon cœur est plein de joie, c'est pourquoi je vais chanter comment l'affaire est arrivée. J'ai désiré jour et nuit cet affront, qui enfin a été fait.

Celui qu'on appelle le duc de Bourgogne vint en courant sur Morat pour venger un tort qu'on lui fit à Granson. Il déploya sa tente dans la plaine, il voulait briser Morat.

Il fit tomber les tours et les murailles; il en eut vraiment peu d'honneur, car Dieu faisait tout. Des gens de cœur étaient enfermés dans la ville; ils ne craignirent pas le Bourguignon, et ils ont gardé la ville.

Une nuit il donna un grand assaut, il ne leur laissa ni paix ni trêve, il voulait avoir Morat. Mais les Welches furent réduits à grande extrémité; il en resta trois mille de tués ou de blessés; on remplit les fossés de Welches.

Tous ceux qui ont été à Morat y ont eu beaucoup d'honneur; je vais vous parler d'eux. Et à mon sens je conseillerais d'armer chevaliers tous ceux qui ont assez de bien pour cela.

Un noble capitaine bien connu s'appelle Bubenberg; il s'est conduit loyalement. Ses bombardiers tiraient juste. A l'avenir il faudra l'aller chercher quand on voudra garder une ville.

On fit dire aux confédérés que Morat était assiégé; on leur rappela le pacte, on leur dit de venir, que c'était nécessaire; aussitôt qu'on eut écrit cela, personne ne voulut plus rester chez soi.

Le mal que faisaient les Welches mit le noble et très-haut duc René de Lorraine en colère; il vint avec beaucoup de gentilshommes s'unir aux pieux confédérés, il fit beaucoup pour son honneur.

La troupe des princes d'Autriche, celle de Strasbourg, celle de Bâle et d'autres alliés, vinrent toutes, grandes en nombre, trouver les confédérés, ne voulant pas les laisser en un si pressant besoin.

Jamais je ne vis de si beaux soldats se rassembler sur terre en si peu de temps. Ils apportèrent des arquebuses sans nombre, beaucoup de hallebardes larges et étroites; on voyait une forêt de piques.

Écoutez-moi; on comptait depuis le Christ mil quatre cent septante et six; c'était un samedi, jour des dix mille chevaliers, qu'on livra ce combat si utile.

Quand le matin fut venu, on approcha de Morat à travers une verte forêt. Ceux de Morat furent contens. Là, on trouva le duc; et bientôt on commença la bataille.

Avant d'avoir traversé la verte forêt, maint brave chevalier, que l'on reconnut bien, fut battu; le duc de Lorraine était du nombre. Ils s'écrièrent tous d'une commune voix : Nous voulons courir en avant.

On assembla vite le conseil pour savoir comment il faudrait attaquer le duc. Alors j'entendis dire à plusieurs d'entre eux : Mon Dieu ! quand donc le conseil en finira-t-il ? il est déjà midi ; quand donc pourrons-nous et taper et piquer ?

Chacun tenait fortement sa bannière, derrière laquelle personne ne se cachait ; ils avaient tous un courage d'homme. Chacun pensait, à part soi, comment il fallait faire pour coucher le duc de Bourgogne dans son sang rouge.

L'avant-garde marchait la première ; au milieu d'elle étaient deux beaux drapeaux ; l'un était celui d'Entlibuch, l'autre celui de Thunn avec son étoile ; ils aimaient à être ensemble ; on ne vit fuir ni l'un ni l'autre.

Quand les chevaliers virent l'ennemi, ils passèrent leurs bras dans leurs boucliers et coururent en avant, sans s'inquiéter de l'artillerie, ils s'avancèrent, on les suivit de près.

Les arquebuses tiraient au milieu d'eux, on allait au-devant d'elles avec les grandes lances ; les hallebardes avaient beaucoup à faire, on tuait tous les ennemis, les riches comme les pauvres.

Ils se défendirent un peu de temps, puis on les vit s'enfuir ; beaucoup d'entre eux furent tués, le fantassin et le cuirassier. La plaine était couverte de boucliers et de lances qu'on avait brisés sur eux.

L'un se sauvait par ici, l'autre par là, partout où ils se croyaient bien cachés, mais on les tuait dans leurs abris. Je ne vis jamais une telle misère. Un grand nombre se jeta dans le lac, quoiqu'ils n'eussent aucune soif.

Ils en avaient jusqu'au menton; pourtant on tira sur eux comme sur des canards, on les atteignit en bateau, et on les tua; le lac fut rougi de leur sang; on les entendait crier pitoyablement.

Beaucoup d'entre eux grimpèrent sur les arbres sans que personne le leur eût dit; on tira dessus comme sur des grues; on les perça de coups de lance; leur plumage ne leur fut pas en aide, le vent ne les emporta pas.

La bataille s'étendit à deux lieues au loin; bien des Welches y furent couchés, hachés et percés. Remercions Dieu maintenant et toujours qu'il ait ainsi vengé la mort de nos camarades devant Granson.

Quoiqu'ils aient péri en grand nombre, je n'en sais pourtant pas la somme; mais j'ai entendu dire qu'on avait tué et noyé au seigneur welche vingt-six mille des siens sur le champ de bataille.

Maintenant, qu'on me croie, ce que je vais dire est vrai, il ne périt pas vingt hommes du côté des confédérés. A cela on peut reconnaître que Dieu veille nuit et jour sur les braves et sur les bons.

S'ils n'avaient pas été forcés de fuir, ils eussent été tous tués, et c'en eût mieux valu. Le soleil, qui n'était plus sur les montagnes, empêcha de les poursuivre plus loin; on s'établit dans leur camp.

Le camp avait bien une demi-lieue de large, mille tentes y étaient déployées, on en chassa l'ennemi; tous les canons qu'il avait là, avec lesquels il tirait sur la ville, il les abandonna tous.

On leur reprit toutes les bannières qu'on avait perdues autrefois, et auxquelles pendaient les houppes, et tout leur avoir de chevaliers qu'ils avaient tant vanté.

On marcha sur le pays du comte, on lui brûla ville et château. Raimond (comte de Rosmont) ne voulait pas rester tranquille, on lui fit un bain de vapeur; s'il y était resté la nuit, il y aurait bien sué.

On a joué avec lui au jeu des échecs; il a perdu bien du monde; son logis est détruit, sa vengeance ne finira plus, ses chevaliers sont là tout tristes; il est entièrement mat.

Les confédérés ne lui demandent pas de pain; quoiqu'il les ait tenus pour des mendians, ils ne se sont pas laissés effrayer. Leurs bâtons de mendians sont des lances et des piques; ils lui enfoncent leurs couteaux par derrière; cette nourriture ne lui semble pas bonne.

Witt Weber a fait cette chanson; il assistait à la bataille, l'outrage le faisait dépérir. Il remercie les confédérés et tous ceux à qui il veut du bien; ils l'ont rendu tout autre. Amen.

Witt Weber, 1476.

Notre Dieu est un château fort; il est une bonne arme

et une bonne défense. Il nous délivre de tous les maux qui viennent nous accabler. Le vieux malin esprit nous en veut sérieusement; la ruse et la grande puissance forment sa cuirasse. Sur terre il n'est pas son pareil.

Notre pouvoir à nous n'est rien; nous sommes bientôt perdus : mais pour nous combat l'homme fort que Dieu lui-même a choisi. Si tu demandes qui il est? il se nomme Jésus-Christ, le Seigneur Sébaoth. Il n'y a pas d'autre Dieu. C'est lui qui reste maître du champ de bataille.

Quand bien même le monde serait plein de diables qui voulussent nous dévorer, nous n'avons plus peur; nous réussirons. Le prince de ce monde, quelque méchant qu'il soit, ne nous fera rien; il est jugé, un petit mot peut le tuer.

Les diables à ce mot n'auront garde de toucher, et ils n'en seront pas remerciés. Chez nous ce mot est à sa place, lui, son esprit et ses dons. Qu'ils prennent corps, biens, honneur, femme et enfans; laissons-les faire, ils n'en tireront pas de profit; le royaume du ciel nous restera !

Martin Luther, 1521.
Cantique protestant connu sous le nom de Choral de Luther.

Je viens du ciel élevé; je vous apporte de bonnes nouvelles, dont je veux parler et que je veux chanter.

Un enfantelet vous est né aujourd'hui. Fils d'une vierge, il est doux et beau; il fera votre bonheur et votre joie.

C'est le seigneur Christ notre Dieu, lui qui veut

vous délivrer de tout mal : il vient pour être votre sauveur, pour vous rendre purs de tout péché.

Il vous apporte toutes les béatitudes que Dieu le père a préparées, afin que vous viviez avec nous dans le royaume des cieux, maintenant et en toute éternité.

Remarquez bien quels sont les signes qui le font reconnaître ; les langes de la crèche sont vieux ; c'est là que vous trouverez l'enfantelet qui supporte et soutient le monde entier.

Réjouissons-nous tous de cela ; entrons avec les bergers, et voyons ce que Dieu nous donne en nous accordant son cher fils.

Sois attentif, mon cœur, et regarde là-bas ; qu'y a-t-il dans la petite crèche ? Quel est ce bel enfantelet ? C'est le cher petit Christ.

Sois le bienvenu, noble hôte ! Tu n'as pas méprisé le pécheur. Tu viens à moi dans la misère ; comment te remercier jamais ?

Il t'a plu ainsi de me démontrer cette vérité, que splendeurs, honneurs, biens du monde, ne sont rien devant toi, ne servent à rien, ne sont d'aucun secours.

Gloire et honneur à Dieu sur son trône élevé ! A lui qui nous donne son fils unique ! C'est ce dont se réjouissent les chœurs des anges, et ce qu'ils nous chantent pour le nouvel an.

Martin Luther.
Cantique protestant.

LE CINQUIÈME PSAUME.

Seigneur! écoute ma parole, considère ma peine, écoute mon discours! Mon Roi et mon Dieu fort, c'est de toi que j'ai reçu la vie, c'est pourquoi je veux te prier. Écoute de bonne heure ton serviteur qui vient à toi de bonne heure!

Tu détestes, Seigneur, ceux qui font mal, tu détruis les menteurs; ceux qui sont malicieux, ceux qui ont soif de sang, ne réussissent pas devant toi. Mais moi, je veux entrer dans ta maison, je me tournerai avec crainte vers ton temple et je te demanderai ta grâce.

Seigneur, guide-moi dans ta parole, car tu vois mes ennemis. En tous lieux trace-moi tes sentiers et pose toi-même le but où je dois tendre. Leurs cœurs et leurs bouches n'ont jamais eu raison; leur gueule est un tombeau ouvert, elle est pleine de fiel.

Réjouis tous ceux qui se fient à toi et qui se glorifient de toi. Abrite-les sous ta force, Seigneur, comme les fleurs de l'été. Les justes que tu bénis, Seigneur, ceux qui aiment ton nom, tu les couronnes de ta grâce.

Hans Sachs, 1524.
Cantique protestant.

LES TURCS DEVANT VIENNE, 1529.

Chrétiens! prenez à cœur ce que les Turcs se sont permis. C'est bien vrai, et ce n'est pas un conte; ils ont marché sur Vienne au nombre de trois cent mille.

Ils marchèrent sur Vienne, sur cette digne ville ; on entendit, une nuit, le bruit des arquebuses. Un bourgeois dit à l'autre : « Quoi ! cette honte nous serait » réservée ? »

Les bourgeois se réunissent en conseil, ils font partir un messager, ils l'envoient vers le roi et vers l'empire, afin qu'on leur accorde aide et secours pour faire reculer les Turcs.

Le roi renvoie le messager ; il ne peut donner ni aide ni secours, ni pour lui-même ni pour l'empire. Alors nous rendrons la ville aux Turcs, il nous faudra leur céder.

Il parut un lansquenet plein de courage : « Gardez » la ville fidèlement. Ce nous serait une grande honte » que de la rendre aux Turcs. »

Les lansquenets ont prêté serment à l'empire : « Si » nous devions nous rendre, cela nous chagrinerait. » Chacun courut à sa hallebarde : « Venez, venez, bons » lansquenets, nous attendons le Turc. »

Ce fut un mercredi qu'on vit flotter à Vienne les drapeaux sur la muraille. D'abord les lansquenets regardèrent les Turcs avec bien du courage.

Les Turcs commencèrent à creuser devant la porte de Carinthie ; c'est de là qu'ils déchargèrent leur artillerie ; ils n'en eurent guère de profit, seulement beaucoup de petits enfans d'honnêtes gens en moururent dans le corps de leurs mères.

Krems s'appelle la ville par où nous allons au pays de Hongrie : nous nous y défendrons courageusement : on nous y mêlera de la chaux au vin ; c'est là la boisson des lansquenets.

On nous y mêlera de la chaux au vin ; c'est là la boisson des lansquenets ; c'est ainsi qu'on nous empoisonne, c'est ainsi que maint lansquenet perdit la vie en Hongrie.

Celui qui nous a chanté cette ronde on l'appelle un lansquenet libre ; il a ainsi chanté, il a été à sept batailles, ce qui lui a réussi.

CHANT DE GUERRE CONTRE L'EMPEREUR CHARLES-QUINT.

Un butzemann[1] parcourt l'empire. Didum, didum, bidi, bidi, bum ! L'empereur bat le tambour des pieds et des mains, du sabre et de la lance. Didum, didum, didum.

Hélas ! Charles, très-puissant homme ! quel jeu tu as commencé sans nécessité dans le pays d'Allemagne ! Si tu avais réfléchi, tu n'aurais pas osé l'entreprendre.

Un butzemann, etc.

Hélas ! Charles, sois plus prudent ; avant de commettre, pour complaire au pape, cet horrible meurtre qui retentira en tous pays, pense à l'ennemi qui est à tes portes.

Un butzemann, etc.

Hélas ! pense au pape Hildebrand ; il alluma la

[1] *Butzemann* est le nom d'un mauvais esprit qui annonce le malheur.

guerre dans le pays d'Allemagne pour en chasser l'empereur, il excita contre lui bien des princes puissans, l'empereur resta toujours au ban de l'empire.

Un butzemann, etc.

Le pape fit élire empereur un prince qui s'appelait Rodolphe ; il lui envoya une couronne, il ordonna aux princes de se détourner d'Henri.

Un butzemann, etc.

Comme l'empereur se défendit bien, il fut versé beaucoup de sang, et Rodolphe perdit la main droite avec laquelle il avait prêté un faux serment.

Un butzemann, etc.

Mais, hélas ! Hildebrand ne s'arrêta pas ; il excita le fils de l'empereur à chasser son père. L'empire fut déchiré, beaucoup de nobles gens furent tués.

Un butzemann, etc.

L'empereur dut se tenir devant le pape, dans la neige, tout nu, revêtu d'une chemise de pêcheur ; le pape le laissa attendre ; car lui était couché dans les bras de sa maîtresse. Il t'en arrivera autant.

Un butzemann, etc.

Hélas ! pense que toute la race impériale fut réduite par les papes à l'extrême misère ; veux-tu pour prix de leur scélératesse baiser encore leur pantoufle ?

Un butzemann, etc.

Nous avons de notre côté un grand héros qui combat pour nous, il n'a pas son pareil en puissance. Il faudra bien que tu cèdes au Fils éternel de Dieu et à son armée.

Un butzemann, etc.

Cette chansonnette fut faite à la hâte pour complaire à un jeune lansquenet estimé par quelqu'un qui souhaite bonheur et prospérité à tous les bons lansquenets.

Un butzemann parcourait l'empire. Didum, didum, bidi, bidi, bum! L'empereur battait du tambour des pieds et des mains. Il voulait fermer nos églises. Didum, didum, didum.

TROIS SOEURS.

Un chasseur voulait chasser là-bas devant le bois. Que vit-il sur la bruyère? Trois demoiselles belles et fières.

La première s'appelle dame Foi, dame Charité la seconde, la troisième dame Espérance; celle-ci voulut être au chasseur.

Il la prit dans ses bras, et lui dit: « Espérance, ne » me quitte plus ! » Il la mit en croupe derrière lui sur son haut cheval.

Le cheval les porta au galop à travers l'herbe verte. Le chasseur garda avec lui l'Espérance jusqu'à la tombe, et jamais il ne s'en repentit.

L'Espérance ne trompe pas; encouragée par la Foi, la Charité secourt le prochain dans la peine.

Foi, Espérance et Charité sont trois sœurs bien belles; mais quand je regarde la Charité, je dis qu'elle est la plus grande.

Henri Knaust, 1571.

CHANSON D'AMOUR.

Je connais une tendre vierge qui veut être à moi; cette chère jeune fille a des manières bonnes et plaisantes. La forêt est verte, les petites fontaines sont fraîches, ma chérie est pleine de beauté!

Hélas! que n'est-ce le moment, que n'est-ce l'heure où elle doit venir à moi, où elle doit venir m'offrir avec tant d'amour et de charme sa jolie bouche vermeille! La forêt est verte, les petites fontaines sont fraîches, ma chérie est pleine de beauté!

Je n'attendis que peu, elle vint à moi, cela me fit grand plaisir et à elle grande joie. La forêt est verte, les petites fontaines sont fraîches, ma chérie est pleine de beauté!

Nous nous caressâmes une demi-heure, nous promettant amour et fidélité. Je priai du plus profond de mon cœur: « O Dieu! ne nous en fais pas repentir. » La forêt est verte, les petites fontaines sont fraîches, ma chérie est pleine de beauté!

Il n'est au monde aucune femme que je puisse aimer autant que celle-là, que cette chère petite vierge qui me plaît si fort. La forêt est verte, les petites fontaines sont fraîches, ma chérie est pleine de beauté!

Ah! cher cœur, je t'en supplie, ne détourne pas ton cœur de moi, afin que nous nous restions fidèles jusqu'à la mort. La forêt est verte, les petites fontaines sont fraîches, ma chérie est pleine de beauté!

J'étais joyeux de cœur, lorsque je fis cette chanson, et je souhaitai à mon Annette mille fois bonne nuit.

La forêt est verte, les petites fontaines sont fraîches, ma chérie est pleine de beauté!

Georges Hager, 1614.

SUR UNE COURONNE.

Les roses de ta couronne, ma chérie, sont rouges comme l'éclat de tes lèvres. Les lis peuvent se comparer à ta main tendre et douce. Puis le ruban doré qui la noue le cède à l'or de tes cheveux bouclés.

Si ton esprit, ma chérie, savait tirer un enseignement de ton ouvrage, tu ne perdrais pas ton temps ainsi follement par jeunesse et par inattention; et ton cœur saurait bientôt ce qui lui est avantageux.

La rose meurt en un jour, le lis ne fleurit pas longtemps, et toi, ta fleur de beauté vieillira et se fanera sans retour; ce fil d'or aussi doit t'enseigner que ta vie est facile à briser.

Pourquoi donc es-tu rebelle? pourquoi es-tu si peu gracieuse? pourquoi m'affliges-tu sans cesse? Si tu n'as pas pitié de moi, aie pitié de toi, et laisse-nous donc nous aimer.

Georges Weckerlin, 1648.

LE CHRIST AU JARDIN DES OLIVES.

Dans la nuit silencieuse, à la première veillée, une voix commença à se plaindre. J'écoutai ce qu'elle disait, je tournai les yeux de son côté.

Un jeune homme de mœurs douces, seul et sans

compagnons, est couché à terre dans le jardin, il est plein de douleur et presque mort.

C'est le cher fils de Dieu. Il tient sa tête dans ses mains. Il est plus blanc et plus pâle que la lune. Une pierre en aurait pitié.

« Hélas ! mon père, mon cher père, faut-il donc
» boire ce calice ? N'en peut-il être autrement ? Oh !
» ne laisse pas mon âme se briser !

» — Hélas ! cher enfant, vide-le bien vite. Je te le
» dis en vérité : sois courageux, sois vainqueur, il faut
» tenter ce combat.

» — Hélas ! mon père, faut-il donc qu'il en soit
» ainsi ? Faut-il donc que je tente le combat ? Alors
» je boirai ce calice, je ne puis te refuser !

» Mais mon âme et mon courage s'effrayent à l'idée
» de perdre la vie. O mort amère ! Ma frayeur et ma
» peine surpassent toute mesure.

» Tendre Marie, toi de nature virginale, si tu savais
» ma douleur, si tu savais ma souffrance en ce moment,
» ton cœur en serait déchiré.

» Hélas ! ma mère ! je ne suis pas de pierre. Mon
» cœur se fend. Il me faut boire la douleur, il me faut
» lutter avec le martyre, avec la mort !

» Adieu ! adieu ! Marie, douce mère, bonne nuit !
» Personne ne veillera donc avec moi dans ce désert
» sauvage ?

» Une croix est devant mes yeux. Oh ! que de dou-
» leurs et de maux ! demain on m'attachera dessus ;
» cela me serre le cœur.

» Des fouets, des verges, des scorpions, sifflent à mes
» oreilles. Je vois aussi une couronne d'épines. Mon
» Dieu! qui n'en serait effrayé?

» J'ai crié vers Dieu du milieu des entraves profon-
» des de la mort, et pourtant je reste abandonné; il n'y
» a pour moi ni consolation ni secours.

» La belle lune va se coucher, elle est si triste qu'elle
» ne veut plus luire; les étoiles aussi cessent de scin-
» tiller, elles pleurent avec moi.

» Aucun chant d'oiseau, aucun son de joie ne s'en-
» tendent plus dans les airs; les bêtes sauvages souf-
» frent avec moi dans les cavernes et dans les rochers.

Frédéric Spée, missionnaire jésuite, 1649.

SAINT FRANÇOIS-XAVIER.

Lorsque l'homme de Dieu pensa à aller au Japon éloigné, tout le monde s'y opposa, tout le monde l'attaqua en paroles. Vents, orages, mers et vagues, on lui mit tout devant les yeux, on lui parla de naufrages, de tempêtes et de dangers.

« Ne parlez pas de tempêtes, ne parlez non plus des
» vents! Jamais ni héros ni véritable chevalier ne pri-
» rent garde à ces jeux d'enfans. Laissez souffler le vent
» et la tempête, le feu de l'amour s'embrase par le
» souffle. Laissez les mers et les vagues se déchaîner;
» les vagues montent au ciel.

» Finissez ces railleries, ne m'effrayez pas par ces
» tourmens. Jamais le cœur du soldat ne craignit

» poudre et plomb. Lances, flèches, épées nues,
» fusils, poudre et pistolets, rendent le soldat plus té-
» méraire et l'invitent à gagner le prix de la gloire.

» Laissez l'orage et le vent aiguiser leurs cornes;
» laissez bavarder les vagues grondantes; laissez tour-
» noyer les trombes. Laissez le nord et le sud, l'est et
» l'ouest se combattre sur le champ salé; jamais le
» repos n'abandonnera celui qui porte la paix en son
» cœur.

» Qui ne se hasarderait sur la mer, sur mille océans
» furieux, quand il s'agit d'atteindre des milliers d'â-
» mes de l'arc et de la flèche? Qui aurait peur des
» vents, qui craindrait leurs ailes mouillées, quand on
» pense trouver des âmes, des âmes belles au-dessus
» de tout?

» Allons, vagues hardies et menaçantes! allons, vents
» forts et sauvages! Vents! vous ne m'abattrez pas, j'ai
» résolu de vous résister. Des âmes! il me faut des
» âmes! Harnachez-vous, coursiers de bois[1], et
» chevauchons sur les vagues. Allons, détachez-vous
» du rivage. »

Frédéric Spée, missionnaire jésuite, 1649.

CHANSON DU MATIN.

O lumière née de la lumière! ô soleil de justice! à nos regards tu fais luire de nouveau l'heure du matin pleine de charmes. C'est pourquoi nous honorons ta faveur avec reconnaissance.

[1] Les vaisseaux.

Fais aussi que nos sens puissent apercevoir les feux de ton amour. Fais luire dans nos cœurs l'aurore de ton esprit; que ses rayons tuent l'ombre froide des vanités.

Vois, Seigneur, nous chancelons. Nos pensées, nos actions sont dans une fausse route. Fais luire ton soleil sur notre existence, qu'elle sache où marcher.

Du lien de la paix enlace la faible troupe de ta pauvre église. Éloigne de notre patrie les angoisses, les dangers et les persécutions. Laisse-nous achever tranquillement notre course pendant sa courte durée, jusqu'à ce que tu nous conduises au lieu où l'on chante ta louange en toute éternité!

Martin Opitz.

HATE-TOI D'AIMER.

Ma chérie, hâtons-nous, le temps presse, le retard nuit.

Les dons de la beauté s'enfuient sans retour. Tout ce que nous possédons doit passer!

La fleur des joues se fane, la chevelure se blanchit, le feu des yeux s'éteint, le cœur devient de glace.

Ta petite bouche de corail se déformera, tes mains, blanches comme neige, se rideront, et tu vieilliras.

Goûtons donc les fruits de la vie, avant qu'il ne faille suivre le vol rapide des années.

Puisque je t'aime, aime-moi donc aussi! Ce que tu me donnes, je le perds aussi.

Martin Opitz.

COMPLAINTE DU SOIR.

Voici la nuit, hommes et bêtes deviennent libres, le repos désiré commence. Hélas! les soucis accourent à moi!

La lune brille claire, ainsi que les petites étoiles dorées. Au long et au large tout se réjouit! Moi seul je suis dans la tristesse!

Parmi les étoiles il en manque deux belles. Ces deux étoiles ce sont les yeux de ma chérie.

Que me fait la lune? La lumière des étoiles m'est obscure, depuis qu'Astaris, mon firmament, s'est détournée de moi!

Mais quand cette parure de mon soleil s'incline vers moi, alors j'aime bien mieux que ni la lune ni les étoiles ne luisent!

Martin Opitz.

L'AMOUR A LA DANSE.

Jeunesse, on vous appelle à la danse! Allons, tout le chœur joue déjà. Que celui qui veut danser vienne prendre place. Qu'il danse jusqu'à ce qu'il soit content!

Sachez que j'ai aussi invité Amour, ce garçon si célèbre de par le monde; Amour, qui aime tant les malices, qui n'est content que quand il a fait mal, quand il a mis dans l'embarras.

Il furetera de tous côtés. Prenez-y garde. Il se niche dans les yeux; là, archer agile, il bande son arc, et, prompt comme l'éclair, il vous blesse, vous ne savez comment.

Souvent aussi il est sur de jolies lèvres, et se glisse tout-à-coup en vous. Le rusé ! par de douces paroles il se plaît à vous jeter dans la peine.

Surtout pas de serremens de main ! C'est lui qui les fait ; il se cache si adroitement qu'on les prend pour les faveurs d'une belle, qui souvent ne touche même pas votre main ; c'est une des sorcelleries d'Amour.

Quand, ensuite, ses traits vous ont blessé et rendu amoureux, il rit, et bien vite il vous souhaite le bonsoir. Alors vous cherchez où, quand, comment vous pourrez trouver du secours. Malheur à celui qui est blessé !

H. Albert.

BIENHEUREUX SONT LES MORTS.

Oh ! que vous êtes heureux, vous, justes, qui par la mort êtes allés vers Dieu ! Vous avez échappé aux peines qui nous retiennent prisonniers.

Ne faut-il pas vivre ici comme dans une prison, où ne planent que les soucis, l'effroi et les peines ! Tout ce que nous connaissons ici-bas ne peut s'appeler que fatigues et chagrins de cœur.

Vous, au contraire, vous reposez dans votre chambre, tranquilles et délivrés de tout chagrin. Ni croix ni peines ne viennent entraver vos plaisirs.

Christ essuie toutes vos larmes, vous possédez ce que nous ne faisons qu'espérer. On vous chante ce qu'aucune oreille n'entendit sur terre.

Ah! qui n'aimerait mourir, qui n'aimerait hériter du ciel au lieu du monde? Qui voudrait rester ici-bas à se laisser ballotter par le chagrin?

Viens, ô Christ, viens nous dételer! Délie-nous et emmène-nous loin d'ici. Près de toi, ô soleil, sont la joie et les délices des âmes justes!

Simon Dach, 1650.
Cantique protestant.

ANNETTE DE THARAU.

Annette de Tharau est celle qui me plaît, elle est ma vie, mon bien, ma richesse. Annette de Tharau m'a donné son cœur, pour la joie et pour la douleur.

Annette de Tharau, ma richesse, mon bien! toi mon âme, ma chair et mon sang!

Que tous les orages viennent fondre sur nous, nous resterons ensemble. Maladies, peines, persécutions, tourmens, sont des nœuds pour notre amour.

Annette de Tharau, ma richesse, mon bien! toi mon âme et mon sang!

Comme le palmier, qui croît mieux frappé par la pluie et la grêle, ainsi notre amour devient plus fort par la joie, la douleur et les peines.

Annette de Tharau, ma richesse, mon bien! toi mon âme, ma chair et mon sang!

Si jamais tu étais séparée de moi, si jamais tu allais dans un lieu où ne pénètre pas la clarté du soleil, je t'y suivrais. Oui, je te suivrais à travers les mers, les forêts, la glace, le fer et les armées ennemies.

Annette de Tharau, ma lumière, mon soleil! ma vie s'enlace à jamais à la tienne!

Simon Dach.

Celui qui laisse agir notre cher Dieu, et qui espère toujours en lui, celui-là sera miraculeusement protégé dans la douleur et dans l'affliction. Celui qui se fie à Dieu le très-haut n'a pas bâti sur du sable.

A quoi servent nos grandes alarmes? à quoi servent nos gémissemens? à quoi sert de pleurer tous les matins sur nos malheurs? Par la tristesse nous augmentons notre affliction et notre croix.

Qu'on se tienne un moment tranquille, qu'on soit satisfait de ce que la gracieuse volonté et la sagesse de Dieu ordonnent. Dieu, qui nous a élus pour lui, sait fort bien ce qu'il nous faut.

Lui seul connaît les heures de la joie, il sait quand elles sont utiles. Quand il nous a trouvés fidèles, qu'il ne voit pas d'hypocrisie, Dieu vient avant que nous nous y attendions, et nous fait beaucoup de bien.

Ne pense pas dans l'ardeur de ton affliction que Dieu t'ait abandonné, et que celui qui peut toujours s'enorgueillir de son bonheur ira dans le sein de Dieu. L'avenir change bien des choses et met une limite à tout.

Ce sont pour Dieu de petites choses, de rendre le riche pauvre et petit, de faire le pauvre grand et riche. Dieu est le véritable homme merveilleux qui tantôt élève et tantôt renverse.

Chante, prie et marche dans les chemins de Dieu,

remplis ta tâche fidèlement, aie confiance en la riche bénédiction du ciel, qui alors se renouvellera en toi. Car celui qui met son espérance en Dieu, celui-là ne sera pas abandonné.

Georges Neumarck, 1668.
Cantique protestant.

PRÈS D'UN MORT.

Un brouillard dans l'air vif, un éclair qui éblouit, une ondée qui ne pénètre pas le sol, une arme à feu qui part;

Un son qui retentit dans les vallées, des tempêtes qui passent, des flèches qui atteignent le but, de la glace dans la terre chaude;

Tout cela est vain et passager, et pourtant ta vie, ô homme! est encore plus fugitive. Tout n'est rien, toi, tu es l'apparence.

Paul Flemming.

AU SOIR.

Les forêts reposent; hommes, bêtes, villes et champs, le monde entier s'endort. Mais vous, mes sens, éveillez-vous; il faut entonner le chant qui plaît au Créateur.

Soleil, où es-tu? La nuit t'a chassé, la nuit l'ennemi du jour. Adieu. Un autre soleil, Jésus, ma joie, luit dans mon cœur!

Le jour est passé; les petites étoiles dorées brillent dans la salle bleue du ciel. C'est ainsi que je brillerai quand mon Dieu m'ordonnera de quitter cette vallée de larmes.

Le corps cherche le repos, il délie son vêtement et ses souliers ; c'est l'image de la mortalité. Celle-là aussi, je la délierai, et à sa place Christ me passera le vêtement de la gloire et de la béatitude.

La tête, les mains, les pieds, sont contens que le travail du jour soit terminé ; mon cœur, réjouis-toi ; tu seras délivré de la misère de cette terre et du travail du péché.

Maintenant allez, membres fatigués, allez vous reposer ; vous avez besoin de votre couche. Il viendra un temps et une heure où l'on vous préparera un petit lit de repos dans la terre.

Mes yeux sont fatigués, bientôt ils se fermeront ; que deviendront alors le corps et l'âme ? Reçois-les en ta grâce, réponds de tout dommage, toi, œil et gardien d'Israël.

Déploie tes deux ailes, ô Jésus ma joie ! et couvres-en ton petit. Si Satan veut m'engloutir, fais chanter à tes anges : « Que cet enfant soit inviolable ! »

Et vous tous que j'aime, qu'aucun accident, qu'aucun danger ne viennent vous chagriner. Que Dieu vous fasse dormir en paix, qu'il mette les armes d'or auprès de votre lit et le chœur de ses héros à l'entour.

Paul Gerhard, 1683.
Cantique protestant.

Recommande ton chemin et ce qui blesse ton cœur aux soins fidèles de celui qui régit les cieux. Celui qui trace aux nuages, à l'air et aux vents leur route, leur cours et leur carrière, celui-là connaît le chemin où ton pied pourra marcher.

Il faut te confier au Seigneur, si tu veux être heureux; il faut contempler son œuvre, si tu veux faire durer la tienne. Dieu ne se laisse rien arracher par les soucis, les chagrins et les tourmens, il se laisse aller à la prière.

Ta grâce et ta fidélité éternelles savent, ô Père ! ce qui est bon ou nuisible à la race mortelle ; et ce que tu as décidé, tu l'exécutes, toi fort héros, et tu mènes à bonne fin ce qui plaît à ta sagesse.

Tes sentiers sont partout, tu ne manques d'aucun moyen, tes actions sont toute bénédiction, ta marche est toute lumière, personne ne peut s'opposer à ton œuvre; tu ne saurais arrêter ton travail, si tu veux faire ce qui est salutaire à tes enfans.

Et quand même tous les démons voudraient s'opposer à lui, Dieu ne reculera pas ; ce qu'il a résolu et ce qu'il veut qui soit, arrivera enfin et atteindra son but.

Espère donc, pauvre âme, espère et sois sans peur; Dieu te fera sortir de la caverne où le chagrin te torture ; attends seulement le temps marqué, et tu verras enfin le soleil de la plus belle joie !

Relève-toi, relève-toi, dis bonne nuit à tes alarmes et à tes peines; renvoie ce qui afflige et attriste ton cœur. Tu n'es pas souverain, c'est Dieu qui siège au gouvernail et conduit tout à bien.

Laisse-le faire, c'est un sage Seigneur, et il fera

en sorte que tu t'émerveilleras, quand, ainsi qu'il lui appartient, il aura accompli par sa sagesse miraculeuse ce qui te remplissait d'inquiétude.

Pendant un temps, il est vrai, il tardera à te consoler, et il fera comme si dans ses desseins il t'avait oublié, comme s'il te laissait vivre dorénavant dans l'anxiété et la douleur, comme s'il ne tenait plus compte de toi.

Mais si tu lui restes fidèle, il te délivrera, au moment où tu l'espéreras le moins; il déchargera ton cœur du lourd fardeau que tu portais jusque alors.

Bonheur à toi, enfant de la fidélité! Tu remporteras avec gloire et avec des cris de joie la palme et la couronne de l'honneur. Dieu te mettra la palme dans la main droite, et tu chanteras des cantiques d'actions de grâce à celui qui aura changé ton chagrin en plaisir.

O Seigneur, mets fin à tous nos maux, donne de la force à nos pieds et à nos mains, et que ta grâce et tes soins nous protégent jusqu'à la mort, alors sûrement notre chemin nous mènera au ciel.

Paul Gerhard.
Cantique protestant.

CE QU'EST LE MONDE.

Qu'est-ce que le monde dont la splendeur me séduit? Comme tout ce qu'honorent jeunes et vieux, pauvres et riches, périt vite! Que sont les choses d'ici-bas? — Un vent léger!

Ce qui fleurit maintenant, peut être foulé aux pieds avant ce soir. Celui qui s'évertue pour un gain éphémère s'en va en terre sans son argent; il amasse avec soin, mais c'est pour un autre; lui, il meurt tout seul.

Cette petite bête qui file la soie s'enlace dans son tissu; il en est ainsi de nous. Notre travail gagne la mort. L'esprit, et tout ce qui rend sage, en conduisirent bon nombre au tombeau.

La tulipe, pendant qu'elle brille, est cueillie par les vierges. — Vois les hommes : pour être beaux, ils souffrent l'opprobre. Si la mort précoce ne les enlève pas, à eux l'angoisse et les misères.

Es-tu connu? chacun comptera tes fautes. Es-tu obscur? chacun t'écrasera. Qui est riche est envié, honni; qui est pauvre languit.

Ainsi qu'un batelet jeté de tous côtés, la tempête des soucis nous poursuit. Nous sommes ballottés sur la mer de cette vie, toute remplie de vaines douleurs.

Qui est heureux? Celui qui gagne le port sans pertes; celui qui choisit le vrai chemin de la troupe dévouée à Dieu. Que les vagues s'élèvent haut comme des monts, lui, il ne pourra périr.

André Gryphius.

LE SERMON D'ANTOINE DE PADOUE.

A l'heure du sermon, Antoine trouve l'église vide. Il va vers le fleuve prêcher aux poissons. Les voilà qui frappent de la queue et luisent au soleil.

Les carpes avec leurs œufs arrivent toutes en hâte, elles ouvrent la bouche, et s'efforcent d'écouter. Jamais sermon ne plut tant aux carpes!

Les brochets au nez pointu, qui toujours bataillent, nagent plus vite pour aller écouter le saint homme. Jamais sermon ne plut tant aux brochets!

La gent fantastique qui est de tous les jeûnes, les morues, veux-je dire, arrivent au sermon. Jamais sermon ne plut tant aux morues!

Les anguilles, les saumons, mets des plus nobles tables, daignent accourir aussi. Jamais sermon ne plut tant aux anguilles et aux saumons!

Les écrevisses, les tortues aussi, ordinairement traînardes, montent vite du fond, pour entendre les paroles qui sortent de la pieuse bouche. Jamais sermon ne plut tant aux écrevisses et aux tortues.

Les gros poissons, les petits poissons, nobles et roturiers, relèvent la tête comme des êtres raisonnables; ils écoutent Antoine, tel est l'ordre de Dieu.

Le sermon fini, chacun s'en retourne au logis. Les brochets restent voleurs, les anguilles amoureuses. Le sermon a plu, il est fini, ils restent tous les mêmes.

Les écrevisses s'en vont à reculons; les morues restent grasses, les carpes rapaces; tous oublient le sermon. Le sermon plaît, finit; ils restent tous les mêmes.

Abraham à Sata Clara.

CONSOLATION.

Enfin ne manquera pas toujours : enfin la consolation viendra; enfin le bouquet de l'espérance fleurira; enfin on cessera de pleurer; enfin la cruche des larmes se brisera; enfin la mort dira : C'est assez !

Enfin l'eau se changera en vin ; enfin la bonne heure viendra ; enfin la prison s'ouvrira ; enfin la blessure profonde guérira ; enfin l'esclavage rend la liberté à Joseph prisonnier.

Enfin l'envie mourra, et le roi Hérode mourut enfin ; enfin le vêtement pastoral de David se teignit en pourpre ; enfin le temps rendit Saül lent et faible à persécuter.

Enfin le cours de notre misère aura une fin ; enfin il se lèvera un Sauveur qui détournera le joug de l'esclavage ; enfin, après quarante années, s'accomplissent les promesses de Dieu.

Enfin l'aloès fleurira, enfin le palmier portera des fruits ; enfin la crainte et la douleur disparaîtront : enfin le mal sera réduit au néant ; enfin on verra la vallée de bonheur ; enfin, enfin viendra une fois !

Jean-Chrétien Gunther,
à la fin du dix-septième siècle.

Frères, soyons gais tandis que le printemps dure encore. Arrive l'hiver des années, notre force sera consumée. La tombe et le cercueil n'attendent pas. Celui qui ne cueille pas les roses n'aura pas de couronne.

Notre jeune vie s'enfuit à toute bride. Les maladies, les chagrins, les douleurs restent ; la joie seule a des ailes. Le temps et les années passent, et peut-être on forge déjà le verrou de notre bière.

Dites-moi où sont ceux qui, il y a peu d'années,

étaient jeunes, gais et pleins d'espoir comme nous? Dans le triste pays des ombres. Ils ont navigué au loin vers d'autres rives.

Que celui qui cherche nos pères les redemande au cimetière. Leurs ossemens en poussière lui diront : « Jouissez de la vie, jouissez-en vite! Votre heure peut » sonner avant la cloche du matin ! »

Jean-Chrétien Gunther.

SUR SA MORT.

Félicité trompeuse! Le pont d'acier de l'espérance se brise; la coupe des plaisirs se remplit d'absinthe amère.

Le soleil de la vertu se couche; la fleur de la jeunesse se fane; le ciel s'obscurcit; les flammes de l'amour n'ont plus d'éclat.

Le printemps des années s'éteint dans le cercueil. Qui, comme toi, me donnera de doux baisers? Hélas! longue privation! hélas! courte jouissance!

Ma Florette inanimée! La mort brise la chaîne de notre union. Tes funérailles accusent le sort d'être mon bourreau. Couvrez-moi, montagnes! Reçois-moi, cercueil! Air, retire-toi de moi! Que mon âme s'envole, puisque le plaisir de mon corps est tombé en poussière.

Je meurs de chagrin. Le sommeil éternel endort mon âme dans mon sein. J'aimai tendrement, je vécus avec douleur, je meurs avec joie.

Jean-Chrétien Gunther.

CHANTS DU DIX-HUITIÈME SIÈCLE.

CHANT DE GUERRE.

Tirons nos épées! éperonnons nos chevaux qui trépignent! Les tyrans se gonflent d'orgueil; ils souillent la terre d'esclaves, ils déracinent la liberté du sol; ils éteignent l'éclat de la lumière! N'aiguiserez-vous pas le fer pour la délivrance?

N'aiguiserez-vous pas votre courage d'homme qui tranche plus que le fer? Vos yeux ne lanceront-ils pas des éclairs où luiront et la mort et la ruine? Ne prononcerez-vous pas le serment sacré : Aujourd'hui nous serons libres ou morts?

Courage! Unissez vos cœurs en une grande, en une sainte alliance! Exterminez la race des serpens et des tyrans! Exterminez ces chiens furieux! Exterminez le fourbe qui trompe, l'esclave qui sert, l'étranger qui se glorifie d'avoir un maître.

Ils veulent nous ravir la patrie, l'honneur et la fidélité, nous enlacer dans le mensonge et les frivolités, et la discorde diviserait les forts. Ils veulent nous ravir la parole vaillante, qui, plus aiguë que la flèche, perce la honte.

Ces jongleurs! ils veulent nous ravir le Dieu éternel, l'esprit ordonnateur! Opprobre et dédain! Nous saisissons le fer, notre sauveur. Nous laverons notre honte dans le sang! Le fer brillant répare tout!

Courage! que Dieu le Seigneur, le père des braves et des libres, dispose de nous! La défense vient de lui; de lui viendra la victoire! Celui qui espère en Dieu sait joyeusement combattre et mourir.

LE PRINCE EUGÈNE.

Le prince Eugène, ce noble chevalier, voulait regagner à l'empereur la ville et le fort de Belgrade. Il fit jeter un pont, afin que l'armée pût avancer librement près de la ville.

Quand le pont fut jeté, que l'on put bien traverser avec pièces et chariots le large fleuve du Danube, à Semlin, on dressa un camp pour chasser tous les Turcs à leur honte et grand chagrin.

Au deux du mois d'août tout juste, au milieu de la pluie et de l'orage, arrive un espion; il jure au prince et lui raconte que les Turcs fourragent, au nombre de près de trois cent mille.

Quand le prince Eugène eut appris cela, il rassemble ses maréchaux et ses généraux. Il leur dit bien comment il faut conduire les troupes et attaquer l'ennemi.

De sa parole il ordonne que quand à l'horloge on comptera minuit, tout monte à cheval, aille harceler l'ennemi; que tous ceux qui sont forts se mettent à combattre.

Tous montent donc à cheval; chacun saisit son épée; on sort en silence du retranchement. Les mousquetaires et les cavaliers se battent vaillamment. C'était vraiment une jolie danse.

Vous, canonniers sur le retranchement, accompagnez la danse de vos canons petits et grands. Des grands, des petits, donnez sur les Turcs, sur ces païens, qu'ils s'enfuient au plus vite.

A la droite le prince Eugène se bat comme un vrai lion, en général, en maréchal. Le prince Louis chevauche de toutes parts ; il crie : « Soyez braves, frères » Allemands ! Attaquez l'ennemi avec courage ! »

Mais le prince Louis rendit l'esprit et perdit sa vie si jeune. Il fut touché par le plomb. Le prince Eugène s'en chagrina, parce qu'il l'aimait beaucoup. Il le fit porter à Peterwardin.

Par un soldat de l'armée du prince Eugène.

CHANT DE GUERRE.

Camarades, allons, attaquez avec courage ! Battons-nous en chevaliers sans peur. Exposons notre vie pour la patrie ; c'est d'elle que nous l'avons reçue. Ainsi fait la vertu.

Que nos cœurs, que nos yeux soient enflammés d'ardeur : qu'aucune puissance ne nous sépare. Qu'aucun de nous n'effraie les autres par sa peur ou sa faiblesse ; que la fuite ne mette pas le désordre dans l'armée.

S'il en est un qui ne puisse plus se battre, que sa voix tonne ; si elle lui manque, que ses regards soient dévorans. Que son courage héroïque fasse des brèches à l'ennemi, qu'il ne cherche qu'à vendre chèrement son sang.

Que chacun pense à se faire honneur, à mourir dans une position mâle; qu'il reste comme cloué à sa place; qu'il se morde les deux lèvres.

Que ses blessures soient toutes glorieuses, toutes sur la poitrine. Que la mort l'embellisse, que son visage soit toujours sévère et vivant. Celui qui veut fuir la tyrannie doit volontairement résigner la vie : à celui qui désire la mort, qui marche avec joie en avant, à celui-là la victoire et la vie!

A LA JOIE.

Joie, déesse des cœurs nobles, écoute-moi! Accueille favorablement mes chants qui t'exaltent, c'est toi qui les as créés!

Sœur de l'amour! fille du ciel! force des âmes! moitié de la vie! à quoi sert le bonheur quand tu ne l'accompagnes pas?

Ceux qui veillent sur leurs trésors inanimés ne sont que riches. Un roi avare ne saurait être comparé à celui qui n'a rien à garder, qui rit, qui joue, qui chante sans souci.

Donne un nouveau courage à ceux qui te reconnaissent et t'honorent; donne de nouvelles paroles joyeuses aux lèvres actives; donne une nouvelle force aux jeunes, donne un sang nouveau aux vieux.

Douce joie! tu égaies même la raison; mais fuis à jamais les sombres censeurs et toute la race des hypocrites!

Frédéric d'Hagedorn.

MALHEUR ET BONHEUR.

Malheur à l'homme dont jamais le cœur ne s'enflamme pour la joie, qui se traîne entre le chagrin et la douleur à travers la vie, qui, jouet de l'inconstance, n'atteint jamais le but de ses désirs, ne trouve le repos nulle part, que son ombre effraie, qu'un souffle renverse à terre!

Bonheur à l'homme dont le sang danse dans les veines, qui glisse joyeusement à travers la vie, qui, modeste dans la jouissance, calme dans le chagrin, sait rattacher le plaisir à la peine, et qui au milieu de la fureur des tempêtes sait dormir sur le sein de l'espérance.

Frédéric Gotter.

PENSÉES DU MATIN.

La lune se cache; le nuage gris du brouillard ne couvre plus la terre et les airs; l'éclat des étoiles s'évanouit: la lumière active du soleil arrache tous les êtres au repos.

Le ciel se colore de pourpre et de saphir; l'aurore matinale sourit; et devant la lueur rosée de son front la pâle armée des étoiles s'enfuit.

A l'orient de la scène des astres, s'avance la lumière

rajeunie du monde; les nuages fauves brillent de rubis, et un or ardent couvre les champs.

Les roses s'ouvrent; les perles de rosée se mirent au soleil. Une vapeur d'ambre vivifie le satin vert des tendres feuilles du lis.

Le laboureur va en chantant à l'ouvrage: gaiement, il soulève la lourde charrue; la troupe empressée des oiseaux remplit les airs et les forêts de l'éclat de sa voix et de son vol matinal.

O Créateur! tout ce que je vois est l'œuvre de ta puissance. Tu es l'âme de la nature. La route, la lumière des astres, la clarté, la force du soleil, sont les œuvres, les traces de ta main.

Tu allumas la torche qui brûle dans la lune et qui nous éclaire; tu donnas des ailes au vent, à la nuit la rosée qui l'humecte; tu ordonnas la course et le repos des étoiles.

C'est toi qui as formé les montagnes d'argile et de poussière; tu as élevé le firmament; tu as jeté dessus la robe des nuages.

Tu as creusé les veines du poisson qui lance des rivières, et dont la queue soulève la tourmente; avec de la terre tu as pétri l'éléphant, et tu as animé cette montagne d'os.

La route azurée de l'espace bâtie sur le vide, le monde couronné par lui-même, c'est ta seule parole qui les fit s'élever du néant.

Dieu, trois fois grand! l'âme créée est trop petite

pour tes œuvres. Elles sont immenses, et celui qui veut les compter doit être éternel comme toi.

Être incompréhensible! je reste dans mes limites. Soleil, tu aveugles ma faible lumière. A celui auquel le ciel doit l'existence, que fait le cantique d'un ver?

Albert de Haller.

DIEU DANS L'ORAGE.

Dieu effrayant, qui peut rester debout devant toi et devant ton tonnerre? Le Seigneur est grand, pourquoi le braver? Il fait un signe, et nous passons.

Il campe dans la nuit noire, et les peuples tremblent! La ruine ailée veille auprès de son trône terrible!

Sa main lance l'éclair rouge du sein des sombres nuages, et en une mer de feu la foudre se précipite sur le pays.

La base solide de la terre, ce qui vit sur sa surface et dans ses profondeurs, tremble devant la fureur du tonnerre.

Le ciel brûle au loin, les champs sont embrasés, la nature tremblante reconnaît le Seigneur.

Qui me protégera, moi mortel, moi poussière, si celui qui habite le ciel, celui qui cueille les mondes comme des feuilles sèches, ne m'épargne pas?

Mais non, notre Dieu est toute bonté, quand même il se montre irrité. Il règne avec une indulgence conservatrice, lui le grand ami des humains.

Jean-Pierre Uz.

CHANT DU TOMBEAU.

Malheur à toi qui es mort! Tu ne verras plus l'aurore, quand, vêtue de pourpre, les cheveux dorés, elle regarde du haut du ciel du matin.

Tu ne verras plus les prairies brillantes de rosée, ni dans le bocage mélancolique le soleil se mirant dans les eaux verdoyantes. Le parfum des violettes ne te réjouira plus, ni le murmure du ruisseau qui abreuve les buissons de roses, ni les petites vagues frisées qui fuient devant l'haleine du zéphyr. Le rossignol, par la puissance de son chant qui soupire, ne saura plus t'attendrir.

Mais aussi tu ne verras plus l'homme vertueux souffrir, rougir de sa nudité, pleurer toute sa vie et périr; tandis que le scélérat trône et rit dans l'or, dans la soie. Tu ne verras plus un tyran imprimer son talon sur le front courbé d'un peuple né libre, d'un peuple qui lui paye tribut, non pour sa protection, mais pour l'air qu'il respire. Aucun insensé, aucun courtisan ne te tourmentera plus de sa fausseté stupide. La vengeance ne te lancera plus son regard de loup. Ni les tempêtes, ni la peste, ni les tremblemens, ni la guerre, ne t'effrayeront plus. Le globe terrestre, ses famines, ses fléaux, fuient sous tes pieds, enveloppés de brouillards et d'éclairs. Les orages et le tonnerre mugissent au loin, au-dessous de toi. Le repos, la joie, rafraîchissent ton cœur dans des contrées sereines. Bonheur à toi qui es mort!

Ewald de Kleist.

LA FIANCÉE DES HOUSARDS.

Nous, housards prussiens, quand aurons-nous de l'argent? Il faut marcher vers le camp lointain, il faut aller au-devant de l'ennemi et lui barrer le passage.

Nous avons une clochette dont le son est clair; elle est recouverte d'une peau jaune; quand elle sonne, cela veut dire : Housards, à cheval !

Nous nous sommes choisi une fiancée; elle vit et voltige dans le camp : cette fiancée s'appelle la bannière; elle nous est bien connue à nous autres housards.

Lorsque la bataille est finie et que nous voyons le camarade mourant, nous crions : « Ah! douleur, chagrin, peine! Notre cher camarade est mort! »

La clochette n'est plus aussi sonore; sa peau jaune a été trouée par les balles; mais notre fiancée nous est restée; elle nous fait toujours signe, à quoi bon le chagrin?

Que celui qui veut servir la Prusse ne prenne jamais de femme; qu'il n'ait pas peur de la grêle et du vent; qu'il soit toujours et constant et alerte.

Chanson de la guerre de sept ans.

CHANT DE VICTOIRE.

Victoire! Dieu est avec nous, l'orgueilleux ennemi est défait! Il est défait, notre Dieu est juste; il est défait, victoire!

Il est vrai que notre père n'est plus, mais il mourut en héros, et du haut de la tente étoilée il contemple maintenant notre armée victorieuse.

Il marchait en avant, le noble vieillard, plein de l'esprit de Dieu et de sa patrie; sa main était plus hardie que sa vieille tête n'était blanche.

Elle saisit le drapeau avec une force juvénile, et l'éleva si haut que nous le vîmes tous.

Et il dit : « Enfans, à la montagne, à leurs remparts, à leurs canons! » Nous suivîmes tous, homme par homme, plus prompts que l'éclair.

Mais, hélas! notre père tomba, et le drapeau tomba sur lui. Quel glorieux terme, bienheureux Schwerin[1]!

Ton Frédéric t'a pleuré en nous commandant; et nous nous précipitâmes sur l'ennemi afin de venger ta mort.

Toi, Henri[2], tu fus soldat, tu te battis royalement; jeune lion, nous avions les yeux fixés sur toi, sur toi et sur tes actions.

Le Poméranien et l'homme de la Marche combattirent avec un courage de vrai chrétien; leurs épées se teignirent en rouge, à chacun de leurs pas, le sang pandoure coulait à flots.

Nous chassâmes les bonnets d'ours de sept redoutes; Frédéric, ton grenadier marchait fièrement sur les cadavres.

---

[1] Schwerin, le plus populaire des généraux du grand Frédéric, mort à soixante-treize ans, à la bataille de Prague.

[2] Le prince Henri de Prusse, frère du grand Frédéric.

Dans cette bataille meurtrière, il pensait à Dieu, à la patrie et à toi; il te voyait, toi, son Frédéric, debout dans la vapeur et dans la fumée noire.

Et il trembla, et sa figure guerrière rougit, car il pensait à ta mort, et non à la sienne.

Pour lui, il méprisait la moisson des boulets et le tonnerre de l'artillerie; il n'en combattait qu'avec plus de fureur; il fit des actions héroïques jusqu'à ce que tes ennemis fussent vaincus.

Et maintenant il remercie Dieu de sa puissance, e il chante victoire! Et tout le sang de cette bataille doit retomber sur Thérèse [1].

Et si, après cette journée, elle refuse encore la paix, alors, Frédéric, donne l'assaut à sa ville de Prague, et conduis-nous à Vienne.

Louis Gleim le grenadier.

Fait après la bataille de Prague, 6 mai 1757.

LES HOUSARDS.

Rien de si gai, rien de si agile que nous autres housards quand nous sommes à la bataille; quand il éclaire, qu'il tonne, qu'il bruit, nous tirons rouge; quand le sang enflamme nos yeux, nous sommes pleins de courage.

Alors on dit : « Housards, tous ensemble, en joue » du pistolet! le sabre au poing! abattez le premier » homme venu! Vous ne comprenez pas le français?

---

[1] Marie-Thérèse, impératrice d'Autriche.

—» A votre aise. L'envie de vous parler leur passera si
» vous leur fauchez la tête. »

Si son brave camarade reste dans la mêlée, le housard ne s'en chagrine pas. Nous sommes tous préparés à la mort. Le corps pourrit dans le tombeau, l'uniforme reste sur terre, l'âme s'élance à travers les airs vers les cieux azurés.

Chanson de la guerre de sept ans.

A LA PAIX.

Où t'es-tu envolée, Paix chérie? vers le ciel, vers ta mère-patrie? Lasse de ses injustices, t'es-tu détournée de la terre?

Ou bien n'habites-tu pas une prairie de l'Océan, cachée par des écueils; dans un lieu où jamais n'aborda l'usurier ni le scélérat, que ne peut découvrir un conquérant?

N'habites-tu pas le pays où, entouré de récifs, le sauvage se croit dans ton ciel; où il se nourrit tranquillement des fruits de son palmier, où il en boit le suc.

Quel que soit le lieu que tu habites, rends-toi à nos prières. Reviens chanter sur les collines ornées de troupeaux, sous les ramées de vigne, sur les autels d'épis.

Vois les asiles des bergers, jadis ta joie, jadis grands comme des villes, beaux comme des jardins de roses; maintenant, ils sont rares comme les buissons sur les bruyères incendiées, comme l'herbe sur les murs déserts.

Les vendangeuses n'ont plus de danses; la moissonneuse, la jeune fiancée s'en va sans chants et sans joie, déposer, en pleurant, sa couronne sur l'autel.

Car, hélas! la guerre ravage la moisson et la vendange, elle détruit le fruit avec le tronc, elle fait périr les génisses qui nous donnent le lait, elle égorge l'innocent mouton.

Elle attèle nos chevaux à son char de tonnerre. De nos faux, elle fauche les hommes. Elle a tué dernièrement le père, puis l'homme; maintenant, elle demande l'enfant.

Aye pitié de notre longue peine! Sauve le reste de ton peuple. Sept fois, et d'une forte chaîne, attache à jamais le monstre aux portes de l'enfer.

Charles Ramler.

LE PLAISIR.

Dis-moi, plaisir charmant, dis-moi, pourquoi fuir si vite? A peine si on te possède, que déjà tu t'envoles; jamais on ne peut se réjouir de ta présence.

Remercie le sort: les dieux m'aiment, et si je n'avais pas d'ailes, ils me garderaient pour eux.

Jean Goetz.

HERMANN[1] ET THUSNELDA[2].

Ah! le voilà! il revient couvert de sueur et de sang

[1] Hermann ou Arminius, prince des Chérusques. Il défit les légions romaines dans la Thuringe, et délivra son pays. C'est le héros des Allemands, la personnification de leur antique gloire.

[2] Thusnelda, femme d'Hermann.

romain. Jamais Hermann ne fut si beau ; jamais ses yeux ne lancèrent de pareilles flammes.

Viens ! je frémis de plaisir. Donne-moi cette aigle ! Donne-moi ton fer ensanglanté ! Viens dans mes bras reprendre haleine, et te reposer du terrible combat.

Laisse-moi essuyer la sueur de ton front et le sang de tes joues. Comme ton visage est brûlant ! Hermann, Hermann ! jamais Thusnelda ne t'aima tant.

Pas même alors que sous l'ombrage des chênes, tu me pris avec transport dans tes bras. Je voulais fuir, je restai ; dans tes traits je venais de lire ton immortalité.

Elle est à toi, cette immortalité ! Que partout l'on redise qu'Auguste et les dieux boivent maintenant leur nectar avec effroi. Hermann est immortel !

Thusnelda, pourquoi boucler mes cheveux ? Mon père n'est-il pas étendu mort à nos pieds ? Oh ! qu'Auguste lui-même eût guidé ses armées ! il serait aussi étendu là, mais plus ensanglanté encore.

Hermann, laisse-moi rassembler tes cheveux épars, qu'ils se bouclent au-dessus de ta couronne. Siegmar, notre père est avec les dieux. Suis son exemple, ne le pleure pas.

Frédéric Klopstock.

RÉSURRECTION.

Tu ressusciteras, oui, tu ressusciteras après un court repos, ô ma dépouille terrestre ! Celui qui t'a créé te donnera la vie éternelle ! Alleluia !

Je serai semé pour refleurir. Le maître de la moisson viendra nous rassembler, nous ses gerbes, nous qui mourûmes. Alleluia !

Jour d'actions de grâces ! jour des larmes de joie ! Quand j'aurai assez sommeillé dans la tombe, tu me réveilleras.

Nous serons alors comme ceux qui rêvent, et nous entrerons avec Jésus dans sa félicité. Les souffrances du pèlerin fatigué auront disparu !

Et mon Sauveur me conduira vers le saint des saints, et je vivrai dans le sanctuaire pour la gloire de son nom ! Alleluia.

Frédéric Klopstock.

LUI.

Plaisir, à qui ressembles-tu ? Le choix serait vain. Tu es semblable à tout ce qu'il y a de plus beau, à tout ce qu'il y a de plus sublime ; à tout ce qui émeut le cœur.

Oh ! ils ne te connaissent pas ! Ils ignorent que tu ne viens pas quand ils t'appellent ; que, quand ils veulent t'enchaîner, toi, la liberté même, tu te railles d'eux en fuyant.

Être libre, tu aimes ceux qui sont sensibles et bons ; tu leur souris ! Tu les rafraîchis comme le vent du matin ; tu fleuris pour eux, comme la rose entourée de ses feuilles.

Tu partages l'ardeur de l'alouette, quand elle s'élance vers les cieux. Tu pleures avec la fiancée sous sa blanche couronne, avec la jeune mère qui presse son enfant sur son sein.

Tu pleures encore quand tu te joins à la mélancolie et à l'espérance. Douces divinités, visitez-les souvent, ceux pour lesquels vous êtes des compagnes chéries, ceux pour lesquels vous êtes les grâces.

Frédéric Klopstock.

LA SÉPARATION.

Comme tu devins sérieux quand le convoi funèbre passa! Crains-tu la mort? — La mort, point. — Que crains-tu donc? le moment de la mort? — Non plus. — Tu ne crains donc rien? — Hélas! je crains, je crains! — Au nom du ciel, que crains-tu? — L'adieu des amis, mon adieu, et le leur aussi.

C'est pourquoi je devins sérieux. C'est pourquoi les profondeurs de mon âme s'ouvrirent quand le convoi passa.

Frédéric Klopstock.

LA NUIT D'ÉTÉ.

Quand la lueur de la lune se répand dans la forêt, que les parfums des fleurs s'unissent à ceux du tilleul et s'exhalent dans la fraîcheur,

Je pense aux tombes de ceux que j'ai aimés. Alors la forêt n'est plus enveloppée que d'un crépuscule incertain, le parfum des fleurs n'arrive plus jusqu'à moi.

Hélas! morts chéris! autrefois je jouissais avec vous

de ces beautés. Que l'air frais et les parfums nous enchantaient alors! que la lune t'embellissait, ô nature!

Frédéric Klopstock.

LE SOUVENIR.

Les ténèbres de minuit ne m'enveloppent pas; aucun meurtre récent ne fut commis au nom de la sainte liberté, et pourtant mon âme est triste.

Un vent doux murmure, peu de feuilles ont quitté les arbres, les fleurs sont encore fraîches, l'automne imite l'été, et pourtant mon âme est triste!

Hélas! le souvenir m'entraîne, je ne puis lui résister. Il dirige mes regards vers des tombes : il fait de nouveau saigner la blessure profonde, il me dicte des paroles de mélancolie. Salut, ô mes amis morts!

Frédéric Klopstock.

LE JEUNE HOMME.

Dans le ruisseau argenté, le mois de mai mirait sa chevelure flottante, sa couronne rouge comme l'aurore, il se souriait amoureusement.

Un orage s'échappe avec fureur de la montagne, frênes, sapins et chênes sont brisés. L'érable et les rochers roulent du sommet de la montagne ébranlée.

Le beau mois s'endormit paisiblement près du ruisseau, laissant gronder le tonnerre et l'orage. Il les écouta un instant et s'endormit caressé par les parfums des fleurs. Il ne s'éveilla qu'avec Hesper.

Jeune homme, tu n'as pas encore senti le malheur, la vie te sourit semblable aux grâces. Lève-toi, jeune homme, arme-toi de sagesse : la fleur se fane.

Frédéric Klopstock.

Je suis Allemande, mes yeux sont bleus, mon regard est doux. J'ai un cœur noble, fier et bon !

Je suis Allemande ! mes yeux bleus regardent avec colère, et mon cœur hait celui qui méconnaît sa patrie !

Je suis Allemande ! je ne choisirais pas un autre pays, si le choix m'était laissé.

Je suis Allemande ! mes grands yeux regardent avec ironie celui qui hésiterait au choix.

Tu n'es pas Allemand. Si tu n'aimes pas ta patrie comme moi, tu n'es pas digne d'elle, si tu peux hésiter.

Tu n'es pas Allemand. Tout mon cœur te méprise, toi qui méconnais ta patrie, toi étranger, toi insensé !

Je suis Allemande ! mon cœur bon, noble et fier, palpite avec force au doux nom de la patrie !

Ainsi il palpitera un jour au nom du jeune homme qui, comme moi fier de sa patrie, sera bon, noble et Allemand !

Frédéric Klopstock.

CHANT DE GUERRE.

Comme les pas de l'armée bruyante retentissent de la montagne dans la vallée ! Près du torrent de la forêt l'hymne guerrier appelle à la bataille ! à la victoire !

Descendez des monts ! A l'œuvre sérieuse et grande! A la gloire de la délivrance! Ceux qui, au bas de la montagne, près du torrent, nous entendent avec fierté, ceux qui sur le champ de bataille retiennent le tonnerre dans leurs mains, ce ne sont que les esclaves des tyrans ! Ils fuient tous à la vue menaçante du fer incliné ; à l'approche, aux cris des hommes libres qui se sanctifient par la mort !

Frédéric Klopstock.

HENRI L'OISELEUR [1].

L'ennemi est là; la bataille commence; allons à la victoire. Le meilleur, le plus grand homme du pays nous guide!

Aujourd'hui il oublie ses maux. Voyez, on le porte. Salut, Henri, salut, héros, toi homme dans le champ de fer !

Sa face brille de gloire et commande la victoire. Déjà les casques des nobles qui l'entourent sont rougis de sang.

Épée, darde des rayons terribles dans la main de l'empereur. Et que les traits mortels passent au-dessus de lui.

Sois la bien venue, mort pour la patrie ! Quand un

---

[1] Henri l'Oiseleur, roi des Allemands, délivra l'Allemagne des incursions des Hongrois. Il remporta sur eux la célèbre bataille de Mersebourg en 934.

beau sang parera nos fronts, nous nous inclinerons, et nous mourrons avec gloire pour la patrie.

Quand devant nous s'ouvrira un champ vaste, que nos regards ne rencontreront que des morts., alors, nous mourrons avec gloire pour la patrie.

Alors nous marcherons d'un pas ferme sur les cadavres, alors nous crierons victoire ! La moelle en frémira dans nos os.

Le fiancé et son amie répéteront nos louanges avec ivresse ; en voyant nos hauts étendards flotter, il lui pressera doucement la main.

Il lui dira : Les voilà ces dieux de la guerre ! Dans la bataille brûlante ils combattirent aussi pour nous.

Les larmes de joie de la mère et de son enfant chanteront nos louanges. Elle serrera son fils contre son sein, et ses regards suivront l'empereur.

Une gloire éternelle nous survivra, si nous mourons pour la patrie !

Frédéric Klopstock.

Hier, mes frères, le croiriez-vous ? hier, près du jus de la treille, quelle frayeur ! Figurez-vous, la Mort vint me trouver.

Menaçante, elle brandit sa faux, et ce triste squelette me dit : « Pars d'ici, esclave de Bacchus ; pars, » tu as assez bu. »

« Chère Mort, lui dis-je en pleurant, tu désires donc » m'avoir ? Tiens, à ma place voici du vin ; chère » Mort, épargne-moi. »

En souriant elle prit le verre, en souriant elle le but à la santé de sa cousine la Peste, en souriant elle le reposa.

Je me croyais sauvé; mais elle me renouvela ses menaces. « Fou, dit-elle, crois-tu t'être débarrassé de » moi par une goutte de vin ? »

« Mort, lui dis-je, je voudrais ici-bas devenir mé- » decin; laisse-moi, en revanche tu auras la moitié » de mes malades. »

« Eh bien ! à ce prix tu peux vivre, mais sois-moi » dévoué. Vis jusqu'à ce que tu aies assez aimé, et que » tu sois fatigué de boire. »

Oh! que ce langage est doux à l'oreille! Mort, tu m'as rajeuni. Tiens, à toi ce verre plein du jus de la vigne. Mort, à notre fraternité !

Ainsi donc je vivrai éternellement, car, de par le dieu de la treille, en toute éternité, l'amour et le vin, et le vin et l'amour réjouiront mon cœur.

Gotthold Ephraïm Lessing.

L'ennemi est là avec ses chevaux et ses chariots. Courage, frères, courage! Loin de nous la peur et l'hésitation. Mourir ou vaincre! Qu'il rie, qu'il s'enorgueillisse, il ne connaît pas encore la vengeance des Allemands. Soyez forts; Dieu soutient la bonne cause. Il fait un signe, et l'ennemi disparaît.

Quand même dix mille épées brilleraient, quand même dix mille guerriers tomberaient à droite ou à gauche, tenez ferme! Si nous-mêmes nous tombons écrasés par le plomb, percés par les lances, laissons couler par torrens notre sang héroïque, il coule pour la patrie.

Si votre courage chancelle, pensez aux races futures. Elles seront esclaves si vous épargnez votre sang. Combattez donc, restez là comme enchaînés. Combattez, soyez fermes comme des rocs. Combattez, sauvez la patrie qui prie pour vous. Sauvez le sang et le bien de vos pères.

Jean Gaspard Lavater.

L'HOMME LIBRE.

Quel est l'homme libre? Celui auquel sa volonté, et non les caprices d'un tyran, dicte des lois. Voilà l'homme libre.

Quel est l'homme libre? Celui qui honore la loi, fait ce qu'elle lui ordonne, qui ne veut que ce qu'il peut. Voilà l'homme libre.

Quel est l'homme libre? Celui dont la foi pure résiste aux railleurs et aux prêtres. Voilà l'homme libre.

Quel est l'homme libre? Celui qui dans le mécréant sait distinguer l'homme, estimer la vertu. Voilà l'homme libre.

Quel est l'homme libre? Celui auquel ni la naissance ni le titre, l'habit de velours ni la souquenille ne peuvent cacher son frère. Voilà l'homme libre.

Quel est l'homme libre? Celui auquel un tyran couronné ne peut donner d'autre titre que celui de citoyen. Voilà l'homme libre.

Quel est l'homme libre? Celui qui, renfermé en lui-même, brave la faveur mercenaire des grands et des petits. Voilà l'homme libre.

Quel est l'homme libre? Celui qui, ferme et stable, sait souffrir l'ingratitude de sa patrie même. Voilà l'homme libre.

Quel est l'homme libre? Celui qui ne perd rien, quand il donne son bien et sa vie pour la liberté. Voilà l'homme libre.

Quel est l'homme libre? Celui qui, à l'appel de la mort, regarde hardiment et les degrés du tombeau devant lui, et le chemin déjà parcouru. Voilà l'homme libre.

Conrad Pfeffel.

LA PIPE.

Que Dieu vous garde. Mon vieux, est-ce bon de fumer? faites voir. Un vase de fleurs, en terre rouge, avec des cercles d'or. Que voulez-vous pour cette tête de pipe?

Monsieur, cette tête, je ne puis la donner, elle vient du meilleur des hommes, qui, figurez-vous, la prit à Belgrade à un pacha.

Oui, c'est là qu'il y eut un fier butin! Vive le prince Eugène! Les nôtres fauchaient les Turcs comme du foin.

A une autre fois vos prouesses. Tenez, vieux, ne soyez pas un sot, prenez cet or pour votre pipe.

Je suis un pauvre hère, je vis de ma retraite; mais

cette tête, je ne la donnerais pas pour tout l'or du monde.

Écoutez. Une fois, nous autres housards, nous chassions l'ennemi à cœur-joie ! Voilà qu'un chien de janissaire attrape le capitaine dans la poitrine.

De suite je le mets sur mon cheval; il en eût fait autant. Je le menai, hors de la mêlée, chez un noble seigneur.

Je le soignai; avant sa fin il me donna tout son argent et cette pipe; il me serra la main et mourut, ce brave héros.

Cet argent, il faut le donner à l'hôte, qui trois fois souffrit le pillage. Ainsi pensai-je, et pour souvenir je gardai la pipe.

Dans toutes nos campagnes je la portai comme une relique. Vainqueurs ou vaincus, elle était dans ma botte.

Devant Prague, dans les lignes, je perdis cette jambe. D'abord je cherchai ma pipe, et plus tard mon pied.

Mais vous me touchez aux larmes; dites comment se nommait cet homme, que mon cœur puisse l'honorer et l'admirer aussi ?

On ne l'appelait que le brave Walter; son bien était là-bas près du Rhin. Venez; Walter était mon oncle, et ce bien est à moi.

Venez, ami, vivre avec moi, oubliez le besoin, venez boire avec moi le jus des raisins de Walter, et manger le pain de Walter.

Tope là! vous êtes son digne héritier; j'emménage

demain, et mon remerciement, quand je mourrai, sera la tête de pipe.

Conrad Pfeffel.

LE PRISONNIER.

Homme prisonnier, homme malheureux! A travers la grille noire, je fixe mes yeux sur le ciel élevé, et je pleure et je sanglotte amèrement.

Le soleil jadis si brillant et si rond me regarde maintenant tristement, et quand vient l'heure du soir, il se couche dans une lueur de sang.

Comme la lune est pâle! elle marche enveloppée d'un voile de veuve; et les étoiles ressemblent aux torches d'une fête funèbre.

Je n'aime plus à voir éclore la fleur, je n'aime plus le souffle du printemps. Hélas! j'aime mieux le romarin qui croît aux exhalaisons des tombeaux.

C'est en vain que l'haleine du soir berce pour moi les épis dorés; dans l'antre de mon rocher je ne voudrais entendre que le bruit des tempêtes.

A quoi me servent la rosée et le rayon de soleil qui brillent dans le calice de la rose? Rien n'est à moi, hélas! rien ne m'appartient sur le sein de ma mère la terre!

Car elle m'est enlevée la félicité d'époux et de père; je ne puis, pressant sur mon cœur une femme chérie, et couvrant de baisers les joues de mes enfans, répandre de célestes larmes.

Homme prisonnier, homme malheureux! loin de tout ce que j'aime il me faut parcourir le sentier épineux de la vie dans la nuit de l'effroi.

La solitude me regarde en bâillant, je couche sur des orties, et ma prière est profanée par le bruit de mes chaînes.

La vapeur de mon cachot monte avec mes chants vers Dieu; mes lèvres tremblent comme la feuille de l'arbre, le froid de la mort fait frissonner mon cœur.

J'entends l'appel de la sainte liberté, et je sens que Dieu ne créa que les esclaves et les démons pour les fers!

Que vous ai-je donc fait, mes frères? Ah! venez, venez donc voir ma misère! De moi prisonnier, de moi pauvre homme, hélas! ayez donc pitié!

Chrétien-Frédéric Schubart [1].

PRIÈRE.

Source de toute félicité qui se répand en torrens à travers la création, mon père, écoute mon chant plaintif!

Je ne te demande pas les biens de la terre, ces entraves de l'esprit élevé; je ne te demande pas la poussière dorée que le vent enlève, ni l'honneur qui se flétrit.

---

[1] Ce poète ayant osé dire que l'impératrice Marie-Thérèse d'Autriche avait été frappée d'apoplexie, fut enfermé dans la forteresse de Hohenasperg en Wurtemberg; il y resta de 1777 à 1787.

Je ne te demande pas ces bulles, véritables jeux d'enfans, ce serpent aux écailles d'or, ces joies du monde; non, ce n'est pas pour les obtenir que je viens à toi, ô mon père!

Ma prière plaintive ne te demande pas de nouveaux flots de vie pour les perdre encore par les larmes.

Elle ne te demande pas la liberté. Ah! les anges me le pardonneraient si, prosterné et à genoux, je criais toujours liberté! liberté!

Loin de moi les biens de la terre; mon esprit en cherche d'autres plus précieux et plus grands, ceux que le ciel lui-même célèbre.

Ce sont les trésors qui ne s'en vont jamais en poussière, les vertus qui durent toujours, les œuvres dignes du chrétien, ce sont eux que mon cœur désire.

Dispensateur de tous les dons, donne-moi une foi ferme et inébranlable comme le roc au milieu de la mer.

Donne-moi la charité toujours pure et toujours brûlante qui vient de ton cœur, la charité qui pardonne à son ennemi, qui se dévoue pour son ami.

Donne-moi l'espérance qui, le front élevé, quand le monde m'a tout ôté, regarde là-bas, où je retrouverai avec ivresse tout ce que j'ai perdu.

Donne-moi le courage dans le combat du chrétien contre les désirs terrestres; donne-moi la victoire de l'esprit, et l'humilité, qui se cache dans la poussière.

Donne-moi la patience, qui supporte saintement tous les maux de la vie; donne-moi l'attente silencieuse jusqu'à ce que ta volonté vienne à me délivrer.

Puis enfin donne-moi le courage du chrétien à l'heure dernière, et quand mes lèvres se décoloreront, que je soupire encore : Jésus, reçois mon esprit !

Seigneur de ma vie, si tu m'accordes ces dons, la nuit de mon cachot se changera en paradis.

Alors dans les fers même je prierai, je te louerai, je chanterai, et j'attendrai qu'il te plaise de m'appeler à toi.

Calme-toi, ô mon âme ! Jésus réconforte les malheureux ; mais n'oublie pas son commandement : sois fidèle jusqu'à la mort !

Chrétien-Frédéric Schubart.

LE CAVEAU DES PRINCES.

Ils sont là, ces fiers débris de princes, autrefois les idoles de leur monde ! Ils sont là, éclairés par la lueur effrayante d'un jour pâle !

Les vieux cercueils luisent dans ce sombre caveau de la corruption comme du bois pourri ; que leurs grands écussons d'argent, ce dernier témoignage d'orgueil, brillent faiblement !

L'effroi saisit le visiteur par les cheveux, et verse le frisson dans ses nerfs ; car, appuyée sur un cercueil, la vanité est là qui le regarde avec des yeux creux.

Comme la voix de l'écho est horrible ici, le moindre pas trouble son repos. Aucun tonnerre ne dit avec plus de courroux : Homme, que tu es petit !

Car, hélas ! ici gît le bon, le noble prince envoyé jadis pour le bonheur de ses peuples, aussi bien que celui que Dieu dans sa colère créa pour être le fléau des nations.

Des génies de marbre pleurent sur leurs urnes, mais leurs larmes sont froides, elles sont de pierre, et peut-être fut-ce en riant qu'un maître italien les sculpta.

Ils sont là, le regard éteint, ces crânes qui jadis menaçaient de haut, eux qui étaient la terreur de l'humanité, car la vie ou la mort dépendait d'un signe qu'ils faisaient.

La corruption a changé en ossement cette main qui souvent d'un froid trait de plume condamnait aux fers le sage coupable de parler trop haut près du trône.

Elle est devenue squelette cette poitrine jadis couverte de vêtemens d'or, sur laquelle une étoile et un ordre profane brillaient comme deux comètes.

Elles sont séchées et ridées ces veines où un sang lubrique circulait comme du feu, et qui versaient un poison écumeux dans l'âme et dans le corps de l'innocence.

Allons, courtisans, dites maintenant, le respect sur les lèvres, vos flatteries à ces oreilles sourdes. Parfumez comme jadis le sérénissime squelette de votre encens.

Il ne se lèvera pas pour vous applaudir, il ne dira plus d'obscénités en hennissant de plaisir comme autrefois, quand des filles fardées l'éventaient à l'envi, aussi lubriques et aussi effrontées que lui.

Ils sont là à dormir du sommeil de fer ces fléaux des hommes, et personne ne les pleure; ils sont plus méprisables dans leur tombeau de roc que les esclaves murés dans les prisons.

Eux, qui dans leur sein de bronze ne sentirent jamais les terreurs de la religion, eux, qui regardaient les hommes meilleurs créés par Dieu comme des bêtes de corvée;

Eux, qui couvraient la voix de la conscience, de ce puissant accusateur qui note toutes les fautes, par des roulemens de tambours, par des roulades de chanteurs étrangers et par des cris de chasse;

Eux, qui ne récompensaient que des chiens, des chevaux et des maîtresses, et qui laissaient pâtir le génie et la sagesse, parce que la colère de l'esprit les effrayait;

Les voici enfin dans l'ivresse de l'horreur avec les vers et la poussière, ils sont là muets et sans gloire, et pas un dieu ne vient les rappeler à la vie.

Oh! ne les réveillez pas, vous, peuples qu'ils ont appauvris. Oh! chassez les corbeaux, afin que leurs croassemens ne réveillent pas ces furieux.

Que le fouet du laboureur qui la nuit éloigne le gibier de son champ, ne siffle pas ici; que l'Allemand qui passe en gémissant, épuisé par la misère et la maladie, ne s'arrête pas devant cette grille.

Que jamais le pâle orphelin, auquel un tyran ravit

son père, ne vienne pleurer ici; que jamais le soldat mutilé à la solde étrangère ne vienne maudire ces lieux.

Car les tourmentateurs pourraient s'éveiller trop tôt. Oh! par pitié, laissez-les dormir! Il viendra enfin le jour du jugement où le tonnerre éclatera sur eux.

Ce jour où les anges de la mort les saisiront, ces tyrans alors réveillés par la colère de Dieu; où leurs horreurs, entassées en montagnes, les couvriront de feu.

Mais vous, vous, princes meilleurs, sommeillez doucement dans la nuit de ce caveau! déjà votre esprit erre dans le paradis, enveloppé du parfum des fleurs.

Vous verrez arriver avec allégresse ce grand jour qui dira toutes les actions des princes; la balance sur laquelle le juge pèsera votre vertu rendra pour vous un son harmonieux comme le chant des étoiles;

Car elle s'abaissera pesante aux douces acclamations de vos frères que vous aurez rassasiés, et vous aurez été réveillés pour la récompense.

Que vous serez heureux quand, du haut du trône solaire, vous entendrez la voix du juge qui dira : « Frères, portez à jamais la couronne; vous êtes » dignes de régner ! »

Chrétien-Frédéric Schubart.

L'AFRIQUE [1].

Courage, frères. De la fermeté! le jour de l'adieu est

---

[1] Chanté par les colons qui partaient pour le cap de Bonne-Espérance.

venu, il pèse sur l'âme. Il faut partir, il faut quitter les pays, il faut aller dans la brûlante Afrique.

Un cercle d'amis nous entoure. Bien des liens chéris nous unissent à notre patrie allemande. C'est pourquoi l'adieu nous coûte tant.

A celui-ci de vieux parens tendent la main pour la dernière fois; des frères, des sœurs, des amis, embrassent celui-là. Tous se taisent, tous pleurent, et se détournent pâles comme la mort.

Notre amante s'enlace comme une ombre autour de nous : « Cher amour, tu vas me quitter, me quitter » pour toujours ! » Et la douleur amère la rend muette.

Oh! que c'est dur! Roule donc, tambour, bat vite la générale; cet adieu nous attendrit trop. Nous pleurons comme de petits enfans. Il faut partir !

Adieu, amis! et si c'est pour la dernière fois, pensons que l'amitié n'est pas pour la vie, mais pour l'éternité. Dieu est partout !

Aux frontières de l'Allemagne, nous remplirons nos mains de terre et nous la baiserons. Que ce soit notre remerciement pour tes soins, tes alimens, tes breuvages, patrie chérie !

Quand les vagues de la mer se briseront contre notre vaisseau, nous voguerons tranquillement. Dieu est ici, Dieu est là. Il ne nous abandonnera pas.

Quand le mont de la Table sortira des brouillards, nous étendrons la main en criant : Camarades, terre, terre! Notre vaisseau en tremblera.

Alors, soldats et officiers sauteront sains et saufs sur le rivage; nous crierons tous : « Hourra! hourra! » Nous sommes dans la brûlante Afrique! » Nous chanterons et nous rendrons grâce.

Nous vivrons en lointain pays comme de bons et braves Allemands. Au long et au large on dira : « Les » Allemands sont de braves gens; ils ont du sens et » du courage. »

Quand au cap de Bonne-Espérance nous boirons le vin des dieux, alors, attendris par le désir, amis, nous penserons à vous, et des larmes tomberont dans nos verres!

Chrétien-Frédéric Schubart.

L'ÉTOILE.

Une étoile brillait au ciel, une étoile bien jolie! Son éclat était charmant et tendre.

Je savais sa place au ciel; le soir, sur le seuil de ma porte, je la cherchais et je la trouvais.

Et je restais long-temps à la regarder; j'en ressentais une grande joie. J'aimais à voir cette étoile, et j'en remerciais Dieu.

L'étoile a disparu, je la cherche partout. Hélas! elle n'est plus.

Matthias Claudius.

CHANSON.

Je suis Allemand! ma chevelure est bouclée, et large

est ma poitrine. Mon père était un digne homme, moi je le suis aussi.

Quand je vois l'injustice, mes cheveux se dressent sur ma tête, ma main s'émeut et saisit l'épée.

Je suis Allemand! au doux nom de patrie mon cœur bat, mon visage rougit.

Je connais une femme allemande; ses yeux sont bleus, son regard est doux, son cœur est bon. Oui, tes yeux sont bleus, ô Hertha!

Que celui qui n'est pas de la race de Thuiskon ne regarde pas cette femme.

Ses yeux bleus doivent réjouir un Allemand; elle doit être aimée, elle doit appartenir à un noble jeune homme.

Je suis Allemand! je lève froidement et hardiment les yeux. Y a-t-il quelqu'un ici qui veuille regarder cette femme?

Matthias Claudius.

CHANSON DU SOIR.

La lune s'est levée; les petites étoiles dorées scintillent claires et sereines, la forêt est noire et se tait, un brouillard blanc s'élève des prairies.

Comme le monde est silencieux sous son voile de crépuscule! Comme il nous semble ami! Il est tel qu'une chambre solitaire, où l'on va s'endormir et oublier les peines du jour.

Là-bas voyez la lune! Elle ne se montre qu'à demi;

pourtant elle est belle et ronde. Ainsi sont bien des choses auxquelles nous sourions avec espoir, parce que nos yeux ne les voient pas dans leur entier.

Nous, frères, enfans des hommes, nous sommes de pauvres pécheurs; notre science est bornée. Nous créons des fantômes ; nous inventons des arts et nous nous éloignons du but!

Dieu! fais-nous voir ton ciel! Préserve-nous de la confiance en ce qui est fugitif; que les vanités ne sachent pas nous réjouir. Rends-nous ici-bas simples de cœur et d'esprit, gais et contens comme des enfans.

Au nom du Seigneur, couchez-vous, frères! Le souffle du soir est froid. Que Dieu détourne ses châtimens de nous! Qu'il nous donne un sommeil paisible, à nous et à notre voisin malade.

Matthias Claudius.

SUR LA MORT D'UNE FEMME.

Le laboureur sème le grain, la terre le reçoit, et bientôt la plante germe.

Tu l'aimais, ami! Tout ce que la vie donne n'était rien pour toi. Et... elle s'est endormie!

Pourquoi pleurer près de sa tombe? Pourquoi élever les mains vers le nuage de la mort et de la destruction?

Les hommes sont comme l'herbe des champs, ils tombent comme les fleurs. Déguisés et pour peu de temps nous errons ici-bas.

L'aigle vient visiter la terre, mais ne s'y arrête pas ; il secoue la poussière de ses ailes et remonte vers le soleil.

Matthias Claudius.

D'un ton clair et sonore entonnez le cantique des cantiques, l'hymne de la patrie. Que les vallées et les forêts en retentissent!

Consacrons-nous à la vieille patrie des bardes, à la patrie de la fidélité ; à toi, pays qu'on ne chanta jamais assez!

Consacrons-nous aux vertus de nos ancêtres, à la défense de nos cabanes! Nous aimons la gaieté allemande, les vieilles mœurs allemandes.

Que les bardes chantent l'amour et le vin ; que plus souvent encore ils chantent la vertu ; que leurs paroles et leurs actions soient loyales.

Que leur chant énergique s'élève avec force jusqu'au ciel. Que tout homme allemand soit pour nous un ami, un frère.

Matthias Claudius.

CHANSON JOURNALIÈRE.

Semblable à l'enfant au jour des présens, au jour de Noël, je remercie Dieu d'exister, et de te posséder, beau visage humain ;

De voir le soleil, les montagnes, la mer, les feuilles, les plantes ; et de voir marcher, le soir, la belle lune au milieu de l'armée des étoiles ;

De me sentir alors joyeux et content, comme lorsque, enfans, nous allions voir ce que le Christ nous apportait.

En chantant je remercie Dieu de n'être pas roi. On m'eût flatté, je serais corrompu.

Je le remercie de cœur de ne pas être sur terre un homme riche et grand, et de ne pas le devenir.

Les honneurs et les richesses agitent et gonflent l'âme, ils sont dangereux; le cœur de maint brave homme fut changé par leurs charmes.

L'or et l'argent nous procurent bien des choses; mais la santé, le sommeil, la bonne humeur, ils ne peuvent les donner.

Ces dons-là sont seuls la vraie bénédiction; c'est pourquoi je ne me flagellerai pas pour obtenir de l'or.

Que Dieu me donne chaque jour ce qu'il me faut; il le donne au moineau sur le toit, me le refuserait-il?

Matthias Claudius.

CHANSON A BOIRE.

Ornez de feuilles la coupe charmante et videz-la joyeusement! Dans toute l'Europe, messieurs les buveurs, il n'est pas de semblable vin!

Il ne vient ni de Hongrie, ni de Pologne, ni du pays où l'on parle français. Que Saint-Gui le chevalier aille y quérir son vin. Nous, nous n'irons pas, nous n'irons pas!

C'est notre patrie dont l'abondance le donne; sans

cela, comment serait-il si bon, comment serait-il si noble, et pourtant si plein de force et de courage?

Il ne croît pas dans tout l'empire allemand, et, sachez-le, bien des montagnes, comme jadis les Crétois, sont des ventres paresseux et ne méritent pas leur place.

Les monts de la Thuringe donnent une plante qui ressemble au vin; mais ce n'en est pas; elle ne fait pas chanter, elle ne rend pas joyeux.

Ne cherchez pas non plus le vin sur les monts de la Saxe. Ils n'ont que de l'argent, du cobalt, et un peu de pauvre or.

Le Blocksberg[1] est un grand bourgeois, et comme tel il ne fait que du vent; c'est pourquoi le diable et son sacristain y dansent en tous sens.

Près du Rhin! près du Rhin! Là croissent nos vignes. Béni soit le Rhin! C'est là qu'elles croissent, là sur ses rives; ce sont elles qui nous donnent ce vin frais.

Ainsi buvons, buvons, réjouissons-nous, soyons gais! Et si nous savions où gît quelqu'un de triste, nous lui donnerions de ce vin!

Matthias Claudius.

LE MERCREDI DES CENDRES.

Cessez la danse et les chants joyeux. Ici, dans le silence sévère de la piété, des couronnes funèbres par-

---

[1] Montagne où se tient le sabbat des esprits et des sorcières.

lent, une croix de cendres dit : Tout ce qui est né ici-bas deviendra cendres et poussière.

Que des autels ce cri pénètre dans les palais, qu'il y interrompe la fête. Qu'au milieu du banquet il retentisse dans les salles royales. Ceux qui tiennent le sceptre ici-bas deviendront cendres et poussière!

Qu'aux lieux où s'élèvent les trophées, aux lieux où triomphent les conquérans, où tremblent les peuples, ces mots retentissent sourdement : Tout ce qui porte le laurier ici-bas deviendra cendres et poussière!

Comme ils combattent! comme ils s'agitent! comme ils cherchent! comme ils maudissent ce qu'ils ont trouvé! L'esprit inquiet entasse des rochers pour les rejeter ensuite. Tout ce qui s'agite ici-bas deviendra cendres et poussière!

Vois le temple! Des hommes, des vieillards, des jeunes gens y marchent; la mère ravie presse son enfant sur son sein. Tout ce qui fleurit et mûrit ici-bas deviendra cendres et poussière!

Hélas! semblables à eux, des milliers d'êtres vinrent et s'en allèrent. Leurs noms sont oubliés, leurs ossemens sont sous la pierre qui se brise. Tout ce qui naît ici-bas deviendra cendres et poussière!

Abandonnée du monde, sans ami, sans repos, la fidélité regarde dans une tombe ouverte. Ce qui aime si puissamment ici-bas deviendrait-il cendres et poussière?

Des plaintes amères se font entendre dans les plus beaux jours du printemps. C'est l'épouse qui gémit;

son bien-aimé n'est plus qu'une ombre! Non, l'amour ne peut périr. Ce qui meurt ressuscitera!

Et ce désir fraternel d'essuyer toutes les larmes? cette charité qui remplit la main du pauvre, qui paye la haine de bienfaits? Non, tout cela ne périra pas! Ce qui meurt ressuscitera!

Ceux qui tournent leurs regards vers le ciel, qui nourrissent un divin espoir, qui fuient ce monde d'illusions, qui s'agenouillent devant l'autel; oh! ils ressusciteront! La foi ne peut périr!

Ceux qui s'abandonnent au père des âmes, et qui, purs de la poussière terrestre, voient en esprit le céleste but, eux aussi ils périraient? Non, l'espérance échappera à la mort!

Vois, aux autels silencieux les couronnes funèbres s'illuminent. Cette croix de cendres marque au sceau de la mort la grandeur humaine et les charmes terrestres. Mais la terre, redeviendra terre, et l'esprit sera glorifié.

Jean-Georges Jacobi.

CHANSON.

Ici sur le vert gazon, près de la petite cascade, j'entends la cloche argentée, ta voix qui s'échappe de la cime de la tour.

Tu le nommes tout haut, celui qui fait trembler mon cœur. Celui qui m'enveloppe amicalement de sa présence, ici sur l'herbe verte.

Les ruisseaux murmurent tout bas qu'il aime les

prairies et les bois, que la rose que je cueille m'est donnée par un bon père;

Que de l'enveloppe tendre il fait sortir le fruit doré, et que par lui chaque fleur nouvelle boit le suc de la vie.

Retentis, ô cloche! Hélas! que resterait-il à ce ciel, à cette verdure? Hélas! plus d'amour, plus de vie, plus de joie sans lui!

Le matin, quand la fraîche rosée sème ses perles sur les plantes et sur les buissons, les petits oiseaux tout joyeux accompagnent ma prière.

Et le soir quand vient l'obscurité, je vois encore sa douce clarté. Du haut de la voûte où brille l'armée des étoiles, il veille sur la vallée et sur la forêt.

Il éclaire mon sentier, rafraîchit la prairie, nourrit le champ, et donne sa bénédiction paternelle au monde endormi.

C'est lui qui me réjouit au printemps, quand on tresse les couronnes de violette. Il est encore ma joie quand la grêle et l'orage interrompent les danses des moissonneurs.

Pourquoi ne serait-il pas ma joie? pourquoi ne chanterais-je pas, que les nuages, les éclairs, le vent, l'orage même quand ils menacent, sont dans la main du Père?

Qu'il passe aussi avec amour devant les cavernes désertes, et que son haleine conservatrice pénètre jusque dans les noirs tombeaux?

Jean-Georges Jacobi.

Dis-moi où sont les violettes qui souriaient si doucement et couronnaient le chemin de la reine des fleurs? Jeune homme, hélas! le printemps s'est enfui; les violettes sont fanées!

Dis-moi où sont les roses que nous cueillions en chantant? les roses dont le berger et la bergère ornaient leur sein et leur chapeau? Jeune fille, hélas! l'été a fui; les roses sont flétries!

Mène-moi vers le ruisseau qui arrosait les violettes, qui, en murmurant doucement, glissait dans la vallée. Hélas! le soleil et l'air étaient brûlans; le ruisseau est desséché!

Mène-moi au bosquet où étaient mes fleurs, où le berger et la bergère se rencontraient amoureusement. Les vents, la grêle se sont déchaînés; le bosquet a péri!

Dis-moi où est la jeune fille qui, lorsque je la regardais, se baissait modestement vers les violettes? Jeune homme, la beauté fuit, la jeune fille n'est plus!

Dis-moi où est le poète qui sur les prairies émaillées chanta les violettes, les roses, la bergère, le bosquet, le ruisseau? Jeune fille, la vie s'enfuit, le poète aussi n'est plus.

Jean-Georges Jacobi.
D'après une vieille chanson.

CHANSON DE TABLE.

Apportez les feuilles de chêne pour orner le vieux gobelet de fête. Nous invitons tous les hommes allemands au joyeux banquet allemand.

Le brave seul doit voir nos joues embrasées ; lui seul goûtera de notre vin ; lui seul chantera avec nous notre chant.

Loin d'ici celui qui regarde timidement autour de lui, qui n'ose lever la tête dès qu'on parle haut de la patrie ;

Pour qui la flatterie des cours est au-dessus du sentiment patriotique, qui le vend pour une faveur de prince, pour un gain honteux.

Il mesure la grandeur de l'homme aux places d'honneur ; pour s'élever, il oublie les outrages faits au peuple.

L'Allemand n'est pas ainsi ; il se montre en paroles et en actions ; pour lui la marche craintive est une trahison.

Son cœur est embrasé d'un haut courage ; que le puissant le menace, quand il doit parler, il ne se tairait pas pour un royaume.

Le regard fixé sur la patrie dont il ne désespère jamais, il attend avec calme, qu'envoyé du ciel, un meilleur jour se lève.

Oui, il poindra ce jour ! Ornons donc le vieux gobelet de fête. Invitons tous les hommes allemands au joyeux banquet allemand.

Jean-Georges Jacobi.

RÊVES DE JEUNESSE.

Fuyez, rêves de ma jeunesse ! Allez, chants aux ailes

légères! Allez vers le joyeux pays de mon passé, où sous les arbres touffus, dans les songes bienheureux je cherchais la vérité, et trouvai des images.

Semblables aux papillons colorés, sur d'aussi légères ailes, bien de ces rêves se sont enfuis; quelques-uns me sont restés fidèles. O mes chéris, mon cœur et mon âme sauront comme vous être constans.

Hélas! ils sont retombés dans ton sein les mondes que je voyais avec ivresse se refléter en toi, lac argenté! Qu'ils y sommeillent doucement; dans ces brillantes scènes éphémères j'ai vu les hauteurs de la sagesse.

Fuyez, rêves de ma jeunesse! Allez, chants aux ailes légères, vers le joyeux pays du passé. Nous sommes des rêves dont les ombres se marient à la lumière et à la vérité; des rêves que réjouissent d'autres rêves.

Jean-Godefroy Herder.

L'ARC-EN-CIEL.

Bel enfant du soleil, arc-en-ciel aux couleurs variées! du sein des nuages tu es pour moi une image de l'espérance!

Au-dessus de l'obscurité le rayon du soleil se brise en mille joyeux reflets dans les larmes de l'orage.

Et les solides colonnes de l'arc s'appuient sur la base de roc de l'horizon.

Mais, hélas! l'arc s'efface; ses couleurs pâlissent. Un petit nuage clair est tout ce qui reste des solides colonnes.

Voyez, le ciel devient bleu. Le soleil règne en souverain, les prairies embaument.

Disparaissez, doux enfans des rêves de jeunesse, disparaissez ; que seul, le soleil monte et commande au ciel.

Les espérances sont les couleurs, elles sont les rayons brisés, les enfans des larmes ; la vérité est le soleil.

Jean-Godefroy Herder.

CE QUI FUIT LE PLUS VITE.

Ne regrette pas le chant du rossignol sitôt évanoui. Vois, parmi tous les plaisirs qui passent, le plus beau meurt toujours le premier.

Vois comme dans la danse des heures le printemps et le matin fuient vite. Vois, la rose née avec l'aurore pâlit en même temps qu'elle.

Écoute, dans l'harmonie des désirs le son le plus doux s'éteint le premier. Que ne dure-t-elle à jamais l'ivresse de l'amour ! Hélas ! son charme aussi s'évanouit.

Cette fraîcheur de tes joues, cette ardeur de ton âme, ces soupirs qui sans cesse appellent l'espérance, hélas ! ce sont tous des biens éphémères.

La fleur de ton génie, les faveurs des nobles muses, l'art sublime, ami, c'est en vain que tu l'enchaînes, il s'enfuit, l'enchanteur.

De l'océan des plaisirs célestes une goutte nous

fut accordée ; elle fut mêlée à maintes peines, aux espérances trompeuses, aux vains plaisirs, elle se perdit dans le brouillard.

Mais dans ce brouillard est la goutte du bonheur ; la boire un instant, la boire pure, sans mélange, puis périr, c'est jouir de l'éternité !

Jean-Godefroy Herder.

CHANSON DU FOSSOYEUR.

Creuse, bêche, creuse ; tout ce que j'ai, je te le dois. Riches et pauvres sont ma proie, ils viennent tous me trouver.

Ce crâne, autrefois grand et noble, dédaignait de rendre un salut. Ce squelette sans joues et sans lèvres, avait de l'or et un rang.

Cette tête sans chevelure était jadis belle comme un ange ; les hommes baisaient avec transport sa jolie main, ils la regardaient à s'en rendre aveugles.

Creuse, bêche, creuse ; tout ce que j'ai, je te le dois. Riches et pauvres sont ma proie, ils viennent tous me trouver.

Louis Hœlty.

SUR LA MORT D'UNE JEUNE PAYSANNE.

Des sons mélancoliques s'échappent du clocher mousseux. Des pères, des mères, des enfans, des fiancés pleurent, et le fossoyeur creuse une tombe ! Vêtue d'une robe funèbre, une couronne de fleurs dans ses blonds cheveux, dort Rose, la joie de sa mère, l'orgueil du village.

Ses tristes amies oublient la danse et les jeux; elles entourent le cercueil, et, les yeux humides de larmes, elles tressent une couronne. Hélas! aucune jeune fille ne fut plus digne de regrets que toi, bonne et pieuse vierge; et dans le ciel aucun esprit n'est plus glorieux que l'âme de Rose.

Sous son vêtement de bergère, à la porte de sa cabane, elle était semblable à un ange. Les fleurs des champs étaient ses joyaux, une violette l'ornement de son sein, les ailes du zéphyr étaient son éventail, le bosquet le lieu de sa toilette, le ruisseau argenté son miroir, l'eau pure son fard.

Semblable à la douce lumière de la lune, la modestie embellissait ses yeux et ses joues roses. Jamais le séraphin de l'innocence n'abandonna la bergère. Les regards ivres et pleins de feu des jeunes hommes contemplaient ses charmes; mais aucun ne toucha son cœur, aucun autre que son fidèle.

Aucun autre que son Guillaume. Les fêtes du printemps les appelaient tous deux sous les bois de bouleaux. Sous l'ombrage que perçait l'azur du ciel, ils volaient dans la danse tourbillonnante. Rose lui donnait des rubans pour orner son chapeau; au temps de la moisson, elle s'asseyait avec lui sur une gerbe et l'encourageait au travail par un sourire;

Elle liait les épis que Guillaume coupait; et son doux regard suivait son préféré, jusqu'à ce que la fraîcheur fût venue et que la rougeur du soir perçât les nuages fauves du couchant. Il aimait Rose au-dessus de tout; elle était sa pensée du jour, son rêve de la nuit. A peine les anges s'aiment-ils comme s'aimaient Rose et son ami fidèle.

Guillaume! Guillaume! la cloche funèbre retentit et les chants de mort commencent. Des hommes parés de crêpe se mettent en marche; devant eux la couronne des morts se balance au vent. Guillaume, les yeux mouillés, chancelle avec son livre de cantiques vers la tombe ouverte; il essuie ses larmes avec le blanc drap mortuaire.

Sommeille paisiblement, âme bonne et pieuse, jusqu'à ce que le sommeil s'envole à jamais loin de toi. Rossignol, près de ce coteau, chante au crépuscule un chant de mort. Vents du soir, murmurez comme des sons de harpes à travers les fleurs qui naîtront sur sa tombe; et que dans le tilleul du cimetière des tourterelles viennent nicher.

Louis Hœlty.

CHANSON A BOIRE.

C'est une vie de paradis que celle que nous donne notre père le Rhin. J'en conviens, un baiser est doux, mais plus doux est le vin. Quand j'aperçois la table à boire et les verres plantés dessus, je suis joyeux comme un chevreuil qui saute autour de la fontaine.

Que m'importe à moi le monde, quand le verre chéri nous invite, et que le jus de la treille brille sur mes lèvres? Alors, enfant des dieux, je vide les bouteilles pleines; le feu court dans mes veines; je chancelle, et j'en demande encore.

La terre serait une vallée de larmes pleine de quintes et de toux, si le noble vin du Rhin ne croissait pour soulager nos peines. Il élève le mendiant sur un trône; il change la terre en un ciel, et d'un seul coup il transporte dans l'Élysée le fils de la terre.

Il est la véritable panacée, il rajeunit le sang des vieillards; il chasse les maux de tête et d'estomac, il fait encore bien plus. C'est pourquoi, vive la terre promise qui éleva ce vin pour nous! Vive le vigneron qui le planta et le soigna! Vive, vive le vigneron!

A chaque jolie vendangeuse qui le cueillit pour nous, j'en dédie, comme à ma reine, un plein verre. Vive tout homme allemand qui boit son vin du Rhin qui en boit aussi long-temps que sa main peut tenir la coupe, et qui ensuite tombe à terre!

Louis Hœlty.

Qui voudrait se livrer aux soucis tant que le printemps et la jeunesse fleurissent? qui, à la fleur de l'âge, voudrait tristement rider son front?

Sur tous les chemins de ce pèlerinage le plaisir nous appelle; il nous offre même la couronne quand nous arrivons au chemin de séparation.

Le ruisseau de la prairie coule et murmure encore; le bocage est frais et vert; la belle lune luit aussi purement qu'elle luisait à travers les arbres d'Adam.

Le jus du raisin pourpré guérit encore le cœur malade. Un baiser pris sur une bouche vermeille, le soir dans le bosquet, a encore sa saveur.

Le rossignol habite encore le buisson, et promet des délices au jeune homme; lorsque ses chants retentissent, la paix descend dans les âmes déchirées.

Qu'elle est belle la terre de Dieu et digne qu'on y soit heureux! C'est pourquoi jusqu'à ce que je devienne cendres, je me réjouirai de cette belle terre.

Louis Hœlty.

Semons de roses le chemin de la vie; oublions les chagrins. Un moment de bonheur nous est accordé.

Aujourd'hui, dans sa danse printanière, l'enfant joyeux saute encore; demain sur sa tombe le vent balancera la couronne des morts.

Aujourd'hui le plaisir conduit à l'autel la douce fiancée; ce soir, avant que des nuages descende la rosée, elle reposera dans son cercueil.

Donnons les chagrins et les soucis au vent. Au son joyeux des verres reposons-nous sous les tilleuls.

Qu'aucun rossignol ne se taise sans que nous ne l'ayons écouté; que dans la vallée aucune abeille ne se perde sans que nous ne l'ayons admirée.

Aussi long-temps qu'il plaira à Dieu, savourons les loisirs et le vin, jusqu'à ce que la mort qui prend tout vienne aussi nous les ravir.

Car alors nos ossemens, qui sommeilleront à l'ombre, ne sentiront plus le parfum du buisson de roses, qui murmurera doucement autour du tombeau.

Alors le son délicieux des verres qui trinquent, la joyeuse ronde des buveurs couronnés de pampres, ne résonnera plus pour nous!

Louis Hœlty.

COMPLAINTE.

Lune, jadis ton éclat argenté perçait l'ombrage des chênes qui répandaient leur fraîcheur sur moi, et ton sourire m'apportait la paix.

Maintenant, quand ta lumière se réfléchit sur ma fenêtre, ce n'est plus la paix que ton sourire m'apporte; tu vois mes joues pâlies, mes yeux humides de larmes.

Bientôt, douce amie, bientôt ton éclat argenté éclairera la pierre funéraire qui couvrira mes cendres de jeune homme.

Louis Hœlty.

CHANT D'UNE JEUNE FILLE SUR LA MORT DE SA COMPAGNE.

Quatre lunes se sont écoulées depuis que je la pleure; l'absinthe fauve fleurit déjà sur la tombe de mon amie; assise auprès d'elle, souvent, à la clarté de la lune, j'écoute le chant nocturne de la cigale, et j'appuie ma joue pâle contre sa couronne funèbre.

Là, moi pauvre enfant, je suis assise au souffle froid de la nuit. Des larmes tombent sur le gazon. Les murmures du lilas et du tilleul remplissent mon âme d'effroi. Autour de l'enceinte du cimetière je vois errer de grandes ombres.

Les vitraux de l'église frémissent, les cloches s'agitent. Quelque chose luit! Est-ce toi que je vois? sont-ce tes blonds cheveux? Hélas! non, c'est la lune qui s'échappe d'un nuage. Elle éclaire les vitraux, elle brille sur les rubans rouges et sur l'or des couronnes funèbres.

Oh! reviens, reviens du trône de ton Dieu! reviens pour un seul instant avec ta couronne de victoire. Apparais-moi dans ta beauté angélique! Je suis appuyée contre la croix noire de ta tombe, et je pleure!

Louis Hœlty.

LE CHASSEUR SAUVAGE.

Le sauvage comte du Rhin sonne l'appel : A la chasse! à la chasse! Hallo, hallo, à pied, à cheval! Son étalon hennit et se cabre. La troupe le suit avec fracas. Clif, claf, tout galope et crie libre d'entraves, par-dessus prés et buissons, blés et bruyères.

Le soleil du dimanche éclaire la haute coupole de la cathédrale, le bourdon appelle à la grand'messe. Au loin retentissent les chants de la foule pieuse des chrétiens.

Ric, rac, la chasse passe par-dessus le chemin de traverse. Velaut, velaut! De droite et de gauche, voici venir deux cavaliers. Le cheval du premier est blanc comme l'argent; celui du second, couleur de feu.

Qui sont-ils ces cavaliers? Celui de droite est lumineux et sublime; son visage semble un doux printemps. Affreux, jaune, olivâtre, est celui de gauche; ses yeux lancent des éclairs.

« Vous arrivez à propos! Soyez les bienvenus à la
» noble chasse! Au ciel et sur terre, il n'est pas de
» plaisir plus grand!» Le comte dit, se tape sur le
flanc et lance son bonnet en l'air.

« Le son du cor ne s'accorde pas avec les canti-
» ques et les cloches en branle. Arrière! ta chasse
» sera malheureuse! Écoute le bon ange, repousse le
» mauvais! » Ainsi parla le cavalier de droite.

« Chassez, chassez, noble comte! interrompit celui
» de gauche. Que font sons de cloche, criailleries de
» cantiques? C'est la chasse, la chasse sauvage qui
» doit vous réjouir. Apprenez de moi ce qui est royal,
» n'écoutez pas cet autre.

» — Bien dit, homme de gauche, tu es un héros. Que
» celui qui se sent trop faible pour ce noble plaisir
» aille marmotter le *Pater*. Tu te fâches, pieux fou,
» mais moi je veux faire joie. »

Et harre, harre. Ils continuent à travers champs, monts et vallons. Les deux cavaliers galopent aux côtés du maître. Un cerf blanc seize cors se lève dans le lointain.

Le comte sonne plus fort. A pied, à cheval, tous les chasseurs se précipitent, et de la troupe quelques-uns disparaissent écrasés. « Eh! laissez-les tomber
» dans les enfers. Plaisir de prince ne connaît pas de
» retard! »

La bête se cache dans les blés. L'asile est sûr. Le laboureur court suppliant au-devant du comte. « Sire, » de grâce, épargnez la sueur du pauvre. »

Le cavalier de droite s'élance en avant, exhorte le comte avec douceur; celui de gauche l'excite au mal. Le comte méprise le premier et se laisse séduire par le second.

« Arrière, chien! crie-t-il fortement au pauvre » hère, sinon je te donne la chasse. Taïaut! taïaut! » à l'ouvrage! Pour appuyer mes paroles, faites cla- » quer vos fouets à ses oreilles. »

Dit et fait. Le maître s'élance par-dessus la haie, et derrière lui la troupe des hommes, des chevaux, des chiens, foulent les épis; le champ n'est que poussière.

Épouvanté du bruit, poursuivi à travers prés, monts et vallons, le cerf atteint une plaine, et s'y mêle parmi des troupeaux.

Mais çà et là, par ravins et forêts, les chiens agiles le poursuivent, ils ont ses traces. Le berger plein d'effroi se prosterne devant le comte.

« Seigneur! grâce! grâce! Laissez en paix mes pau- » vres bêtes; ici paissent les vaches de malheureuses » veuves, épargnez la seule fortune du pauvre. Sei- » gneur, merci, merci! »

Le cavalier de droite s'élance en avant, exhorte le comte avec douceur; celui de gauche l'excite au mal. Le comte méprise le premier et se laisse séduire par le second.

« Chien téméraire, qui oses m'arrêter ! que n'es-tu
» attaché à ta meilleure vache, et toutes tes autres
» bêtes aussi ! Que cela réjouirait mon cœur de vous
» envoyer tous ensemble d'un seul coup dans les
» enfers !

» Taïaut ! taïaut ! Amis, sur eux ! Hoho ! Allez ! al-
» lez ! » Et les chiens donnent avec rage. Déchiré et
sanglant, le berger gît à terre avec tout son troupeau.

Le cerf échappe avec peine à la curée ; sa course est
faible et ralentie ; couvert de sang, d'écume et de sueur,
il s'enfonce dans la forêt et se blottit dans la cabane
d'un ermite.

Taïaut ! taïaut ! Avec un bruit de fouets, de cris, de
pas de chevaux, de sons de cor, la troupe sauvage le
poursuit. Le pieux ermite s'avance vers le comte.

« Arrière ! ne souille pas l'asile saint. La créature
» gémit et demande vengeance. Arrière pour la der-
» nière fois ; écoute le conseil, sinon ta ruine est cer-
» taine ! »

Le cavalier de droite s'élance en avant, exhorte le
comte avec douceur. Celui de gauche l'excite au mal.
Malheur ! il se laisse séduire par le second.

Il s'écrie : « Perte par-ci ! perte par-là ! Tu ne sau-
» rais m'effrayer. Vînt-elle du ciel, je ne la crains
» pas plus qu'une chauve-souris. Que me font à moi
» ta colère et celle de ton Dieu ? »

Il agite le fouet, sonne du cor. Velaut ! velaut !
Halloh ! Amis, à l'ouvrage ! Mais, ermite, cabane,
hommes, chiens, chevaux, ont disparu ; cris, éclats

de chasse, sont ensevelis dans un silence de mort.

Le comte regarde avec effroi autour de lui. Il souffle dans le cor, pas de sons; il appelle, pas de voix; il agite son fouet, son fouet ne siffle pas; dans les flancs de son cheval il enfonce ses éperons, le cheval est immobile.

Autour de lui tout devient noir comme la tombe. Une mer lointaine semble mugir, et au-dessus de sa tête une voix prononce cette sentence avec le fracas du tonnerre :

« Exécrable tyran, coupable envers Dieu, les hom-
» mes et les animaux! les gémissemens de tes vic-
» times t'appellent devant le tribunal où brûle la
» torche de la vengeance!

» Fuis, monstre! fuis! et que maintenant jusqu'en
» éternité l'enfer et ses démons te poursuivent! Sers
» d'exemple aux princes qui, pour rassasier leurs joies,
» n'épargnent ni le créateur ni la créature! »

Une lueur de soufre éclaire la forêt, la frayeur ébranle les os du comte. Il est haletant, oppressé, ses sens se troublent; devant lui souffle un effroi glacé, derrière lui est l'orage mugissant.

L'effroi souffle, l'orage mugit, et, houhouhou! de la terre sort une main noire et gigantesque; elle s'ouvre, s'abaisse sur sa tête, se resserre, le saisit par les cheveux. Houhouhou, sa tête est retournée!

Des feux bleus, verts, rouges, flamboyent de tous côtés; une mer de flammes l'entoure, des monstres affreux y fourmillent, mille chiens infernaux s'élèvent du gouffre et le regardent fixement.

Il fuit à travers champs et forêts, criant, hurlant, gémissant; et partout la meute infernale le suit en aboyant. Le jour il court dans les cavernes souterraines, à minuit il traverse les airs!

Mais quelque rapide que soit sa course, sa tête reste retournée; sans cesse il voit les monstres et les démons grincer, happer, haleter après lui.

C'est là la chasse sauvage, qui durera jusqu'au dernier jour et qui souvent la nuit passe devant le tyran. Maint chasseur, s'il ne devait se taire, la saurait raconter!

Godefroy-Auguste Burger.

LA CHANSON DU BRAVE HOMME.

Que la chanson du brave homme retentisse claire et sonore, comme des sons d'orgues et de cloches! Le chant, et non pas l'or, récompense l'homme courageux. Grâce à Dieu, je puis chanter et louer le brave homme!

Le vent du dégel souffle de la mer; sombre et humide il vient d'Italie; les nuages fuient devant lui comme les moutons quand le loup paraît. Il balaie les champs, courbe la forêt; la glace se brise sur les lacs et sur les fleuves.

La neige se fond sur les montagnes; on entend bruire la chute des eaux; un lac couvre la plaine; le fleuve grossit et monte, les flots sortent de leur lit et roulent des rochers de glace.

Sur maints arcs et sur maints piliers massifs s'élève un pont tout entier en pierres de taille; au milieu est une maisonnette ; là habite le gardien avec femme et enfant. Gardien ! gardien ! sauve-toi bien vite.

La tempête et les vagues mugissent autour de la maison. Le gardien monte sur le toit et contemple la tourmente : « Dieu du ciel ! ayez pitié de nous ! nous sommes perdus, qui nous sauvera ? »

Les glaçons roulent coup sur coup ; de chaque côté le fleuve entraîne un arc du pont. Le gardien, la femme et l'enfant hurlent plus fort que les vagues et le vent.

Les glaçons roulent coup sur coup, de droite et de gauche un pilier est entraîné. La destruction menace la maison. Dieu du ciel ! ayez pitié d'eux.

Une foule immense est sur les rivages ; grands et petits tous accourent, tous crient et se tordent les mains ; mais personne ne veut être le sauveur. Le gardien, la femme et l'enfant hurlent au secours à travers le bruit et le vent.

Quand retentiras-tu, chanson du brave homme, plus claire et plus sonore que sons d'orgues et de cloches ? Eh bien ! nomme-le donc, mon chant ! la destruction menace la maison ; brave homme ! brave homme ! parais vite.

Un noble comte arrive au galop. Que tient sa main ainsi levée ? Une bourse pleine. « Deux cents pistoles à celui qui sauve ces malheureux ! »

Qui est le brave homme ? est-ce le comte ? Dis-moi, mon chant, est-ce lui ? Le comte est bon, sur ma foi, mais j'en connais un meilleur que lui. Brave homme !

brave homme! montre-toi, la destruction s'approche.

Et plus haut les flots montent, et plus fort souffle le vent, et plus faible devient le courage. Sauveur, arrive vite, les piliers cèdent et se brisent, les arcs se rompent en craquant.

Allons, allons, courage! le comte montre à tous le prix; tous le voient, tous hésitent; d'entre mille il n'en sort pas un. C'est en vain que le gardien, la femme et l'enfant hurlent au secours à travers le bruit et le vent.

Voyez, voici venir simple et droit un paysan; sa main tient le bâton de voyage, sa veste est grossière; sa figure et sa démarche sont belles et calmes; il écoute le comte et regarde le péril.

Et hardiment, au nom de Dieu, il saute dans une barque; malgré les vents, les flots et les tournans, il arrive à la maison; mais, hélas! la barque est trop petite pour contenir toute la famille.

Et trois fois il retourne malgré les vents, les flots et les tournans, et trois fois le succès est à lui. Ils sont tous sauvés. A peine le dernier touche-t-il le rivage, que le dernier débris du pont disparaît.

Qui est le brave homme? dis-le, mon chant. Le paysan a risqué sa vie; mais il le fit pour de l'or; si le comte n'eût pas donné son bien, le paysan ne bravait pas le danger.

« Tiens, dit le comte, tiens, mon ami, voici ta ré-
» compense, elle est à toi. » N'est-ce pas bien? Oui, par Dieu, le comte a l'âme noble; mais plus grand, plus divin est sous sa veste le cœur du paysan.

« Ma vie n'est pas à vendre. Je suis pauvre, mais je
» rassasie ma faim. Que votre or soit pour le gardien
» qui a perdu et son gîte et son argent. » Ainsi dit-il
d'un ton cordial, tourne le dos et s'en va.

Retentis, chanson du brave homme! retentis claire et
sonore comme sons d'orgues et de cloches! le chant,
et non pas l'or, récompense l'homme courageux. Grâce
à Dieu, je puis chanter le brave homme et le rendre
immortel!

Godefroy-Auguste Burger.

LÉNORE.

Vers le matin, des songes affreux réveillent Lénore. « Guillaume! Guillaume! es-tu mort ou infidèle?
combien de temps faut-il attendre encore? » Avec
l'armée de Frédéric il était allé à la bataille de Prague; depuis, pas de nouvelles, s'il est ou non en santé.

Le roi et l'impératrice, las de la guerre, s'adouci-
rent et firent la paix. Parés de rameaux verts, au bruit
des chants, des cris de joie et des cymbales, et cling
et clang, les soldats retournent au pays.

De tous côtés sur les chemins, dans les sentiers,
jeunes et vieux allaient gaiement à leur rencontre.
Dieu merci! s'écrient les femmes et les enfans. Soyez les
bien venus! disent les fiancées. Hélas! pour Lénore
il n'est ni salut ni baiser.

Elle interroge la foule, se fait dire chaque nom.
Personne ne peut lui donner de nouvelles. Quand ils
furent passés, elle arrache ses noirs cheveux, elle se
roule à terre avec des gestes de fureur.

' Sa mère accourt. « Que Dieu ait pitié de nous ! Mon
» enfant, qu'as-tu donc ? » Elle la prend dans ses bras.
« Ma mère ! ma mère ! mort est mort. Adieu, monde et
» tout ce qui y est ! Dieu est sans pitié. Malheureuse
» que je suis !

» — Mon Dieu ! ayez pitié de nous ! Ma fille, dis un
» *Pater*; ce que Dieu fait est bien fait, il est miséri-
» cordieux. — Ma mère ! ma mère ! non, non, c'est
» faux. Dieu m'a fait mal. A quoi bon les prières ? à
» quoi m'ont-elles servi ?

» — Seigneur ! celui qui connaît le Père sait qu'il
» secourt ses enfans. Le très-saint Sacrement calmera
» ta douleur. — Ma mère ! ma mère ! le mal qui me dé-
» vore ne peut être calmé par le Sacrement. Il ne peut
» redonner la vie aux morts !

» — Ecoute, enfant ! peut-être l'infidèle, dans le
» lointain pays de Hongrie, a-t-il changé sa foi, peut-
» être est-il uni à une autre femme. Abandonne son
» cœur, il est à mépriser. Quand son âme et son corps
» se sépareront, ce parjure le brûlera.

» — Ma mère ! ma mère ! mort est mort ! perdu est
» perdu ! C'est la mort que je demande. Pourquoi donc
» suis-je née ? Éteins-toi, ma vie, éteins-toi à jamais,
» meurs dans la nuit et la douleur. Dieu est sans
» pitié. Malheur à moi, pauvre fille !

» — Seigneur ! ne jugez pas votre pauvre enfant, elle
» ne sait pas ce qu'elle dit; ne comptez pas sa dou-
» leur comme un péché. Ma fille ! oublie ce chagrin
» terrestre, pense à Dieu, à ton salut. Le fiancé ne
» manquera pas à ton âme.

»—Que me font à moi le salut et l'enfer ! Auprès de
» Guillaume est le salut, loin de lui est l'enfer. Éteins-
» toi, ma vie, éteins-toi à jamais. Meurs dans la nuit
» et la douleur. Sans lui, je ne veux de bonheur ni sur
» la terre ni dans les cieux ! »

Le désespoir bout dans sa tête et dans ses veines ;
elle s'irrite contre la Providence, se frappe le sein, se
tord les mains jusqu'au coucher du soleil, jusqu'à ce
que les étoiles dorées montent au ciel.

Mais au dehors entendez-vous ? trap, trap, trap ;
on dirait les pas d'un cheval. Un cavalier descend
sous le balcon avec un cliquetis d'armes ; le heurtoir
de la porte frappe tout bas, pan, pan, et ces paroles
se font entendre :

« Holà ! holà ! ouvre, chérie ; dors-tu ou veilles-tu ?
» m'aimes-tu encore ? pleures-tu ou ris-tu ? — Dieu !
» Guillaume ! c'est toi, si tard dans la nuit ! je pleure
» et je veille ; j'ai bien souffert ; d'où viens-tu à cheval,
» ainsi seul ?

» — Nous ne sellons nos chevaux qu'à minuit. Je
» viens de loin, de Bohême. J'en suis parti bien tard,
» et je viens te chercher. — Guillaume, avant tout,
» entre un instant. Le vent siffle à travers l'aubépine.
» Bien-aimé, viens te réchauffer dans mes bras.

» — Laisse siffler le vent à travers l'aubépine, ma
» chérie. Le cheval gratte la terre de son pied ; l'épe-
» ron résonne. Je ne puis tarder. Viens, habille-toi,
» saute sur mon cheval en croupe derrière moi. Au-
» jourd'hui il faut encore faire cent lieues pour te
» conduire dans le lit nuptial.

» — Comment, aujourd'hui même, tu veux faire
» cent lieues et me conduire au lit nuptial ? Mais
» écoute, la cloche qui a sonné onze heures bour-
» donne encore. — Vois de tous côtés, la lune brille ;
» nous et les morts allons vite. Oui, je gage te con-
» duire aujourd'hui dans le lit nuptial.

» — Dis-moi où est ta chambrette ? où est la couche
» nuptiale ? — Loin d'ici, loin d'ici ; elle est solitaire,
» fraîche, étroite ; six planches et deux planchettes
» la composent. — Y a-t-il place pour moi ? — Pour
» tous deux. — Viens, habille-toi, descends, saute sur
» mon cheval, les convives de la noce nous attendent,
» la chambre est préparée. »

Lénore s'habille, descend, saute sur le cheval, passe ses bras de lis autour du cavalier, et harre, harre, hop, hop, ils courent au galop. Le cheval et le cavalier sont haletans ; les cailloux sautent, les étincelles jaillissent.

A droite, à gauche, plaines, bruyères et campagnes fuient rapidement ; ils passent sur les ponts avec un bruit de tonnerre. « Ma chérie a-t-elle peur ? La lune
» est claire. Hourra, hourra, les morts vont vite ! Ma
» chérie a-t-elle peur des morts ? — Non, laisse en
» paix les morts ! »

Quel est ce chant étrange ? Pourquoi les corbeaux voltigent-ils ici ? Sons de cloches, chants de mort. « Enterrons le cadavre ! » Un convoi s'approche, un cercueil est au milieu ; le chant ressemble aux cris du serpent des marais.

« Après minuit vous enterrerez le cadavre ; alors

» vous chanterez et vous sonnerez. Je conduis au logis
» ma jeune et belle épouse. Venez avec nous au festin
» de noce. Viens, bedeau, viens avec le chœur; en-
» tonne la chanson nuptiale. Toi, moine, donne-nous
» la bénédiction avant que nous allions au lit. »

Plus de chants ni de sons, le cercueil disparaît. Obéissant à sa voix, ils courent tous derrière le cheval. Et hop, hop, hop, la course continue au galop. Le cheval, le cavalier, sont haletans; les cailloux sautent, les étincelles jaillissent.

A droite, à gauche, monts, arbres, haies, villages, villes et hameaux, fuient rapidement. « Ma chérie a-
» t-elle peur? La lune est claire. Hourra, hourra, les
» morts vont vite! Ma chérie a-t-elle peur des morts?
» — O Dieu! laisse donc les morts en paix. »

Voyez, voyez à la potence, autour de la roue, à demi éclairés par la lune, dansent des gens aériens. « Hé! hé! bonnes gens, ici; venez, suivez-moi; dan-
» sez-nous la ronde de noce quand nous nous met-
» trons au lit. »

Hou! hou! les bonnes gens se mettent à leur suite. C'est comme le vent quand il tournoie dans les feuilles mortes. Hop, hop, hop, la course continue au galop. Le cheval et le cavalier sont haletans, les cailloux sautent, les étincelles jaillissent.

Le ciel et les étoiles fuient au-dessus d'eux. « Ma
» chérie a-t-elle peur? La lune est claire. Hourra,
» hourra, les morts vont vite! Ma chérie a-t-elle peur
» des morts? — Non, hélas! laisse les morts en paix.

» Cheval, il me semble entendre chanter le coq, le
» sable aura bientôt fini de couler. Cheval, je sens
» l'air du matin. Dépêche-toi, allons vite! notre course
» est achevée, le lit nuptial s'ouvre, les morts vont
» vite; nous sommes au but! » Et bride abattue il
court vers une grille de fer, un coup de baguette fait
sauter serrure et verroux, les deux battans s'ouvrent
en criant; ils galopent sur des tombes, des pierres
funéraires brillent au clair de la lune.

Tout d'un coup, quel affreux miracle! l'habillement
du cavalier tombe pièce par pièce, semblable à des
lambeaux pourris; sa tête n'est qu'un crâne nu, sans
chair et sans cheveux; son corps est un squelette, sa
main tient la faux et le sablier.

Le cheval se cabre, souffle, lance des flammes, se
dérobe de dessous sa charge, il a disparu, il est en-
glouti. Des cris en l'air, des gémissemens dans les
tombes profondes! Lénore, saisie d'effroi, lutte entre
la vie et la mort.

A la clarté de la lune, les esprits dansent une ronde
autour d'elle. Ils hurlent ce refrain : « Patience, patience! quand même le cœur se brise, ne blasphème
jamais Dieu. Tu es délivrée du corps. Que Dieu ait
pitié de l'âme. »

Godefroy-Auguste Burger.

LE PAYSAN.

Qui es-tu, prince, qui, sans remords, m'écrases de
la roue de ta voiture, me renverses du pas de ton
cheval ?

Qui es-tu, prince, toi dont l'ami ou le chien peut impunément mordre ma chair, y enfoncer ses griffes?

Qui es-tu, toi qui, pour te donner le plaisir de la chasse, me forces à courir à travers les forêts et les moissons, à la recherche du gibier que tu poursuis, et haletant comme lui?

Cette moisson que ta chasse écrase, ce pain que vous mangez, toi, ton cheval et ton chien, ils sont à moi.

Près de la herse, à la charrue, jamais tu n'éprouvas les fatigues de la journée! La peine et le pain noir sont mon partage.

Et tu serais l'autorité envoyée de Dieu? Non, Dieu répand les bénédictions, et toi tu les voles. Tu ne viens pas de Dieu, tyran!

Godefroy-Auguste Burger.

LE RÊVE DE SUZANNE.

Je rêvais qu'à minuit il m'apparaissait, l'inconstant; je le voyais si bien, que je croyais veiller.

Il tira de son doigt l'anneau de la fidélité; il le brisa, et me jeta un collier de perles claires comme de l'eau.

J'allai ensuite dans le jardin voir mon myrte chéri. Je le cultivais pour en faire une couronne.

Mon collier de perles se rompit, toutes les perles tombèrent à terre et disparurent.

Je les cherchais en tremblant, mais en vain. Tout-à-coup mon beau myrte se changea en romarin.

CHANTS POPULAIRES DE L'ALLEMAGNE.

Hélas! le rêve s'est accompli! Je n'ai plus besoin d'interroger le livre des rêves, ni la devineresse.

Brise-toi donc, mon cœur, puisque l'anneau s'est brisé, que les perles sont pleurées, que le myrte s'est changé en romarin. Ce rêve signifiait la mort.

Brise-toi, pauvre cœur ; le romarin fleurit pour ta couronne funèbre, les perles sont pleurées. L'anneau, hélas! est brisé.

Godefroy-Auguste Burger.

AMOUR SANS REPOS.

A travers pluie, neige, vent, vapeur de brouillard, il faut marcher, toujours marcher, sans halte ni repos.

J'aimerais mieux toujours cheminer dans la peine, que de supporter les plaisirs de la vie! Ces sympathies des âmes, hélas! qu'elles produisent de douleurs.

Comment, où fuir? dans les forêts? en vain! Amour, tu es la couronne de la vie, le bonheur sans repos.

Wolfgang Gœthe.

LE ROI DES AULNES.

Qui chevauche si tard dans la nuit, par le vent? C'est le père avec son fils ; il le tient dans ses bras ; il le tient serré et cherche à le réchauffer.

« Mon fils, pourquoi cacher tout effrayé ton visage? »—Mon père, ne vois-tu pas le roi des Aulnes, avec sa

» couronne et sa queue ? — Mon fils, c'est une traînée
» de brouillard. »

« Cher enfant, viens avec moi, nous jouerons en-
» semble de jolis jeux. Sur ma prairie il y a maintes
» fleurs variées. Ma mère a de belles robes d'or. »

« — Mon père, mon père, entends-tu ce que le roi
» des Aulnes me dit tout bas ? — Sois tranquille, mon
» enfant, c'est le vent qui souffle à travers les feuilles
» sèches. »

« Viens, bel enfant, viens avec moi ; mes filles te
» serviront ; elles conduisent la danse nocturne ; elles
» t'endormiront et te berceront en chantant et en
» dansant des rondes. »

« — Mon père, mon père, là-bas dans cet endroit
» sombre, ne vois-tu pas les filles du roi des Aulnes ?
» — Cher enfant, ce sont les vieux saules gris. »

« Je t'aime, ta beauté me charme. Si tu ne veux
» venir j'userai de violence. » — « Mon père, mon père,
» il me saisit, le roi des Aulnes me fait mal. »

Le père frémit, il galope plus vite ; il serre plus fort
son enfant dans ses bras ; saisi de crainte et de frayeur,
il arrive au logis ; dans ses bras l'enfant était mort !

Wolfgang Gœthe.

LE DIEU ET LA BAYADÈRE.

Mahadeck, le maître de la terre, y descend pour
la sixième fois, afin de s'y faire notre semblable, d'é-
prouver comme nous les douleurs et les joies. Il se
résigne à vivre ici-bas, il se soumet à toutes choses :

pour punir et pour récompenser les hommes, ne faut-il pas qu'il les voie et qu'il les comprenne en homme? Il a parcouru la ville, il a observé les grands et les petits; voici le soir, il va la quitter et se remettre en route.

Mais lorsqu'il atteint les dernières maisons, il aperçoit une jeune fille aux joues peintes : « Salut, jeune » fille. — Merci de l'honneur, seigneur; attendez, je » vais venir. — Qui es-tu? — Une bayadère, et c'est » ici la maison de l'amour. » Elle s'approche avec douceur en faisant retentir les cymbales, elle figure autour de lui des cercles gracieux, puis elle se baisse, se prosterne, et lui offre son bouquet.

Elle l'attire insensiblement jusqu'à sa demeure, et l'y fait entrer avec vivacité : « Bel étranger, ma cabane » va s'éclairer pour toi. Si tu es fatigué, repose-toi, » je panserai tes pieds blessés par le voyage. Tout ce » que tu désireras tu l'auras, repos, joie ou plaisir. » Et elle s'empresse d'adoucir les feintes douleurs du Dieu; lui, il sourit, parmi la corruption il démêle un cœur humain.

Il exige un service d'esclave, mais la jeune fille devient de plus en plus sérieuse. Ce qui jadis chez elle était de l'artifice, est maintenant de la réalité; et de même que le fruit remplace la fleur, quand l'obéissance est venue, l'amour n'est pas loin. Mais, pour l'éprouver mieux, le Dieu tout-puissant emploie successivement le plaisir, la frayeur et la douleur terrible.

Il lui donne un baiser, et elle ressent les tourmens

de l'amour, et elle est vaincue, et elle pleure pour la première fois. Elle tombe à ses pieds ; ce n'est pas pour lui demander ni volupté ni salaire ; mais, hélas ! parce que ses membres émus refusent de la soutenir. Et les heures de la nuit tissent le voile sombre et favorable qui va couvrir la fête joyeuse de la couche.

Elle s'endort tard dans le plaisir, elle se réveille après un court sommeil, et elle trouve son hôte bien-aimé mort près de son cœur. Elle se précipite sur lui en criant ; mais, hélas ! elle ne le réveille pas, et on porte ce corps glacé sur le bûcher. Elle entend les prêtres, elle entend leurs chants, elle court, elle crie, elle sépare la foule : « Qui es-tu ? qui t'attire vers ce » bûcher ? »

Elle tombe près du cercueil, ses sanglots percent les airs. « C'est mon époux que je veux. Je viens le » chercher dans la tombe. Ces membres si beaux, si » divins, la flamme les dévorerait-elle ? Il fut à moi, » à moi, hélas ! une seule nuit ! » Et les prêtres chantent : « Nous portons au tombeau le vieillard affaibli, » le vieillard glacé et le jeune homme aussi.

» Écoute la voix de tes prêtres. Il ne fut pas ton » époux. Tu vis en bayadère, tu es libre de tout de- » voir. C'est l'ombre seule qui doit accompagner son » corps dans l'empire des morts, l'épouse qui doit » suivre son époux, c'est là sa gloire et son devoir. » Sonnez, trompettes, sonnez en signe de sainte la- » mentation. Recevez, ô dieux ! l'ornement de la vie, » recevez ce jeune homme dans les flammes.

Ainsi chante le chœur, et sans pitié il accroît sa

douleur; mais elle, les bras élevés, se précipite dans la mort brûlante. Alors le jeune dieu l'arrache aux flammes, et il s'élève avec elle vers son ciel. La divinité se réjouit du repentir, et les esprits immortels emportent dans leurs bras de feu les âmes perdues vers le ciel.

Wolfgang Gœthe.

LE PÊCHEUR.

L'eau bouillonne et monte; un pêcheur est assis sur le bord, il regarde sa ligne, et se sent frais jusqu'au cœur. Il est assis, il épie tranquillement sa proie. Voici que les flots se séparent, et de leur sein agité il sort une femme humide.

Elle chante, elle lui dit : « Pourquoi, méchant, » attirer les miens dans les souffrances de la mort ? » Ah ! si tu savais comme le petit poisson est heureux » là, au fond, tu y descendrais. Que tu y serais bien !

» Le bon soleil ne se rafraîchit-il pas dans la mer ? » Le visage de la lune, toute haletante après les flots, » ne s'y réfléchit-il pas plus beau ? Ce ciel profond, » cet azur humide et clair ne t'enchantent-ils pas ? » Vois, ta propre image t'invite à descendre dans » cette rosée éternelle. »

L'eau bouillonne et monte, elle mouille le pied nu du pêcheur. Son cœur se remplit de désir comme au salut d'une amante. Elle chante, elle lui parle, elle l'attire, il cède; c'en est fait pour toujours, il a disparu.

Wolfgang Gœthe.

LE CHANT NOCTURNE DU VOYAGEUR.

Toi qui es dans le ciel, toi qui apaises toutes les douleurs, toi qui consoles le malheureux, hélas! je suis bien fatigué de marcher. A quoi servent ces chagrins et ces peines? Viens, douce paix, viens, descends dans mon cœur.

Wolfgang Gœthe.

VANITAS VANITATUM VANITAS.

J'ai mis mon bonheur dans rien, hohé! C'est pourquoi je me sens si bien dans le monde, hohé! Que celui qui veut être mon camarade trinque avec moi; qu'il chante avec moi près de ce reste de vin. Hohé!

J'avais mis mon bonheur dans l'or et la fortune, hohé; j'en perdis la joie et le courage, hélas! L'argent roulait par-ci par-là; je l'attrapais d'un côté, je le perdais de l'autre, hohé!

Je mis alors mon bonheur dans les femmes, hohé! il m'en arriva grand mal, hélas! La fourbe se chercha une autre moitié; la fidèle devint ennuyeuse; la bonne ne se laissa pas acheter, hélas!

Je mis mon bonheur dans les courses et les voyages, hohé! J'abandonnai le séjour de la patrie, hélas! Nulle part je ne me trouvai bien; mauvais lit, nourriture étrangère, personne ne me comprit, hélas!

Je mis mon bonheur dans la gloire et l'honneur, hohé! un autre en obtint plus que moi, hélas! Dès que je m'avançai, tout le monde me regarda de travers, je ne sus convenir à personne, hélas!

Je mis mon bonheur dans la guerre et les batailles, hohé! Plusieurs victoires furent à nous, hohé! nous ruinâmes le pays ennemi; le pays ami fut aussi mal traité, et je perdis une jambe, hélas!

Maintenant j'ai mis mon bonheur dans rien, hohé! et le monde entier m'appartient, hohé! La ripaille tire à sa fin, mais surtout videz tous les verres, que la dernière goutte en sorte, hohé!

Wolfgang Gœthe.

PRÉSENCE.

Je pense à toi quand l'éclat du soleil dore la mer. Je pense à toi quand la lumière de la lune se réfléchit dans l'onde!

Je te vois quand sur le chemin s'élève la poussière; je te vois dans la nuit obscure, quand le voyageur tremble sur l'étroit sentier!

Je t'entends quand la vague s'élève en bouillonnant; je vais t'écouter dans le bosquet, quand tout est silencieux.

Je suis près de toi, quelque éloigné que tu sois. Le soleil se couche, les étoiles vont paraître; hélas! que n'es-tu ici!

Wolfgang Gœthe.

LA DANSE DES MORTS.

A minuit, du haut de sa tour, le gardien regarde le champ des tombeaux. La lune éclaire le cimetière. Voilà qu'une tombe s'ouvre, puis une autre; des hommes et des femmes en sortent vêtus de chemises flottantes.

Ils s'allongent, se détirent et forment une ronde. Leurs os remuent, et pauvres et jeunes, riches et vieux, se réjouissent à la danse. Mais les vêtemens trop longs embarrassent leurs pas ; comme en ce lieu la pudeur n'a plus d'empire, ils les rejettent au loin ; les chemises gisent dispersées sur les tombes.

La cuisse se lève, la jambe branle, les gestes sont diaboliques. Ça claque et crie comme si on battait la mesure avec des morceaux de bois. Le gardien rit ; mais le tentateur sournois lui bourdonne à l'oreille : « Va voler une chemise. »

Pensé et fait. Il se sauve bien vite derrière les saintes portes. La lune éclaire toujours la danse effroyable ; mais peu à peu celui-ci, celui-là s'habille, glisse et crie ; il est sous le gazon.

Un seul piétine et trébuche encore ; il tâtonne sur les tombeaux ; personne ne l'a pourtant blessé ; d'une voix de tonnerre il crie : « Ma chemise, ma chemise ! » Il secoue la porte de la tour, elle le repousse, ornée et bénie pour le salut de son gardien ; des croix de métal brillent dessus.

Pourtant il veut sa chemise ; il n'a pas de repos ; il a bientôt réfléchi. Il saisit les ornemens gothiques et grimpe de pignon en pignon. C'en est fait du gardien, araignée à longues jambes, il avance de volute en volute.

Le gardien pâlit et tremble. Qu'il voudrait lui jeter

la chemise! mais un crochet de fer la retient. C'en est fait; la lune pâlit, son éclat s'efface, la cloche sonne avec fracas une heure; le squelette tombe et se brise en éclats.

Wolfgang Gœthe.

LE ROI DE THULÉ.

A Thulé il était un roi qui fut fidèle jusqu'au tombeau; son amante en mourant lui donna une coupe d'or.

Il n'avait rien de plus précieux; à chaque repas il la vidait; ses yeux se noyaient de larmes chaque fois qu'il y buvait.

Quand il fut pour mourir, il compta les villes de son royaume, il légua tout à ses héritiers; mais il garda la coupe.

Dans un château près de la mer, dans la salle de ses ancêtres, entouré de ses chevaliers, il était assis au festin.

Là, le vieux convive but encore la dernière flamme de vie, puis il lance la sainte coupe dans les flots.

Il la regarda tomber, s'emplir, s'enfoncer dans la mer; ses yeux se fermèrent, jamais plus il ne but.

Wolfgang Gœthe.

LAMENTATIONS DU PATRE.

Là haut sur la montagne, souvent, appuyé sur mon bâton, je regarde dans la vallée.

Je suis mon troupeau; mon chien le garde. Je descends je ne sais pourquoi.

La prairie est émaillée de fleurs, je les cueille, et je ne sais à qui les donner.

Couché sous l'arbre, j'oublie la pluie, l'orage et le vent. Cette porte là-bas restera donc toujours fermée! Tout n'était donc qu'un songe!

Un arc-en-ciel brille au-dessus de la maison. Mais elle en est sortie; elle est allée au loin dans le pays.

Au loin, bien loin. Peut-être a-t-elle passé les mers? Allez, moutons, partez d'ici; le pâtre est trop malheureux.

Wolfgang Gœthe.

CHANT D'UNION.

Qu'à toutes les heures propices, lorsque l'amour et le vin nous élèvent l'âme, ce refrain soit chanté par nous: Le Dieu qui nous a conduits ici nous conservera unis; il renouvellera nos flammes, c'est lui qui les a allumées.

Que le plaisir nous embrase, soyons un de cœur. Allons, vidons ce verre de bon vin. A la joie renouvelée. Allons, à cette heure charmante, trinquons tous, et que chaque nouvelle union embrasse les anciennes.

Qui parmi nous ne se sent pas content? Jouissons de notre liberté et de notre amitié. A travers les temps nos cœurs se resteront dévoués. Notre union ne sera pas troublée par de vains fantômes.

Dieu nous a accordé un franc regard, et tout augmente notre bonheur. Le caprice ne vient pas briser nos joies; notre cœur palpite librement, l'affectation ne saurait le comprimer.

La carrière de la vie s'agrandit pour nous à chaque pas. Le regard en s'élevant devient de plus en plus serein. Nous verrons sans inquiétude toutes choses et monter et descendre. Nous resterons unis, oui, unis pour l'éternité.

Wolfgang Gœthe.

CHANT DES ESPRITS SUR L'EAU.

L'âme de l'homme ressemble à l'onde; elle vient du ciel, remonte au ciel et redescend sur terre : éternel changement!

Le rayon pur s'élance du rocher élevé, en nuages ondulés, en poussière brillante; il tombe sur le fond lisse, et, doucement reçu, il glisse comme une voile, et court se jeter dans les profondeurs.

Si des écueils arrêtent sa course, irrité, écumant, il descend par bonds dans l'abîme.

Couché dans un lit uni, il traverse la prairie, et les étoiles se mirent dans le lac tranquille.

Le vent est l'amant de l'onde, le vent soulève du fond la vague écumante.

Ame de l'homme, que tu ressembles à l'onde! Sort de l'homme, que tu ressembles au vent.

Wolfgang Gœthe.

CHANSON DU SOIR DU CHASSEUR.

Lorsque, sauvage et silencieux, mon fusil armé, je parcours les champs, ta belle, ta chère image vient à paraître devant moi,

Toi, douce et silencieuse, tu traverses sans doute la prairie et la vallée chérie. Hélas! mon image bien vite effacée se présente-t-elle une seule fois à toi?

L'image de cet homme qui va de l'est à l'ouest, qui erre dans le monde, plein de chagrins et de soucis, parce qu'il doit te quitter?

Quand je pense à toi, c'est comme si je regardais la lune; une douce paix descend sur moi, et je ne sais plus ce qui m'arrive.

Wolfgang Gœthe.

PRÉSENCE.

Tout t'annonce à moi! quand paraît le soleil, je crois que tu le suis.

Quand je te vois dans le jardin, tu es la rose des roses, le lis des lis.

Quand tu danses, tous les astres semblent t'entourer et tourner avec toi.

La nuit, si la nuit peut être où tu es, la nuit, tu effaces le doux, le séduisant éclat de la lune.

Oui, tu es séduisante et douce; et les fleurs, la lune, les astres te rendent hommage, à toi leur soleil.

O toi, mon soleil aussi! sois donc pour moi la créatrice de jours lumineux. Tu es la vie et l'éternité.

Wolfgang Gœthe.

MARGUERITE.

Mon cœur est oppressé, mon repos a fui, et jamais, non, jamais je ne le retrouverai.

Partout où il n'est pas, pour moi, c'est la tombe! Le monde n'a plus que de l'amertume! Ma pauvre tête est dérangée, ma pauvre âme est brisée.

Mon cœur est oppressé! mon repos a fui, et jamais, non, jamais je ne le retrouverai.

C'est pour le voir que je vais à la fenêtre. C'est pour le suivre que je quitte la maison.

Sa démarche fière, sa noble tournure, le sourire de sa bouche, le pouvoir de ses yeux, le charme de ses paroles, son serrement de main, et puis, ah! son baiser de feu!....

Mon cœur est oppressé, mon repos a fui, et jamais, non, jamais je ne le retrouverai.

Mon sein s'élance en palpitant vers lui. Que ne puis-je le saisir, le tenir dans mes bras! que ne puis-je le couvrir de baisers et mourir sous ses baisers!

Wolfgang Gœthe.

LE TORRENT DU ROCHER.

Immortel jeune homme! tu sors de l'antre du rocher. Aucun œil humain ne vit le berceau du fort; aucune oreille n'entendit balbutier ce noble enfant dans sa source tourbillonnante.

Que tu es beau, avec tes boucles argentées ! Que tu es terrible, enveloppé du fracas des rochers !

Le sapin tremble devant toi; et tu l'entraînes avec sa racine et son faîte élevé.

Les rochers t'évitent, tu les atteins, et en riant tu les fais rouler comme du gravier.

Le soleil te revêt des rayons de la gloire; il peint les nuages de tes ondes poudreuses des couleurs de l'arc divin.

Pourquoi descends-tu en courant vers le lac vert? Ici, n'es-tu pas plus près du ciel? N'es-tu pas bien dans le rocher retentissant, dans le buisson suspendu des chênes?

Oh ! ne te hâte pas de courir au lac vert ! Jeune homme, tu es encore fort comme un Dieu, libre comme un Dieu.

Là-bas te souriront le calme tranquille, le balancement des ondes muettes, tantôt argentées par la lune nageante, tantôt rougies et dorées par le rayon du couchant.

Mais, ô jeune homme ! qu'est le repos soyeux, qu'est le sourire amical de la lune, la pourpre et l'or du couchant, pour celui qui se sent dans les chaînes de l'esclavage ?

Ici tu bouillonnes, sauvage comme les désirs de ton cœur. Là-bas règnent les vents inconstans, le silence de la mort, là-bas sur le lac asservi !

Oh! ne te hâte pas d'aller au lac vert, jeune homme, tu es encore fort comme un Dieu et libre comme un Dieu.

Frédéric-Léopold de Stolberg.

Le joug de la vie est lourd et pesant, le souffle de la mort est frais et léger. Semblable aux feuilles fanées, il nous emporte dans la tombe silencieuse.

La lune luit, la rosée descend sur la tombe comme sur la riante prairie. Les larmes de l'amitié coulent sur nous, adoucies par une lueur d'espérance!

La terre, notre mère, nous réunit tous, grands et petits. Oh! que ne pouvons-nous voir sa douce figure! nous reposerions avec joie dans son sein!

Frédéric-Léopold de Stolberg.

Douce et sainte nature! laisse-moi suivre tes traces. Que ta main me conduise comme un petit enfant.

Quand je serai fatigué, je tomberai dans tes bras, et à ton sein je boirai une joie douce et pure.

Ah! que je suis bien, près de toi! Je veux t'aimer toujours, douce et sainte nature; conduis-moi sur tes traces!

Frédéric-Léopold de Stolberg.

LE CHEVALIER SOUABE.

Tiens, mon fils, prends ma lance; elle est trop pesante pour moi. Prends ce bouclier et cette arme, et conduis désormais mon coursier.

Vois cette tête, maintenant blanchie, le casque la défend depuis quarante ans. Chaque année une bataille émoussa mon épée et ma bonne hache d'armes!

Le duc Rodolphe me donna ces armes; je lui restai fidèle et méprisai la solde d'Henri.

Prends cette armure et revêts-la; Conrad l'empereur s'apprête à la guerre. Suis-le; remplis pour moi ce devoir, trop pénible pour ma vieillesse.

Ne brandis jamais inutilement le fer pour la défense de tes foyers. Sois prudent au guet; sois un tonnerre dans la bataille!

Sois toujours prêt au combat; choisis la mêlée la plus chaude. Épargne celui qui, désarmé, t'implore; frappe celui qui te résiste.

Si ta troupe est ébranlée, si en vain ton pennon s'agite, toi, comme une tour solide, brave l'assaut des ennemis.

L'épée dévora tes sept frères; tous étaient dignes de l'Allemagne. Ta mère, muette et glacée par la douleur, mourut après eux!

Maintenant je suis solitaire et faible; mais, enfant, la honte serait pour moi plus amère que la mort de tes frères.

Ne crains pas la mort, espère en Dieu. Bats-toi en brave chevalier; ton vieux père s'en réjouira.

Frédéric-Léopold de Stolberg.
D'après un chant du XIIIe siècle.

CHANSON DU SOIR D'UNE JEUNE FILLE.

Quand les ailes roses du soir effleurent la plaine et les coteaux, quand la rosée descend sur les arbres et sur les fleurs et se suspend aux jeunes épis ;

Quand au son des clochettes sonores les moutons rentrent au bercail, et qu'en cheminant l'agneau tette sa mère ; quand le chèvrefeuille m'envoie ses parfums, portés par les airs légers ;

Quand, dans la vallée, Hesper baise en silence la source pure de ses rayons amoureux ; quand, tendre comme une fiancée, la lune se montre pleine de grâce, et que Philomèle la salue de son chant ;

Alors des plaisirs doux et des peines vagues qui s'entrelacent en cercle, voltigent autour de moi. Alors mes larmes coulent, et j'ignore pourquoi !

Souvent je les crus des larmes de joie, et peut-être un désir secret les faisait-il couler ; souvent un soupir s'échappa de mon sein et voltigea inaperçu à la clarté de la lune.

Je vous en conjure, vents du soir, brises parfumées, Hesper, lune, et toi, rossignol, dites-moi, ces désirs secrets n'oppressent-ils que moi ? Suis-je seule à pleurer ?

Frédéric-Léopold de Stolberg.

LA JEUNESSE DU VILLAGE.

Écoutez ! le sacristain sonne les cloches. Fillettes

blanches et tendres, demain c'est l'Ascension ; alors pas d'école. En repos, rouet, fuseau et canevas.

Demain tu mettras ton corset des dimanches, ta jupe bariolée, ton tablier fin avec ton beau fichu. Que ta cornette blanche, que tes boucles polies brilleront bien au soleil!

A l'église tout le monde t'admirera. Chacun dira : « Voyez donc cette jeunesse, comme elle se fait » grande. »

Le curé même baissera saintement la tête, et regardera ce qu'il est permis à ses yeux de voir.

Et moi, ton amoureux, si le temps est beau, revêtu de mes habits de fête, je serai en face de toi ; et au milieu de la musique, des chants et du sermon, je ne verrai que toi, je n'entendrai que toi.

L'après-dînée nous irons ensemble cueillir des violettes et tresser des guirlandes de pervenche, et nous nous assiérons sur le coteau, sous les jeunes mais aux branches vertes.

Parée de ta couronne et de ton bouquet, belle comme une fiancée, confiante et modeste, tu me suivras à la danse ; là on chantera gaiement, on sautera au son du violon du vieux ménétrier aveugle.

En poussant des cris de joie, les gens du village s'empresseront autour des noix et des gâteaux, ils se divertiront au jeu des gages ; mais, petite méchante, prends-y garde! si tu embrasses trop les autres, je me fâcherai.

Jean-Henri Voss.

CHANSON A BOIRE.

Ornez vos chapeaux de feuilles de chêne. Allons, buvez le vin qui, parfumé, brille devant nous. C'est notre père le Rhin qui nous le donna !

Si parmi nous il en est un auquel l'esclavage soit encore cher, si sa main hésite à brandir pour la patrie la crosse, la lance ou l'épée, qu'il fuie loin d'ici, le lâche ! Qu'il rampe pour gagner un pain mercenaire ; que comme une brute il boive à la santé de ses princes, qu'il les courtise et blasphème Dieu !

Qu'il nettoie les souliers de son maître, et lui conduise et sa femme et sa fille ; qu'il porte des rubans et des étoiles !

A nous, cette nuit ! A nous, ce noble breuvage ! On le pressait lorsque la puissance de la France croulait dans les vallées d'Hochstædt. C'est pourquoi, frères, couronnons-nous et buvons le vin parfumé qui brille devant nous ! C'est notre père le Rhin qui nous le donna !

A nous appartiennent Hermann et Tell le héros Suisse, et tous les Allemands héroïques ; ils sont nombreux comme le sable. Qui jamais le compta ?

Dans le silence des nuits nous entendions gémir la veuve en deuil ; la rapacité et les combats lui avaient enlevé son fils et son époux.

La bouche décolorée des orphelins appelait la mort ; on leur avait ôté leur dernier morceau de pain pour le donner aux chiens de l'empereur.

13.

Le joyeux Allemand s'est réveillé pour la vengeance. Trompettes et tambours appellent au combat. Drapeaux, volez en avant!

Quand bien même les flots de la mer viendraient à notre rencontre, avançons toujours! Nos ennemis sont des esclaves mutilés; ils se battent pour de l'or, et non pour la patrie!

Avançons, la mer ne serait rien pour nous! Chantons d'une voix fière; notre Dieu est un fort rempart. Chantons l'hymne de guerre de Klopstock.

Jean-Henri Voss.

LE COSAQUE ET SA BELLE.

Belle Minka, il faut partir! Ah! tu ne sens pas la peine d'être loin de toi sur les tristes bruyères! Le jour sera pour moi sombre et solitaire; je cheminerai, je pleurerai; Minka, je t'appellerai sur les hauteurs et dans les bois!

Jamais je ne me détournerai de toi. Des mains, des lèvres, je te saluerai du haut des monts lointains. Bien des lunes s'écouleront avant que je te revoie. Ah! écoute ma dernière prière : reste fidèle et belle!

— Toi, mon Olis, m'abandonner! Mes joues pâliront, je haïrai les plaisirs qui s'approcheront de moi amicalement. Aux nuits et aux jours je dirai mon tourment. Je demanderai aux vents s'ils ont vu mon Olis bien aimé!

Mes chants se tairont, mes yeux se baisseront; mais quand je te reverrai tout changera! Et si les fraîches couleurs de ta jeunesse venaient à mourir, oui, malgré les blessures et les cicatrices qui pourraient les remplacer, doux ami, je serai à toi !

Christophe-Auguste Tiedge.

AU PLAISIR.

Plaisir, étincelle divine ! fils de l'Élysée ! nous entrons dans ton sanctuaire avec une ivresse brûlante. Ton charme réunit ce que le monde avait séparé ; tous les hommes sont frères là où tu agites tes douces ailes !

Chœur. Millions d'êtres, tenons-nous embrassés ! Un baiser à l'univers ! Frères, au-dessus des étoiles doit trôner un Dieu paternel !

Que celui qui est l'ami d'un ami, que celui qui possède une douce femme unisse sa joie à la nôtre. Que celui qui n'a qu'une âme à lui dans l'univers accoure également ; que celui qui n'a pas cette richesse s'éloigne en pleurant de notre cercle !

Chœur. Que tout ce qui habite ici-bas rende hommage à la sympathie, elle nous élève jusqu'aux étoiles où habite l'inconnu !

Aux mamelles de la nature tous les êtres boivent le plaisir. Tous les bons, tous les méchans suivent ses traces de roses. Il nous donna les baisers, les vignes, un ami fidèle jusqu'à la mort ! Le ver même éprouve la volupté, et le chérubin est devant Dieu.

Chœur. Prosternez-vous, millions d'êtres ! Monde,

adore ton Créateur! Cherche-le au-dessus des astres, c'est là qu'il doit habiter!

Plaisir s'appelle le grand ressort de la nature éternelle. Le plaisir, le plaisir fait tourner les rouages de la grande horloge du monde. Il fait épanouir les fleurs, il fait naître les soleils dans le firmament, il fait tourner les sphères que l'œil de l'homme ne connaît pas!

Chœur. Joyeux comme les soleils qui volent à travers le ciel, frères, parcourez votre carrière en héros qui vont à la victoire!

Du miroir de la vérité le plaisir sourit à ceux qui y regardent. Il soutient le malheureux sur le rocher escarpé de la vertu; on voit flotter sa bannière sur les hauteurs claires de la foi; à travers les fentes des sépulcres on l'aperçoit dans le chœur des anges!

Chœur. Souffrez avec courage, millions d'êtres! souffrez pour un meilleur avenir. Là, au-dessus des étoiles, un Dieu puissant vous récompensera.

Pour les dieux il n'est pas de récompense. Il est beau de leur ressembler! Que le chagrin et la pauvreté se réjouissent avec les joyeux! Que la colère et la vengeance ne soient plus; pardonnons à notre ennemi; qu'aucune larme ne l'oppresse, qu'aucun remords ne le ronge!

Chœur. Déchirons le livre des offenses. Que le monde se réconcilie. Frères, au-dessus des étoiles Dieu jugera comme nous aurons jugé!

Le plaisir pétille dans les verres, dans le sang doré de la vigne; les cannibales y boivent la douceur, le désespoir y boit le courage héroïque. Frères, levez-vous de vos siéges lorsque la coupe circulera, que l'écume en jaillisse vers le ciel, que ce verre soit dédié au bon Esprit!

Chœur. A celui que les astres célèbrent! A celui que chante l'hymne du séraphin! Ce verre au bon Esprit qui habite au-dessus des étoiles!

Courage dans les souffrances, secours aux pleurs de l'innocence, éternité aux sermens, vérité pour ami et pour ennemi, fierté mâle devant les trônes. Frères, au prix des biens et de la vie, des couronnes au mérite, et malheur aux fourbes!

Chœur. Resserrez le cercle saint. Jurez sur le vin doré d'être fidèle au serment; jurez sur le Juge au-dessus des étoiles!

Délivrance des chaînes des tyrans, générosité envers le criminel, espérance sur le lit de mort, grâce sur l'échafaud! Que les morts vivent aussi! Frères, buvez et répétez : Grâce à tous les péchés, que l'enfer ne soit plus!

Chœur. Que l'heure dernière soit sereine et le sommeil paisible dans le linceul. Frères, que la sentence soit douce dans la bouche du grand Juge.

Frédéric Schiller.

L'INFANTICIDE.

Écoutez! Les cloches tintent lugubrement, et l'aiguille du cadran achève sa course! Au nom de Dieu, que cela soit! Compagnons du tombeau, marchons au supplice! Monde! reçois mes derniers baisers; reçois ces dernières larmes. Tes poisons, hélas! qu'ils furent doux! Nous sommes quittes, séducteur des âmes!

Adieu, plaisirs du soleil! qui allez vous changer en une nuit obscure et froide! Adieu! joyeux temps des roses, qui enivras souvent la jeune fille! Adieu, rêves tissus d'or, créations du paradis. Hélas! vous vous êtes évanouis à votre naissance pour ne plus reparaître.

Jadis la robe blanche de l'innocence m'embellissait, des rubans roses et des fleurs ornaient mes blonds cheveux. O Dieu! la victime de l'enfer est encore aujourd'hui vêtue de blanc; mais un crêpe noir a remplacé les nœuds roses et les fleurs.

Pleurez, vous qui n'avez jamais failli, vous pour lesquelles fleurit encore le lis de l'innocence, vous dont le tendre cœur est armé d'une force héroïque. Malheur à moi! Ce cœur a senti humainement, et le sentiment devient la hache de mon supplice. Malheur à moi! Dans les bras du parjure, la vertu de Louise s'endormit.

Hélas! peut-être en ce moment l'infidèle délire près d'une autre en des jeux d'amour; peut-être il joue avec sa chevelure, savoure avec ivresse les baisers qu'elle lui donne...Et moi, moi!...sur l'échafaud infâme mon sang va s'élancer avec force de mon corps mutilé!

Joseph, Joseph! au loin puisses-tu entendre les

hymnes funèbres! Que la cloche du supplice tinte comme un remords à ton oreille.

Quand une bouche délicate et tendre laissera échapper pour toi des murmures d'amour, que ces sons lugubres viennent creuser une plaie infernale dans ta vision de volupté!

Traître! et le désespoir de Louise? et la honte de la femme? Et ton fils dans mon sein? Ce qui attendrit les tigres et les lions ne fut rien pour toi, homme dur! Malheureuse! Son vaisseau s'éloigna du rivage; mes yeux le suivirent, obscurcis et tremblans. Maintenant près des beautés des rives de la Seine, il exhale ses soupirs mensongers!

Et mon enfant... dans un doux repos il dormait sur les genoux de sa mère. Semblable à la rose du matin, il me souriait avec un charme affreux. Ses traits me retraçaient son image adorée. Un délire d'amour et de désespoir déchirait mon cœur maternel.

« Femme, où est mon père? » murmurait la voix de son innocence. « Femme, où est ton époux? » répétait une autre voix dans mon cœur. Malheureux! en vain tu le chercheras, ton père. Peut-être à cette heure il berce d'autres enfans. Oh! tu maudiras l'instant de notre ivresse, quand le nom de bâtard te flétrira!

Ta mère! l'enfer est dans son cœur! Ta mère! elle est solitaire dans le monde, haletante après la source du plaisir que ton aspect empoisonne. Hélas! chaque son qui t'échappe réveille ses regrets du bonheur passé; et ton sourire enfantin est pour elle la flèche amère de la mort!

L'enfer, l'enfer où tu n'es pas! L'enfer, où je te vois! Tes baisers sont les serpens des furies, ils me rappellent ses baisers enivrans. Ses sermens sortent du tombeau avec le fracas du tonnerre. Son parjure est à jamais meurtrier. A jamais... l'hydre m'enlaça... et le meurtre fut commis!

Joseph, Joseph! qu'au loin cette ombre irritée te poursuive; qu'elle t'enlace de ses bras glacés, qu'elle te réveille de tes songes de volupté; que dans la lumière des étoiles tu voies le regard mourant de ton fils; que dans sa parure sanglante il vienne à ta rencontre et t'interdise l'entrée du paradis!

Il était là couché à mes pieds. Froide, l'œil fixé sur lui, je regardais son sang couler, et je sentais ma vie s'en aller avec lui. Déjà le messager de la justice frappe à la porte; mon cœur bat plus fort que lui. Je me jette avec joie dans les bras de la mort pour y éteindre ma douleur brûlante.

Joseph! le Dieu du ciel sait pardonner, la pécheresse te pardonne aussi. Je laisse mon ressentiment sur cette terre. Flammes! embrasez le bûcher! Bonheur, bonheur! ses lettres brûlent, le feu dévore ses sermens. Ses baisers, comme ils flamboient! Adieu tout ce qui m'était cher ici-bas.

Ne vous fiez pas aux roses de la jeunesse, mes sœurs, ne croyez pas aux promesses des hommes. La beauté fut l'écueil de ma vertu, je la maudis sur l'échafaud. Des larmes, des larmes dans les yeux du bourreau; vite le bandeau sur ma vue. Bourreau, ne sais-tu pas cueillir un lis? Pâle bourreau, ne tremble pas.

Frédéric Schiller.

CHANSON DE SOLDATS.

Allons, camarades, à cheval, à cheval ! Au champ de bataille, à la liberté ! Dans la bataille l'homme a encore de la valeur, son cœur y est encore pesé. Là un autre ne prend pas sa place; là, il est seul pour lui seul!

La liberté a disparu de la terre : on n'y voit plus que des maîtres et des esclaves. La fausseté et l'artifice régissent la lâche race humaine. Le soldat qui regarde la mort en face, celui-là seul est libre.

Il rejette les soucis de la vie, il n'a plus rien à craindre, il n'a plus rien à garder. Il va hardiment au-devant du sort. S'il ne vient pas aujourd'hui, son tour viendra demain. Et s'il doit venir demain, savourons encore aujourd'hui la dernière goutte de temps.

Son sort joyeux lui tombe du ciel. Il le gagne sans peine. D'autres fouillent le sein de la terre, croyant y trouver un trésor; ils bêchent, ils creusent tout le temps de leur vie, et creusent leur propre tombe.

Le cavalier et son cheval agile sont des hôtes redoutés. Les lampes brillent dans les salles de la noce. Le cavalier arrive sans invitation à la fête; il ne supplie pas long-temps, il ne montre pas d'or; d'assaut il emporte le prix de l'amour.

Pourquoi pleure cette fille; pourquoi fond-elle en larmes? Laisse-le partir, laisse-le partir! Il n'a pas sur terre de garnison fixe; il ne peut conserver amour fidèle. Le sort impétueux l'entraîne; il ne laisse son repos nulle part.

C'est pourquoi, camarades, sellez vos chevaux, que le combat vous rafraîchisse. La jeunesse bouillonne, la vie écume; marchons, avant que l'esprit ne s'évapore. Si vous ne jouez pas la vie, jamais la vie ne sera gagnée.

Frédéric Schiller.

À EMMA.

Mon bonheur passé est dans le brouillard du lointain. Mon regard s'attache avec amour à une seule belle étoile; mais, comme toutes les étoiles, ce n'est qu'une lumière de la nuit!

Si le long sommeil, si la mort fermaient tes yeux, ma douleur te posséderait encore, tu vivrais pour mon cœur. Mais, hélas! tu vis sous le soleil, et tu ne vis plus pour mon amour!

Emma, le doux désir d'amour peut-il être passager? Ce qui s'éteint, est-ce l'amour? Sa flamme céleste peut-elle mourir comme tout autre bien terrestre?

Frédéric Schiller.

LA CHANSON DE LA CLOCHE.

Vivos voco, mortuos plango, fulgura frango.

« Le moule d'argile est scellé dans la terre. Au-
» jourd'hui la cloche doit naître; courage, compa-

» gnons, tenez-vous prêts! Pour que l'œuvre honore
» l'ouvrier, il faut que la sueur ruisselle de nos fronts
» brûlans; mais il faut surtout que la bénédiction
» vienne d'en haut. »

Mêlons des discours sérieux au travail sérieux que nous préparons; quand de sages paroles l'accompagnent, le travail se fait plus joyeusement. Considérons ce que notre faible force est capable de créer: l'homme stupide qui ne sait pas méditer sur son œuvre doit être méprisé. Comprendre en son cœur ce que sa main crée, n'est-ce pas là ce qui ennoblit l'homme? n'est-ce pas pour ce but que l'esprit lui fut donné?

« Prenez du bois de sapin, mais surtout qu'il soit
» bien sec, afin que la flamme resserrée entre avec
» violence dans le conduit. Quand le cuivre bouillon-
» nera, vite mêlez-y l'étain, afin que l'alliage soit bien
» coulant. »

Cette cloche, qu'à l'aide du feu nos mains auront fondue dans le sein de la terre, portera tout haut témoignage de nous dans le clocher élevé. Elle durera de longs jours, elle sonnera à bien des oreilles, elle se lamentera avec les affligés, elle priera avec le chœur des fidèles. Tout ce que le destin changeant apportera ici-bas au fils de la terre, montera vers la couronne de métal, qui l'annoncera pieusement au loin.

« Des bulles blanches jaillissent à la surface; c'est
» bien, la masse devient fluide. Laissons-la se péné-
» trer du sel alcalin qui facilite la fusion. Que le mé-
» lange soit pur de toute écume, afin que la voix du
» métal retentisse pure et sonore. »

Car c'est la cloche qui salue de l'accent de la joie l'enfant chéri, à la première course qu'il fait, plongé dans les bras du sommeil. Sa destinée sombre ou claire repose encore pour lui dans le sein de l'avenir. Les soins tendres de sa mère veillent seuls sur son matin doré. Mais les années fuient comme un trait. Le jeune garçon se sépare fièrement de la jeune fille, il se précipite avec impétuosité dans la vie, il parcourt le monde avec le bâton de voyage, puis il revient, étranger, au foyer paternel. Et belle, dans tout l'éclat de la jeunesse, véritable création du ciel, la jeune vierge est devant lui, les joues colorées par la pudeur. Un désir sans nom s'empare alors du cœur du jeune homme; il erre seul, des pleurs s'échappent de ses yeux, il fuit les cercles bruyans de ses frères; il suit en rougissant ses pas, il est heureux de son sourire; sur les prairies il cherche les plus belles fleurs, afin d'en orner son amie. O tendres pleurs! douce espérance! temps doré du premier amour! Les regards voient le ciel entr'ouvert, le cœur s'enivre de félicité. Oh! pourquoi ne reste-t-il pas toujours en fleurs, ce beau temps du premier amour!

« Comme les tubes déjà brunissent! je vais plonger
» cette baguette dans la fusion; si elle en ressort vi-
» trifiée, il sera temps de couler. Allons, compagnons,
» alertes! éprouvez le mélange, voyez si le métal
» dur s'est bien uni au métal doux en signe de réus-
» site. »

Car de l'alliance du sévère et du tendre, de l'alliance de la force et de la douceur, il résulte un son harmonieux ; c'est pourquoi, que ceux qui s'unissent pour toujours s'examinent, qu'ils voient si le cœur répond au cœur ! L'illusion est de courte durée, le repentir est éternel ! La couronne virginale se joue avec grâce dans les boucles de la jeune épouse, quand le son de la cloche appelle aux pompes nuptiales. Hélas ! la plus belle fête de la vie en termine aussi le printemps. L'illusion tombe avec le voile et la ceinture. La passion fuit, que l'attachement la remplace ; la fleur se fane, que le fruit mûrisse. Il faut que l'homme se jette dans la vie ennemie ; il lui faut penser, agir, créer et planter, gagner, amasser par l'adresse, par la force, par l'audace, par la ruse, il lui faut atteindre le bonheur.

Alors les biens arrivent en foule ; ses magasins se remplissent de richesses précieuses, ses champs s'étendent, sa maison s'agrandit ; et à l'intérieur gouverne la femme modeste, la mère des enfans ; elle dirige sagement sa famille, elle instruit les jeunes filles, elle reprend les jeunes garçons ; toujours ses mains sont actives, elle remplit de trésors ses armoires odorantes, elle fait tourner le fil autour du fuseau, elle resserre dans des coffres propres et lisses la laine éblouissante, le lin d'un blanc de neige ; elle augmente le gain par son esprit d'ordre, elle ajoute partout l'éclat au bien, et jamais elle ne se repose.

Cependant le père, du pignon élevé de sa demeure, compte d'un œil joyeux ses biens qui fleurissent à l'entour ; il contemple ses enclos, ses granges pleines, ses greniers qui fléchissent sous leurs poids, et les vagues ondoyantes de ses moissons, et ces paroles d'orgueil s'échappent de sa bouche : La splendeur de ma maison, solide comme les fondemens de la terre, brave la puissance du malheur! Mais, hélas! il n'est pas de pacte éternel avec le sort; le malheur arrive vite!

« Allons! la fonte peut commencer, la cassure est
» bien dentelée; mais avant de la laisser couler, ré-
» pétons une sainte prière! Débouchez les conduits,
» et que Dieu protége la maison! Voyez! les vagues
» rouges se précipitent en fumant dans le moule! »

La puissance du feu est bienfaisante, quand l'homme la maîtrise et la dirige; et ce qu'il crée, ce qu'il fait, c'est à cette force divine qu'il le doit; mais elle devient terrible, cette force, quand elle rompt ses chaînes, quand, fille libre de la nature, elle marche indépendante. Malheur! lorsque abandonnée à elle-même, croissant sans obstacle, elle lance l'effroyable incendie à travers les rues populeuses; car les élémens détestent les créations des humains. Du sein du nuage descend la prospérité, descend la pluie; du sein du nuage descend aussi la foudre! Entendez-vous les sons plaintifs qui s'échappent de la tour? c'est le tocsin! Le ciel est d'un rouge de sang, et ce n'est pas la lueur du jour. Quel tumulte dans les rues! quelle vapeur s'élève! la colonne de feu roule en pétillant à travers la longueur des rues; elle s'élance avec la vitesse du vent; l'air est embrasé comme la gueule d'un four, les solives craquent, les poutres tombent, les fenêtres se brisent, les enfans pleurent, les mères cherchent, les animaux hurlent sous les débris ; tout se sauve, court et crie, la nuit brille comme le jour, le seau vole de main en main dans la chaîne qui se forme, les pompes lancent des gerbes d'eau, l'aquilon survient en rugissant et cherchant la flamme, et elle embrase le bois sec, pénètre dans les greniers, atteint les combles, et, furieuse et tourbillonnante, comme si dans sa fuite elle voulait entraîner avec soi tout le poids de la terre, elle s'élance dans l'espace, grande et gigantesque ! Sans espoir, l'homme recule devant la force divine ; désormais oisif et frappé de stupeur, il voit périr son œuvre !

Tout est brûlé, la place est vide, elle sert d'asile aux aquilons ; dans les embrasures ruinées des fenêtres habite l'effroi, et les nuages du ciel contemplent ces décombres.

Encore un regard jeté sur le tombeau de sa fortune, puis l'homme reprend de nouveau le bâton de voyage. Quelques biens que le feu lui ait enlevés, une douce consolation lui est restée ; il compte les têtes qui lui sont chères ; ô bonheur ! toutes ont survécu !

« La terre a reçu le mélange, le moule s'est heu-
» reusement rempli ; mais la cloche naîtra-t-elle belle ?
» récompensera-t-elle notre travail et notre science ?
» Si la fonte n'avait pas réussi ! si le moule s'était
» brisé ! Hélas ! pendant que nous nous berçons d'es-
» pérance, peut-être le mal est-il fait ! »

Nous confions l'œuvre de nos mains au sein profond de la terre ; le laboureur lui confie aussi sa moisson, et il espère qu'elle germera pour son bien, selon les desseins du ciel. Nous déposons des semences plus précieuses encore dans le sein de la terre, et nous espérons que, sortant des cercueils, elles fleuriront pour un meilleur destin.

Du haut du dôme la cloche laisse échapper des sons tristes et étouffés ; c'est l'appel au tombeau ; ses accens de deuil accompagnent un voyageur dans sa dernière course.

Hélas ! c'est l'épouse chérie ; hélas ! c'est la mère fidèle, que le prince des ténèbres enlève aux bras de son époux, à ses jeunes et beaux enfans, qu'elle mit au monde, qu'elle vit croître avec amour sur son sein. Hélas ! les doux liens sont brisés à jamais, car elle habite maintenant le pays des ombres, celle qui fut la mère de la famille, car sa fidèle direction manque, sa sollicitude ne veille plus, et désormais l'étrangère gouvernera sans amour le cercle orphelin.

« Pendant que la cloche se refroidit, reposons-nous » de notre ouvrage ; que chacun s'ébatte comme l'oi- » seau sous la feuillée. Quand vient à briller la lu- » mière des étoiles, libre de soucis et de devoirs, l'ou- » vrier entend sonner l'heure du soir ; mais le maître, » lui, n'a pas de repos. »

Le promeneur s'éloigne des forêts sauvages, et presse joyeusement le pas pour regagner sa demeure chérie ; les brebis bêlantes et le troupeau de bœufs, au front large et luisant, retournent en mugissant dans leurs étables ; le dernier chariot rentre chargé de blé ; en haut, sur les gerbes, repose la couronne aux couleurs bigarrées, et le peuple des moissonneurs court à la danse. Les marchés et les rues deviennent silencieux, les habitans de la maison se rassemblent autour de la lumière, et la porte de la ville se ferme en grondant. La terre devient noire; mais la nuit, qui tient le méchant éveillé, n'effraie pas le paisible bourgeois, car l'œil de la justice veille.

Ordre saint, fils béni du ciel, c'est toi qui unis joyeusement, librement et légèrement, ce qui se ressemble; c'est toi qui fondas les villes, c'est toi qui fis sortir le sauvage des bois, c'est toi qui, entrant dans les demeures des hommes, leur enseignas les mœurs douces; c'est toi enfin qui formas le lien le plus cher, l'amour de la patrie!

Mille mains actives s'agitent, s'entr'aident joyeusement, et toutes les forces se déploient dans ce mouvement empressé; le maître et l'ouvrier travaillent sous la protection sacrée de la loi; chacun est content de sa place et brave le dédain, car le travail est l'ornement du citoyen, et la prospérité est la récompense de la peine; si la dignité royale honore le roi, nous, c'est l'œuvre de nos mains qui nous honore.

Aimable paix, douce union, restez, oh! restez dans cette ville! Que jamais il ne luise ce jour où les hordes guerrières seront déchaînées dans cette paisible vallée, où le ciel, que colore maintenant la douce rougeur du soir, sera éclairé par l'horrible incendie des villes et des villages.

« Maintenant, brisez le moule, il a rempli son but;
» que le regard et le cœur se réjouissent à l'aspect
» de l'œuvre bien terminée. Frappez, frappez du mar-

» teau jusqu'à ce que l'enveloppe se détache; pour
» que la cloche vienne à naître, il faut que le moule
» soit brisé! »

Le maître sait à propos et d'une main sage rompre
le moule; mais malheur! quand le bronze et ses cou-
rans embrasés se font jour d'eux-mêmes! Furieux, avec
un bruit de tonnerre, il fait sauter son enveloppe, et,
semblable à la gueule de l'enfer, il vomit le feu dé-
vorant. Où les forces barbares gouvernent, nulle
œuvre ne saurait se produire; quand les peuples s'af-
franchissent d'eux-mêmes, il n'est plus de prospérité.

Malheur! quand dans le sein des villes l'amorce
s'est allumée. Malheur! quand le peuple, brisant ses
chaînes, veut se secourir lui-même; alors la révolte
se pend à la cloche qui résonne horriblement, et elle,
consacrée à la paix, elle devient le mot d'ordre de la
violence.

Liberté! égalité!... partout ces cris retentissent; le
paisible citoyen saisit ses armes; les rues, les places
se remplissent, des bandes d'assassins les parcourent,
les femmes deviennent des hyènes et jouent avec
l'horreur; de leurs dents de panthères elles déchirent
le cœur encore palpitant de leurs ennemis; il n'est plus
rien de sacré, tous les liens de la pudeur se brisent,
le bon cède la place au méchant, et tous les vices marchent le front levé. Il est dangereux de réveiller le
lion, la dent du tigre est redoutable; mais la plus
horrible des horreurs, c'est l'homme dans son délire.
Malheur à ceux qui prêtent à cet aveugle éternel la

torche de la lumière du ciel! elle ne l'éclaire pas; mais dans ses mains elle peut réduire en cendres et les villes et les campagnes.

« Quelle joie Dieu m'a donnée! Voyez! semblable
» à une étoile d'or, de son enveloppe le noyau mé-
» tallique se dépouille uni et luisant; du sommet au
» bord, le métal resplendit comme la lueur du soleil!
» Les écussons des armoiries finement ouvragés témoi-
» gnent du talent de l'ouvrier.

» Venez, venez tous, compagnons; formez le cercle,
» que nous baptisions la cloche; qu'elle se nomme
» *Concorde*, qu'elle ne rassemble la commune que
» pour la paix, qu'elle réunisse les hommes en un sin-
» cère accord. »

Que tel soit le but pour lequel le maître la créa! qu'élevée au-dessus de l'humble vie terrestre, sous le dôme azuré du ciel, elle plane voisine du tonnerre, touchant au monde des étoiles. Qu'elle soit une voix d'en haut, comme le chœur brillant des astres, qui dans sa marche chante les louanges du Créateur, et conduit et dirige le cours de l'année couronnée de fleurs. Que sa bouche d'airain ne soit consacrée qu'aux choses graves et éternelles, et qu'à toute heure le temps la touche en volant de ses ailes rapides; qu'elle-même, sans cœur et sans compassion, elle prête sa voix au destin; qu'elle accompagne le jeu changeant de la vie, et qu'elle nous dise que rien ne dure, que toute chose terrestre s'évanouit comme le son qu'elle laisse échapper et qui s'en vient mourir à l'oreille.

« Maintenant, par la force du câble, faites sortir

» la cloche de la fosse, et qu'elle s'élève dans l'air,
» dans cet empire du son. Tirez, tirez encore; elle
» s'ébranle, elle plane; qu'elle annonce la joie à notre
» ville, que ses premiers accens soient la paix! »

Frédéric Schiller.

JEANNE D'ARC.

Pour souiller la plus noble création de l'humanité, la raillerie te jeta dans la poussière. L'esprit est en lutte éternelle avec le beau; il ne croit ni à Dieu ni aux anges, il ravit au cœur ses trésors; pour combattre l'erreur, il offense la foi.

Mais la poésie, comme toi du sexe doux, comme toi une pieuse bergère, la poésie te présente sa main divine; elle attache l'auréole à ton front, et s'élève avec toi vers les astres immortels. Le cœur te créa, tu vivras éternellement.

Le monde aime à ternir l'éclat; il aime à traîner ce qui est sublime dans la poussière. Mais ne crains rien! Il y a encore de belles âmes qui brûlent pour le beau. Que Momus égaye la foule; un esprit noble n'aimera jamais que les nobles créations.

Frédéric Schiller.

COLOMB.

Vogue, vogue, hardi navigateur! que l'esprit te raille, que la main nonchalante du pilote laisse échapper le gouvernail; marche, marche toujours au couchant. Le rivage s'y montrera enfin; n'est-il pas là clair et précis devant ton esprit? Confie-toi au Dieu qui te conduit, suis la mer silencieuse. Eh! s'il n'était pas de rivage, il sortirait pour toi des flots. La nature a fait un pacte éternel avec le génie; ce que celui-ci promet, elle l'accomplit toujours.

Frédéric Schiller.

L'IDÉAL.

Tu veux donc me quitter, infidèle! me quitter, toi et tes douces illusions, tes plaisirs et tes peines? Rien ne peut donc arrêter ta fuite, ô temps doré de ma jeunesse? C'est en vain, tes ondes courent vers la mer de l'éternité.

Il a pâli, le joyeux soleil qui éclairait les sentiers de ma jeunesse; l'idéal qui enivrait mon cœur de délices s'est évanoui. Elle est éteinte la douce croyance à des êtres que mes rêves avaient créés; ce qui était autrefois si beau, si divin, est devenu la proie de la froide réalité.

Comme Pygmalion, qui dans son ardeur suppliante tint le marbre embrassé jusqu'au moment où le sentiment vint animer les joues de la statue, ainsi de la force juvénile j'entourais la nature de mes bras amoureux, jusqu'à ce qu'elle se réchauffât et s'animât à mon âme de poète,

Et que partageant ma flamme, elle, si muette, vînt à trouver la voix, me rendît le baiser de l'amour et comprît le battement de mon cœur. Alors l'arbre et la rose naquirent pour moi à la vie, la cascade argentée murmura de doux chants, même ce qui est inanimé vivait de l'écho de mon âme.

Un monde immense, intérieur, se pressait dans ma poitrine étroite, et l'agrandissait, et l'élevait, impatient de se produire à la vie par l'action, par les images et par le chant. Comme ce monde était grand, tant qu'il resta dans son bouton! Hélas! combien peu sa fleur s'est épanouie! qu'elle est restée et petite et chétive!

Comme le jeune homme s'élançait dans la carrière de la vie, heureux des illusions de ses songes, libre encore de tous soucis! Le vol de ses desseins l'emportait jusqu'aux astres les plus éloignés; il n'était pas de hauteur, il n'était pas de distance que ses ailes ne pussent franchir.

Qu'il était légèrement emporté! Quoi de difficile pour cet être lumineux? Comme le cortége aérien dansait devant le char de la vie! C'étaient l'amour et sa douce récompense, la fortune avec sa couronne dorée, la gloire avec son auréole d'étoiles, la vérité brillante de l'éclat du soleil.

Mais, hélas! déjà au milieu du chemin les compagnons se perdirent; les infidèles, ils retournèrent en arrière, et l'un disparut après l'autre. La fortune aux pieds légers avait fui, la soif du savoir ne fut point apaisée, les nuages orageux du doute obscurcirent la lumière de la vérité.

Je vis les saintes couronnes de la gloire profanées par des fronts vulgaires; hélas! par trop vite, après un court printemps l'amour s'envola. Et l'aride sentier devint de plus en plus silencieux ; à peine si l'espérance l'éclairait encore d'un pâle éclat.

De toute cette suite bruyante, qui m'est resté fidèle ? qui est encore là pour me consoler ? qui me suivra jusqu'à la sombre demeure ? C'est toi, douce amitié, dont la main guérit toutes les blessures, toi qui partages affectueusement le poids de la vie, toi que j'ai cherchée de bonne heure, toi que j'ai trouvée.

Et toi aussi, qui aimes à t'unir à elle, qui, comme elle, conjures l'orage du cœur, étude qui ne faiblis pas, qui construis lentement, qui ne détruis jamais ; tu n'ajoutes que grains de sable sur grains de sable à l'édifice éternel, mais tu sais rayer des minutes, des jours, des années, de la grande dette du temps.

Frédéric Schiller.

THÉCLA, LA VOIX D'UNE OMBRE [1].

Tu demandes où je suis, où je portai mes pas, quand mon ombre légère s'envola à tes yeux ? N'avais-je pas résolu et fini ? n'avais-je pas aimé et vécu ?

Les rossignols qui aux jours du printemps te ravirent par leurs chants tendres et mélodieux, ne vécurent que le temps de l'amour.

Tu demandes si j'ai retrouvé mon bien-aimé ! Oui, nous sommes réunis dans un lieu où ce qui s'est uni

---

[1] Dans la tragédie de *Vallenstein*, de Schiller, Thécla disparaît ; le poète laisse ignorer son sort. Schiller répondit par le chant suivant aux reproches qui lui furent adressés à ce sujet.

ne se sépare plus, dans un lieu où ne coulent plus de larmes.

Là, tu nous retrouveras, si ton amour ressemble à notre amour. Là, mon père aussi est lavé de ses fautes ; le meurtre sanglant ne l'y atteint plus.

Il voit que ce n'était pas l'erreur qui lui faisait lever les yeux vers les astres. Comme chacun juge, il est jugé ; la Divinité est proche de celui qui le croit.

Dans ces espaces, on tient parole à tout sentiment croyant et beau. Ose errer et rêver ; un sens profond est souvent caché sous un jeu d'enfant.

Frédéric Schiller.

LE CHEVALIER TOGGENBOURG.

« Chevalier, mon cœur vous promet une amitié de » sœur ; n'exigez pas d'autre tendresse, elle ferait mon » tourment. Tranquille, je viens vers vous ; tranquille, » je vous quitte ; je ne comprends pas les pleurs de vos » yeux. »

Il entend ces paroles ; saisi d'une douleur muette, il s'arrache d'auprès d'elle, le cœur tout saignant ; il la serre dans ses bras, s'élance sur son coursier, et rassemble ses vassaux dans le pays de Suisse. La croix sur la poitrine, il s'en va en Terre-Sainte.

De hauts faits sont dus à son bras. Le cimier de son casque brille fièrement dans les rangs des ennemis, le nom de Toggenbourg est l'effroi du Musulman. Mais rien ne peut guérir le chagrin de son cœur.

Il l'a supporté un an. Son courage est épuisé ; plus de repos ! Il quitte ses guerriers, va trouver un vaisseau aux rives de Joppé ; la voile s'enfle, il vogue vers le pays où elle respire.

Le pèlerin frappe à la porte de son château. Hélas ! ces paroles terribles viennent à sa rencontre : « Celle » que vous cherchez porte le voile, elle est la fiancée » du ciel. Hier fut célébrée la fête qui la donna à » Dieu. »

Le chevalier abandonne à jamais la demeure de ses pères ; il ne revoit ni ses armes, ni son coursier fidèle. Il descend inconnu de son castel ; son corps est couvert d'un vêtement de crin.

Il bâtit une cabane près du monastère qu'entourent des tilleuls verts. Depuis le point du jour jusqu'aux dernières lueurs du soir, il y est assis solitaire, l'espérance sur les traits.

Et toujours il regarde le monastère, et toujours il regarde une fenêtre, il attend qu'elle s'ouvre, que son amie s'y montre, que cette forme adorée descende, semblable à un ange, dans la vallée paisible.

Alors, il se couche joyeux ; il s'endort consolé, et pense aux joies du lendemain. Il reste ainsi des jours et des ans. Il attend en silence que la fenêtre s'ouvre, il attend que son amie s'y montre, que cette forme adorée descende, semblable à un ange, dans la vallée. Un jour, il reste assis, mort, inanimé, le visage pâle et silencieux tourné vers la fenêtre.

Frédéric Schiller.

SUR LA MORT D'UN JEUNE HOMME.

Des gémissemens plaintifs, semblables à ceux qui annoncent la tempête, s'échappent de la maison du deuil ; des sons funèbres tombent du clocher de l'église. C'est un jeune homme qu'on porte à sa demeure dernière. Un jeune homme, cueilli au printemps de la vie, sans être mûr pour le cercueil, les nerfs palpitans de jeunesse et d'existence, l'œil embrasé de flammes. — Un fils, les délices de sa mère ; ses sanglots vous le disent. Mon ami, hélas ! mon frère ! que tout ce qui est homme le conduise au tombeau.

Vous glorifiez-vous, antiques pins, qui résistez aux tempêtes et bravez le tonnerre ; et vous, monts, qui soutenez les cieux ; et vous, cieux, qui portez les soleils ? Se glorifie-t-il encore, le vieillard qui, porté par ses œuvres, approché lentement du but ? Se glorifie-t-il encore, le héros que ses actions élèvent au temple brillant de l'immortalité ? Quand le ver ronge la fleur, quel est l'insensé qui se croit invulnérable ? Qui, là-haut, ici-bas, ose espérer de vivre, quand le jeune homme meurt ?

Ses jours vêtus de rose, pleins de joie et de jeunesse, passaient en dansant. Hélas ! le monde était si doux pour lui ! L'avenir lui faisait signe avec amour et charme ; le paradis de la vie lui semblait doré ! Alors même que des pleurs baignaient les yeux de sa mère, alors que déjà l'empire des morts s'entr'ouvrait dessous lui, qu'au-dessus de sa tête le fil des Parques se rompait, que terre et soleil disparaissaient à ses regards; alors même il fuyait, craintif, la pensée de la tombe. Hélas! la vie est si douce aux mourans!

Tout est muet et sourd dans l'étroite maison. Le sommeil des morts est profond. Hélas! mon frère, toutes tes espérances se reposent dans un silence éternel. Souvent le soleil échauffera la terre qui te couvre, mais tu ne sentiras plus son ardeur. Les ailes du vent du soir berceront les fleurs, tu n'entendras plus leur murmure. Jamais l'amour n'animera tes yeux, jamais tes bras ne serreront ton épouse. Non, jamais, quoique nos larmes coulent par torrens. A jamais, à jamais tes yeux sont fermés.

Mais tu es heureux. On dort tranquille dans l'étroite maison. La joie et le chagrin viennent y mourir; les tourmens y cessent de râler. Qu'au-dessus de toi la calomnie lance son dard, que la séduction répande ses venins, que le pharisien joue le zélé, qu'un pieux homicide te voue aux enfers, que l'hypocrite louche au travers du masque apostolique, que la fille bâtarde de la justice joue à jamais avec les hommes comme avec des dés.

Qu'au-dessus de toi la fortune se balance, qu'aveugle elle prenne au hasard ses favoris, que tantôt elle berce les hommes sur des trônes, que tantôt elle les traîne dans un sale bourbier. Toi tu es heureux dans ta cellule étroite. A cette mêlée tragi-comique, à cette vague impétueuse de bonheur, à cette burlesque loterie, à cette multitude paresseuse et active, à ce repos laborieux, mon frère, à ce ciel plein de diables, à jamais tes yeux se sont fermés.

Adieu donc, toi, le bien-aimé de nos âmes. Bercé par nos bénédictions, sommeille tranquillement dans la tombe, sommeille tranquillement, jusqu'au revoir; jusqu'à ce qu'au-dessus de ces collines funéraires la puissante trompette vienne à retentir, que les liens des cercueils se brisent, que la tempête de Dieu fasse tournoyer les cadavres; jusqu'à ce que, fructifiés par le souffle de Jéhova, les tombes enfantent; qu'à sa voix, environnés de la fumée des planètes qui se fondent, les sépulcres vomissent leur poussière.

Nous te retrouverons, non pas dans d'autres mondes comme rêvent les sages, non pas dans le paradis du peuple, ni dans les cieux comme chantent les poètes; mais nous te retrouverons. L'espérance du pèlerin est une vérité. La vertu existe, elle nous escorte au-delà du tombeau, l'espoir est plus qu'un jeu de l'imagination. Déjà ces énigmes te sont expliquées; ton esprit ravi savoure la vérité, la vérité qui en milliers de rayons s'échappe du grand calice de notre Père.

Allez donc, noirs et muets porteurs, portez encore celui-ci à l'ange exterminateur. Que les gémissemens cessent; qu'on entasse la terre au-dessus de lui! Où est l'homme qui éprouva les décrets de Dieu? Quel œil a sondé l'abîme? Saint, saint, très-saint, ô grand Dieu des tombeaux! nous t'adorons avec effroi. Que la terre redevienne terre, pourvu que l'esprit s'envole de sa demeure pourrie! Que le vent de la tempête disperse sa cendre: son amour est éternel!

Frédéric Schiller.

COMPLAINTE DE LA JEUNE FILLE.

La forêt de chênes murmure, les nuages volent, la jeune fille est assise sur l'herbe du rivage ; la vague se brise avec force, la vierge soupire dans la nuit sombre, les yeux obscurcis de larmes.

« Mon cœur est mort, le monde est vide, il n'accorde » plus rien à mes désirs. Vierge sainte, rappelle ton » enfant. J'ai goûté le bonheur de la terre, j'ai aimé, » j'ai vécu. »

Le torrent des larmes coule en vain ; la plainte ne réveille pas les morts. Mais dis-moi ce qui console et ce qui guérit le cœur, quand la douce joie d'amour a disparu, moi, Vierge divine, je ne te le refuserai pas.

Laisse couler le torrent des larmes, que la plainte ne réveille pas les morts ; quand la douce joie d'amour a disparu, la félicité du cœur souffrant est dans les plaintes et les regrets.

Frédéric Schiller.

LES TROIS PAROLES DE LA FOI.

Je vais vous dire trois paroles. Leur sens est profond ; elles sont dans toutes les bouches, pourtant elles ne viennent que du cœur ; lui seul les fait comprendre. L'homme qui ne croit plus à ces trois paroles est un homme sans valeur.

L'homme est créé libre. Il est libre, fût-il né dans les chaînes. Que les cris du peuple ne vous séduisent pas ; que l'abus des insensés furieux ne vous trompe pas. Devant l'esclave qui rompt ses chaînes, devant l'homme libre, ne tremblez pas.

La vertu n'est pas un vain son. Que l'homme l'exerce ici-bas; dût-il chanceler sans cesse, qu'il s'efforce de l'atteindre. Ce que l'esprit ne voit pas, l'âme naïve le comprend dans sa simplicité.

Il est un Dieu. Que la volonté de l'homme faiblisse, il est une volonté sacrée, qui vit éternellement. Au-dessus du temps et de l'espace, la grande pensée plane vivante. Que toutes choses tournent en un perpétuel changement; un même esprit reste ferme au milieu du changement.

Retenez ces trois paroles au sens profond; qu'elles se répètent de bouche en bouche. Elles viennent du cœur; le cœur seul les comprend. L'homme ne perdra pas sa valeur tant qu'il croira à ces trois paroles.

Frédéric Schiller.

L'ÉTOILE DU MATIN [1].

Où courez-vous de si bonne heure, monsieur [2] l'étoile du matin? Où allez-vous, avec votre robe céleste et brillante, avec vos cheveux dorés, vos yeux clairs et bleus, lavés dans la rosée?

Vous vous êtes cru seul? Non, non, nous fauchons

---

[1] Ce chant, de même que tous ceux de Hebel, est écrit en dialecte allemanique, parlé dans le canton de Basle, dans la forêt Noire et le long des Vosges.

[2] Étoile en allemand est du genre masculin; c'est ce qui a permis à Hebel d'en faire une personnification masculine.

depuis plus d'une demi-heure. Se lever matin est bon au corps ; ça donne tout plein de courage, et la soupe paraît meilleure après.

Il y a des gens qui dorment; ils ne peuvent se décider à sortir du lit ; mais le faucheur et l'étoile du matin sont courageux. Ce qui se fait le matin à quatre heures, profite le soir à neuf.

Les petits oiseaux sont déjà là, ils essayent leurs sifflets, et de dessus les arbres et les buissons ils se disent bonjour. La tourterelle roucoule et rit ; la cloche de la prière elle aussi est éveillée.

Que Dieu nous garde et nous donne une bonne journée ! Nous lui demandons un cœur chrétien. C'est bon dans la joie et dans la douleur.

Sais-tu, Jacob, ce que l'étoile du matin cherche au ciel ? C'est difficile à savoir. Elle court après une autre étoile, et ne peut la quitter. Sa mère se fâche, et la renferme comme un poulet.

C'est pourquoi elle se lève avant le jour et suit son étoile à travers l'aurore ; elle la cherche, elle la cherche, elle est toute triste ; elle voudrait lui donner un petit baiser et lui dire : Je t'aime. Voilà ce qu'elle veut avant tout.

Au moment où elle va l'attraper, sa mère s'éveille, elle s'écrie : « Seigneur, bon Dieu, mon petit n'y est plus ! » Elle met vite sa couronne sur sa tête, et regarde de derrière les montagnes.

Quand l'étoile voit venir sa mère [1], elle devient pâle

---

[1] Le soleil, qui en allemand est du genre féminin.

comme la mort, se sauve et dit à sa chérie : Adieu, adieu. C'est tout juste comme si elle allait mourir. Dépêche-toi, étoile du matin, ta mère arrive.

Qu'est-ce que je te disais! La voilà, la mère, dans son éclat tranquille ; elle allume ses rayons, le clocher de l'église s'y réchauffe ; partout où ils tombent, dans les vallées et sur les monts, ils raniment la vie.

La cigogne essaie son bec. Il va tout aussi bien qu'hier. Les cheminées fument déjà. La roue du moulin tourne dans la rivière, et la hache fend le bois dans la forêt de bouleaux.

Qui donc traverse là-bas la prairie, aux rayons du matin, avec une corbeille couverte d'un linge? Ce sont les jeunes filles prestes et gaies. Elles nous apportent la soupe. Marianne est devant; elle me sourit de loin.

Si j'étais le petit du soleil, et que Marianne se montrât à travers l'aurore, je la suivrais bien vite, je descendrais du ciel ; ma mère aurait beau crier, je ne quitterais pas Marianne, que Dieu me le pardonne.

Jean-Pierre Hebel.

L'HABITANT DE LA FORÊT NOIRE DANS LE BRISGAU.

A Mullen, à l'auberge de la poste, sacrebleu! qu'on y boit de bon vin! Ça vous coule comme de l'huile. Il y fait bon, à Mullen, à l'auberge de la poste.

A Burglen, sur les hauteurs, comme c'est beau!

Montagnes et vallées, terres et prairies, que tout ça est beau à Burglen!

A Stauffen, au marché, on a tout ce qu'on désire, la danse, le vin, les jeux. Tout ce qui réjouit le cœur se trouve à Stauffen au marché.

A Fribourg, dans la ville, c'est propre et bien uni. Des seigneurs, de l'argent, des filles comme du sang et du lait, il y a de tout cela à Fribourg, dans la ville.

Partout où je vais, où je m'arrête, ce que je vois est toujours gai. Eh bien! tiens, montre-moi ce que tu voudras; rien ne me plaît dans ce beau pays.

Rien ne me plaît qu'Hérischried, dans la forêt; partout où je suis, j'y pense. Tout m'est égal, il n'y a pour moi qu'Hérischried dans la forêt.

Dans une petite maison, il y a quelqu'un qui entre et qui sort. Hein! tu crois que je te dirai qui? C'est une *elle*, ce n'est pas un *lui*, qui est dans la petite maison.

Jean-Pierre Hebel.

JEAN ET VÉRONIQUE.

Une seule jeune fille me plaît; mais celle-là, je l'aime bien. Si je la tenais seulement! elle est si vive et si gentille, je serais dans le paradis.

Oui, elle me plaît et je la voudrais. Elle est toujours de bonne humeur. Sa figure est comme du lait et du sang, ses yeux sont des étoiles.

Quand je la vois de loin, voilà que je deviens tout

rouge. Mon cœur est tout tremblant, la sueur me coule des joues, je ne sais ce que j'ai.

Mardi matin, à la fontaine, elle me dit : « Viens, Jean, aide-moi à lever ma cruche. Qu'est-ce donc que tu as ? tu es si changé ! » Je penserai toute la vie à ce moment.

Alors j'aurais bien pu lui parler; que c'est bête à moi de ne pas l'avoir fait ! Ah ! si j'étais plus riche, et si j'osais, l'occasion ne me manquerait pas.

Eh bien, voilà que je me décide, j'y vais ; elle cueille maintenant de la salade. Je lui parlerai quand je n'en pourrai plus; si elle me repousse, demain je me fais soldat.

Je suis un pauvre diable, c'est vrai, mais je n'ai fait de mal à personne; je suis bien bâti, il n'y a pas de danger.

Qu'est-ce donc qui remue dans le buisson ? Qui donc est là ? Bon Dieu, je crois que quelqu'un m'a entendu.

— Eh bien ! c'est moi, me voilà ! tu ne me veux plus ? Je l'avais bien deviné depuis cet automne; mardi j'en ai été sûre. Pourquoi donc ne me l'as-tu pas dit ?

Si tu n'es pas riche en or et en argent, tu es honnête, ça vaut bien mieux; tu travailles aux champs et dans la maison. Tiens, moi je t'aime aussi.

— Véronique, que dis-tu là ? C'est-il bien vrai ? Seigneur, mon Dieu ! tu me retires du purgatoire, je n'en pouvais plus. Certainement que je te veux bien !

Jean-Pierre Hebel.

LE DIMANCHE MATIN.

Le samedi a dit au dimanche : Voilà que je les ai tous couchés. Ils étaient joliment fatigués de leur journée ; et moi aussi, je ne puis plus me tenir sur mes jambes.

Ainsi dit-il : la cloche sonne minuit, il tombe dans l'obscurité. Le dimanche dit : C'est mon tour maintenant. Tout doucement il ouvre sa porte, il bégaie à moitié endormi derrière les étoiles, et ne peut pas se lever.

Enfin, il se frotte les yeux, s'en va à la porte du soleil, qui dort dans sa chambrette. Le dimanche frappe aux volets, et lui crie : Il est temps ! L'autre répond : Je viens.

Le dimanche s'en va sur la pointe des pieds, et monte sur les montagnes, il sourit ; tout dort encore, personne ne l'entend. Il descend doucement dans le village et dit au coq : Ne me trahis pas.

Quand enfin on se réveille après une bonne nuit, il est là au soleil ; il regarde à travers les carreaux ; ses yeux sont doux et gais, son chapeau est orné de fleurs.

Il est bon enfant, il ne se fâche pas quand on désire encore un peu dormir, et qu'on se fait accroire qu'il est encore nuit, quoique le soleil sourie au ciel. C'est juste pour cela qu'il vient doucement, et qu'il nous regarde avec bonté.

Comme la poussière d'argent de la rosée brille sur

les herbes et sur les feuilles! Comme le vent du mois de mai est doux! comme il sent l'aubépine! Les abeilles sont alertes, elles font leurs provisions, elles ne savent pas que c'est dimanche.

Tiens, regarde dans le jardin. Vois comme le cerisier est beau avec sa robe blanche. Là, des giroflées, des tulipes, des marguerites, des hyacinthes doubles, blanches et roses; on dirait qu'on regarde dans le paradis.

Tout est tranquille! On se sent à l'aise et content. On n'entend pas dans le village les *hu, hu, hé, hé*, mais : *Bonjour, grand merci, quelle belle journée!* Voilà tout ce qui s'entend.

Les petits oiseaux disent : Sacrebleu! le voilà le soleil. Ses rayons percent les fleurs et les feuilles, le buisson et le nid; et le chardonneret marche comme un roi avec son bel habit des dimanches.

Écoute; on sonne à l'église, le curé est déjà prêt. Va vite me cueillir une renoncule; n'ôte pas la poussière de dessus, tu entends, Cunégonde. Mets ta belle robe et fais-toi aussi un bouquet.

Jean-Pierre Hebel.

SUR UN TOMBEAU.

Dors en paix, dors en paix dans ton lit frais. Tu es couché durement sur le sable et sur les cailloux; mais ton pauvre dos ne le sent pas. Dors en paix!

L'édredon bien remué est lourd et frais sur ton

cœur ; mais tu reposes tranquillement, il ne te fait pas mal. Dors en paix !

Tu n'entends pas mes souhaits et mes plaintes ! Vaudrait-il mieux que tu pusses les entendre ? Non, vraiment, oh, non !

Oh ! tu es heureux maintenant ! Que ne suis-je avec toi ! Tout serait bien alors ! Nous nous aimions tant !

Tu dors ; tu n'entends pas le bruit de la cloche dans le clocher, ni la voix du crieur, quand à minuit il fait sa ronde dans le village !

Et quand il y a des éclairs dans le ciel noir, quand le tonnerre fait craquer les nuages, l'orage passe sur toi et ne t'éveille pas.

Tu ne penses plus, Dieu merci, à tout ce qui te tourmentait du matin jusqu'au soir, là, dans ta tranquille maison !

Oh ! tu es heureux, tu es bien heureux ! Tes douleurs ne te font plus mal dans la terre fraîche !

Si j'étais avec toi, tout serait bien ; mais ici je suis assise seule, sans consolation, plongée dans un grand chagrin !

Bientôt, si Dieu le veut, mon samedi soir viendra, et le voisin me creusera aussi un tombeau.

Quand je serai couchée là, que je ne respirerai plus, quand ils auront chanté le chant du sommeil, ils jetteront aussi l'édredon sur moi, et adieu !

Alors je dormirai aussi bien que toi ; je n'entendrai plus la cloche dans le clocher. Nous dormirons ensemble jusqu'au dimanche matin que le soleil se lèvera.

Quand il viendra ce dimanche, quand les anges chanteront le chant du matin, nous nous lèverons tous deux sains et joyeux.

Et il y aura une nouvelle église, elle brillera à l'aurore; nous y entrerons tous deux et nous y chanterons l'alleluia!

Jean-Pierre Hebel.

LE BONJOUR DU NOUVEL AN.

Le matin ne veut pas venir! Tout dort. Tant mieux, je les laisserai reposer aussi long-temps que je pourrai! En attendant, je m'en vais un peu voir le pays. Toi, nuage là-bas, ne fais pas de farces; la lune n'est déjà pas trop claire.

Pas de fleurs! ni de rouges, ni de blanches; rien que de la gelée sur les plantes. Les fontaines sont enveloppées de paille; on en a aussi jeté devant les écuries et les portes des caves. C'est mon cousin qui a fait tout cela; voilà pourquoi il s'est sauvé au milieu de la nuit.

Il faudra pourtant que tout aille autrement; moi je suis l'homme qui changera tout. Il faut que les jardins se nettoient : j'y ferai pousser des renoncules et des hyacinthes; je ferai venir des fleurs sur les arbres, tant que les branches en pourront porter.

Rien ne remue; ils dorment encore! Tiens, voilà

un moineau! Pauvre petit, tu as l'air malheureux. Je parie qu'il avait une jolie femme; l'hiver et la faim les auront séparés [1].

Maintenant il est tout triste. Pas de femme, pas de pain, pas de gîte; rien au monde. Quand il s'éveille, personne ne lui dit bonjour, personne ne lui fait la soupe. Attends, mon petit, je viens te secourir!

Rien ne remue; ils dorment toujours! Comme ils ont une jolie église! elle est propre comme dans une ville! Il est six heures au cadran. Voilà le matin; ce n'est pas dommage; car on gèle jusqu'à la moelle des os.

Les morts ne sentent pas ce froid. Quelle vie tranquille ils mènent! Ils dorment toujours en paix. Le cimetière répare tous les maux. Voyons un peu s'il y a des places vides, j'en aurai peut-être besoin.

A un enfant qui n'a plus sa mère, je pourrais faire là un petit lit; à un vieillard, à une vieille femme également. Vous qui avez veillé dans la peine, vous dormirez bien dans cette nuit tranquille.

Ah! voilà une lumière! Encore une dans la maison à côté. On s'éveille; les volets s'ouvrent, puis les portes : « Bonjour, braves gens, me voici; je suis là » depuis minuit.

» Mon cousin a fait son paquet, il est parti dans la » nuit et dans le brouillard. Si je n'étais pas venu à

---

[1] Dans les pays froids, les femelles des moineaux vont durant l'hiver chercher des climats plus doux. Les mâles restent seuls.

» minuit juste, vous couriez un fameux danger. Com-
» ment me trouvez-vous dans mon habit des diman-
» ches ? Il sort de chez le tailleur.

» Ma veste de velours va bien avec le gilet rouge et
» les pantalons pluchés. J'ai aussi une montre avec
» un beau cordon. Mes cheveux sont crêpés, mon
» chapeau est tout neuf, mes yeux sont gais ; je suis de
» bien bonne humeur.

» En voilà un qui regarde mon havresac. Hein !
» tu voudrais savoir ce qu'il y a dedans ? Bonnes
» gens, je ne veux pas vous le dire ; vous le saurez
» quand il en sera temps. Il y a des roses avec des
» épines. On ne peut pas avoir chaque chose à part.

» Il y a encore un ruban pour un berceau ; un joli
» maillot ; un anneau pour le doigt d'une mariée ; une
» couronne d'honneur ; une clef de cimetière. Prenez-
» y garde ; ce sera le tour de l'un de vous.

» Que Dieu nous donne une bonne conscience, un
» cœur tranquille dans la joie et dans la douleur !
» Quant à celui qui n'est pas honnête et bon, qui ne
» fait pas ses affaires comme il faut, je ne lui apporte
» pas de bénédiction ; si même je le voulais, je ne le
» pourrais pas.

» Maintenant, allez habiller les enfans, et pensez à
» ce que je vous ai dit. Avant d'aller à l'église, faites
» toutes vos affaires. Allons, voici le jour, la lune se
» cache, et le soleil regarde à travers l'aurore.

Jean-Pierre Hebel.

LE CRIEUR DE NUIT.

Écoutez ce que je vais vous dire : la cloche a sonné dix heures. Priez et couchez-vous. Que celui qui a une bonne conscience dorme en paix. Au ciel il est un œil qui veille toute la nuit.

Écoutez ce que je vais vous dire : la cloche a sonné onze heures. A celui qui travaille encore assis devant ses papiers, je le lui dis pour la dernière fois : Il est temps de dormir. Bonsoir.

Écoutez ce que je vais vous dire : la cloche a sonné minuit. Si à cette heure il est un cœur qui veille dans le chagrin, que Dieu lui donne un sommeil paisible, le réjouisse et le rende content.

Écoutez ce que je vais vous dire : la cloche a sonné une heure. Si un voleur, poussé par le diable, s'en va par des sentiers obscurs, je ne l'espère pas, mais cela pourrait être, qu'il se sauve, le juge du ciel le voit.

Écoutez ce que je vais vous dire : la cloche a sonné deux heures. S'il est un pauvre diable que la peine ronge avant que le jour paraisse, je le plains. Dieu est là. Mais, est-ce donc nécessaire de souffrir ?

Écoutez ce que je vais vous dire : la cloche a sonné trois heures. Voici le matin qui plane au ciel : que celui qui a une bonne journée remercie Dieu ; qu'il prenne courage, qu'il s'en aille travailler et soit bon !

Jean-Pierre Hebel.

LA VEILLE DE NOEL.

Il dort, il dort ; il est là couché comme un comte.

Cher ange, je t'en prie, ne t'éveille pas. Que Dieu te fasse dormir !

Ne t'éveille pas, ne t'éveille pas ! Ta mère marche doucement avec tout plein d'amour ; elle va chercher l'arbre dans la chambre à côté.

Que vais-je y pendre? Un bon gâteau de miel, une petite chèvre, un petit bœuf; des fleurs rouges, blanches et jaunes, tout cela fait avec du bon sucre fin.

Assez, cœur de mère, assez ! Les douceurs font mal. Il faut en être avare autant que le bon Dieu. Il ne nous donne pas tous les jours du gâteau.

Maintenant des pommes d'api, les plus belles possible. Elles n'ont pas une tache. Qui en a de plus belles ? Qui ?

C'est bien vrai, c'est un plaisir quand une belle pomme vous sourit. Que l'épicier en fasse de pareilles, il sera fin. C'est le bon Dieu qui les fait.

Qu'ai-je encore? Un mouchoir blanc et rouge, et un superbe, dis-je ! Enfant, que Dieu te préserve des larmes !

Puis un petit livre où sont de jolies prières; je vais y mettre des images bien peintes. Maintenant je crois que c'est tout. Voyons. Sacristie non ! Il y manque une verge : la voilà, la voilà !

Elle ne te plaira pas, enfant? Un de ces jours elle fera peut-être mal à tes petites pattes. Tant pis, c'est bon aussi. Si tu es sage, tu ne l'auras pas.

Si tu es méchant, au nom de Dieu ! il faudra bien y passer ; mais l'amour de ta mère est tendre et bon;

elle va entourer la verge de jolis rubans rouges, elle y fera une belle rosette, et la verge ne te fera plus peur.

Ah! voilà l'arbre paré; il est beau comme un mai. Demain, quand le jour se réveillera, l'enfant Jésus aura tout fait.

Tu prendras ton arbre et tu ne me remercieras pas; tu ne sauras pas qui te le donne. S'il te fait plaisir, j'en serai tout de même contente.

Sainte Vierge! voilà le crieur de nuit; il est déjà onze heures! Comme le temps passe! comme on est occupé quand le cœur trouve de l'aliment quelque part!

Maintenant, que Dieu te garde! A une autre fois. Le petit Jésus est né cette nuit, il s'est fait chair et sang : puisses-tu être aussi bon que lui!

Jean-Pierre Hebel.

L'ORAGE.

Vois comme l'oiseau vole bas! il ne sait plus où se fourrer. O que le ciel est noir et lourd! Dans l'air l'orage pend comme une mer. Écoute! Quel bruit sur la montagne! Comme ça retentit!

La poussière, les pailles, les feuilles tourbillonnent jusqu'au ciel. Ce petit nuage là-bas ne me plaît guère. Tiens, comme il se déchire : c'est juste comme quand je carde ma laine.

Que Dieu nous préserve! Il éclaire tout rouge! Ça craque et crie à faire peur. Les fenêtres et la maison tremblent. Regarde le petit dans son berceau; il dort, lui, et ne s'en inquiète pas.

On sonne à Schlinge, ça ne finit plus. Avec le tonnerre il fallait encore la cloche pour nous étourdir. Bon Dieu, quel coup! Le tonnerre est tombé sur l'arbre près de la haie.

Tiens, le petit dort toujours. Il se moque pas mal du tonnerre; il pense : « Ça ne me regarde pas; » l'autre veille là-haut! » Il souffle, et se retourne sur l'autre oreille. Ne t'éveille pas, petit!

Vois donc là-bas les raies de feu. Entends-tu le tapage? Comme ça vient! Que Dieu ait pitié de nous! Vite, va accrocher les volets. C'est juste comme la dernière fois. Adieu la belle récolte!

La pluie tombe avec fracas sur le toit de l'église. Devant la maison, dans le ruisseau comme l'eau bouillonne! Ça continue toujours. Sainte Mère de Dieu, nous voilà tous pauvres! Pourtant déjà une fois nous l'avions cru aussi, et le mal n'a pas été si grand.

Vois! le petit dort toujours; la grêle ne l'inquiète guère; il pense : « On pleure là-haut, moi aussi, » j'aurai mon tour. » Eh! oui, depuis que je l'ai il a déjà eu ses petits chagrins.

Que Dieu nous donne un cœur d'enfant, c'est toujours plein de joie et de consolation. Qu'il pleuve des lances et des clous, il est tranquille. Ça prouve la vérité du proverbe des anges dans le danger.

Où est passé l'orage? Oh! que c'est drôle! Le soleil rit au ciel bleu. « Soleil, tu arrives trop tard, mais

» tout de même, bonjour. » Il dit : « Que non, que
» non, il n'est pas trop tard. Il y a encore tout plein
» d'épis dans les champs et de pommes aux arbres. »

Sacristie ! voilà le petit qui s'éveille. Regarde donc la moue qu'il fait. Il rit comme si de rien n'était. Tiens, Fritz, petiot, vois la mine que ça a dans la rue. Le polisson a l'air content. Va vite lui chercher sa bouillie.

Jean-Pierre Hebel.

L'ÉTOILE DU SOIR.

Te voilà déjà à courir après le soleil, belle étoile du soir ! Je parie que tu voudrais un petit baiser ! Comme elle trotte après lui ! pourtant elle ne peut l'attraper.

De toutes les étoiles, grandes et petites, c'est celle-ci que le soleil préfère. Elle n'aime pas tant son petit frère [1], l'étoile du matin, et partout où elle va il faut qu'elle l'emmène.

Le matin, quand il se lève après l'aurore, derrière la forêt Noire, il conduit son petit par la main, il lui montre les montagnes, la rivière, le pays. Il lui dit : « Ne va pas si vite, ça ne presse pas, tu en auras bien-
» tôt assez de sauter ainsi. »

L'étoile bavarde sans reprendre haleine ; sa mère répond comme elle peut. La petite dit : « Mère, re-
» garde donc là en bas ; ça brille de rosée. C'est juste

---

[1] En allemand, étoile est du genre masculin, et le soleil du genre féminin.

» comme dans ta maison du ciel. »—« Pardi ! répond
» la mère, c'est la vallée.

» As-tu bientôt tout vu ? Je m'en vais, je n'attends
» plus. » Alors l'étoile lui quitte la main en sautant,
et court après les petits nuages blancs, et quand elle
croit les attraper, pst ! ils n'y sont plus !

Quand la mère s'élève et se trouve au-dessus du
Rhin, elle lui crie : « Viens, ne tombe pas dans le
» fleuve, tu t'éteindrais à l'instant. Pense, quelle
» peine ! » Et vite elle lui reprend la main.

Quand la mère est sur l'Alsace, la petite est fatiguée, elle ne dit plus rien, elle ne sait plus que faire, elle ne peut plus marcher, et demande s'il y a encore bien loin. « Tu arrives presque trop tard, soleil, mais tout de même, salut. »

Les voilà au-dessus des montagnes ; ils descendent dans la rougeur du soir ; l'étoile reconnaît la maison paternelle ; alors elle prend sa mère par son vêtement et trottine derrière elle.

Les bergers et les troupeaux retournent au logis, l'oiseau se perche, le moucheron bourdonne, on sonne la prière du soir. « Dieu merci ! dit la petite, mainte-
» nant il n'y a plus loin, il faut que je me dépêche. »

Lorsqu'elle approche de la maison, sa jolie figure ronde s'éclaire. La mère est à la porte : « Viens donc,
» petite souris. » La voilà qui tombe dans ses bras, elle est si bien sur le cœur de sa mère !

Bonne nuit, belle étoile du soir ! Va, nous t'aimons tous bien. Tu regardes le monde avec tant de bonté.

Quand on est fatigué, quand on a du chagrin, tu remplis le cœur d'une douce paix.

Les autres étoiles sont bien jolies dans leur robe claire. Vois comme elles brillent d'amour, de joie et d'union. Elles ne se tourmentent pas les unes les autres. Que n'en est-il ainsi sur terre!

L'air frais du soir arrive, les épis s'agitent. Je pense que nous ferions bien de rentrer tranquillement dans la maison. Lise, va allumer la lampe, et que la mèche ne soit pas trop longue.

Jean-Pierre Hebel.

LA RELIGIEUSE.

La clarté pure de la lune perce le feuillage des arbres du cimetière, et sur ta tombe, pauvre Cécile, les vents jettent des fleurs en offrandes à la mort.

Le mois de mai ne te sourit plus. Du haut des espaces étoilés, la lune ne brille plus pour toi dans les nuits tièdes de l'été. Mais c'est pour ton bonheur, âme délivrée! Ton rêve fut trop pénible sur cette terre de sacrifices.

Dans ce cloître le soleil de la vérité s'éteignit pour toi, comme une flamme qui s'abaisse dans la tombe. Le cercle étroit de ton esprit resta fixé aux légendes et aux bréviaires.

De ta fenêtre ornée de feuillage, souvent ton regard se perdit sur la mer, puis se reportait, chargé de pleurs, sur les ténèbres de ta prison, quand un vaisseau glissait légèrement au loin.

Au chant du soir du rossignol, le nuage de la mélancolie voilait tes traits; seulement aux sons de la cloche des morts, une douce aurore venait éclairer ta nuit.

Vous, messagers du ciel, qui, invisibles, recueillez les fleurs tombées de l'humanité; vous, qui voltigez autour de l'autel de la superstition et y répandez un pressentiment de repos;

Sur le bord de la tombe entr'ouverte vous avez entendu le premier cri de joie de son cœur; vous avez vu comme elle arrosait de larmes de bonheur et d'effroi la main glacée de la mort.

Elle sommeille à l'ombre des peupliers; le pieux voyageur s'y arrête et regarde une croix, dont le nom et l'âge qui y sont inscrits lui demandent une larme et une prière.

Frédéric Matthison.

LA REINE DES ELFES.

Sous la lune qui est égal à nous, elfes agiles et légers? Nous nous mirons dans la rosée de la prairie éclairée par les étoiles. Nous dansons sur la mousse du ruisseau, nous nous berçons sur les germes naissans, et nous dormons dans le calice des fleurs!

Elfes des montagnes, elfes des forêts, suivez votre reine sur le gazon perlé par la rosée! Portés sur les toiles d'araignées, entourés de l'éclat du ver luisant, venez, accourez à la danse, à la lumière de la lune!

Que, léger comme l'air, un voile pur, blanchi sur

les tombes froides à la lueur des étoiles, vous entoure. Vous tous, sur les monts, dans les vallées, dans les forêts, dans les prairies, sur la mousse, dans les roseaux, dans les blés, dans les buissons, venez, accourez à la ronde.

Sous les feuilles des orties nous avons une belle salle de danse ; une blanche gaze de brouillard nous cachera ; nous tournerons rapidement, nous voltigerons avec légèreté. Une troupe de gnomes sombres sortira de terre et jouera de la harpe et du violon.

Venez, accourez à la danse ! Venez tous portés sur les toiles d'araignées argentées. La ronde des elfes tourne rapidement. Où est le pied qui jamais ne glisse ? Nous autres elfes, nous voltigeons comme des zéphyrs; les herbes ne se courbent pas sous nos pas.

Frédéric Matthison.

LE CLAIR DE LUNE.

La lune plane à l'est ; le ver luisant scintille sur les pierres mousseuses de la tour aux revenans ; le beau sylphe du tilleul voltige aux rayons de la lune ; dans les sombres roseaux dansent les feux follets ; les vitraux de l'église brillent ; le blé s'agite en ondes argentées ; des lueurs paraissent sur les étangs et les fontaines ; les herbes de la caverne solitaire se balancent dans la lumière ; un brouillard blanc enveloppe la montagne où murmurent les sapins.

Un filet clair dessine les ondes du ruisseau qui, bordé d'arbres, écume au milieu des roseaux et des fleurs, et, tombant en cascade, fait tourner la roue du moulin et s'en détache en étincelles d'argent.

La lueur enchanteresse adoucit les contours déchirés des rochers, sur lesquels s'élève, auprès d'un précipice, l'ermitage entouré de pervenche.

La troupe folâtre des elfes voltige sur les champs et sur les bruyères, des raies d'argent indiquent leur chemin au berger. Il sait, aux lueurs de pourpre qui font fuir ses moutons, dans quels prés fleuris ils célèbrent leurs fêtes.

Les nuages de l'imagination se cachent tour à tour et se découvrent avec une magie délicieuse. Les fleurs dont elle orne notre front dans ses rêves de fée s'épanouissent, ô lune, à ta lumière.

Frédéric Matthison.

L'ENFANCE.

Enfance, doux temps de la vérité! Age heureux, que j'aime à penser à toi dans le fracas du monde!

Déjà pour moi bien des heures ont fui et ont disparu dans la nuit sombre; cependant ton éclat devient toujours plus pur, comme l'étoile du soir dans le crépuscule.

Je la vois, *elle*, lorsque enfant elle allait gaiement cueillir les violettes. Je vois ses blonds cheveux et sa robe blanche qui flottait au vent.

Je vois la ceinture verte qui entourait sa taille; je vois la couleur des nœuds qui nouaient son fichu.

Je vois cette prairie où, nous autres garçons, nous

allions nous mêler aux jeux des jeunes filles. Et maintenant, un cercle brillant de dames en peu de jours est effacé de ma mémoire.

O doux temps où une branche de coudrier était mon cheval, où je galopais à travers les champs sur la baguette ratissée !

Alors, au lieu de vains lauriers, les violettes seules me plaisaient, la haie de l'enclos était la limite de mes désirs, la prairie ma cour.

Quel bonheur, quand mes soldats de plomb étaient tous alignés ! J'étais plus fier alors que maintenant, quand sur le champ de bataille je commande à mes guerriers.

Les désirs étaient inconnus à mon cœur; l'envie n'y trouvait pas de place. Que me faisaient à moi les princes, les savans et leurs querelles !

O doux temps ! je pense à toi avec un frisson de mélancolie. Quand mes regards, obscurcis par la douleur, se reportent vers toi, une lueur du soir les éclaire.

Les compagnons de mes jeux sont maintenant vieux et dispersés; plus d'un, hélas ! devenu sage, rit froidement de notre ancienne amitié.

Il n'y est plus, le banc où nous allions nous asseoir à la brune; sa place est vide. Le buisson autour duquel nous courions est devenu un arbre.

A l'autel nuptial la violence déchira les plans du cœur; et le brancard funèbre a porté plusieurs des nôtres au but de leur course.

Le cercle s'est rétréci, les nuages du soir s'abaissent sur lui. Ceux d'entre nous qui sont restés soupirent, oppressés par de tristes souvenirs.

Jean de Salis.

MÉLANCOLIE DU SOIR.

Hesper paraît au-dessus des sapins; les lueurs du soir s'éteignent lentement, et les trembles qui bordent l'étang silencieux murmurent avec douceur.

Des images fantastiques surgissent au crépuscule du souvenir. Les ombres tristes de mes amis éloignés, de mes amis qui ne sont plus, m'entourent. Ombres sacrées, hélas! sur cette terre le soir ne nous réunira plus! Hesper disparaît, et les trembles murmurent des sons mélancoliques.

Jean de Salis.

RONDE.

Réjouissez-vous de la vie tandis que la lampe brûle encore; cueillez la rose avant qu'elle ne se fane.

On se crée soucis et peines; on cherche des épines, et on passe devant la violette qui fleurit près du chemin.

Réjouissez-vous de la vie, etc.

Souvent la nature se voile effarouchée, le tonnerre gronde au-dessus de nous, mais le soir, après l'orage, le soleil sourit de nouveau!

Réjouissez-vous de la vie, etc.

Celui qui fuit l'envie et la haine, qui plante la modération dans son petit jardin, la voit bientôt s'élever en arbre et porter des fruits dorés.

Réjouissez-vous de la vie, etc.

Celui qui aime la loyauté et la constance, qui donne à son frère plus pauvre, voit la joie habiter volontiers avec lui.

Réjouissez-vous de la vie, etc.

Si le sentier se rétrécit, si le malheur nous tourmente et nous oppresse, la douce amitié vient tendre la main à l'homme probe.

Réjouissez-vous de la vie, etc.

Elle essuie ses larmes, jette des fleurs jusque dans la tombe, elle change la nuit en crépuscule, et le crépuscule en lumière.

Réjouissez-vous de la vie, etc.

Elle est le plus beau lien de la vie. Frères, donnez-vous cordialement la main. Ainsi unis on marche content, on marche légèrement vers une meilleure patrie.

Réjouissez-vous de la vie, tandis que la lampe brûle encore ; cueillez la rose avant qu'elle ne se fane.

Martin Usteri.

De tous les pays du monde, c'est l'Allemagne que je préfère. Elle n'a ni or ni pierres précieuses ; mais elle a des hommes, du grain, du vin et des filles d'honneur.

De toutes les langues du monde, c'est l'allemand

que je préfère : où le cœur parle au cœur, la parole ne peut manquer ; en elle est force et richesse.

De toutes les femmes du monde, c'est la femme allemande que je préfère. Elle tient fidèlement sa promesse ; toujours gaie, toujours active et gracieuse, elle est le soleil de la maison.

De toutes les mœurs du monde, ce sont les mœurs allemandes que je préfère. Elles rendent sain de corps, de cœur, d'esprit, à propos sérieux ou gai, et placent la coupe au milieu de nous.

De tous les chants du monde, c'est le chant allemand que je préfère. C'est pourquoi je l'aime fidèlement ; c'est pourquoi je rafraîchis mon courage par un chant allemand.

Charles Schmidt.

VOEU.

Que mon cœur et mon sang soient consacrés à ta défense, ô ma patrie ! Marchons, il faut te délivrer ; oui, nous briserons tes fers ! L'orgueil, la trahison et l'impiété de l'étranger ne se berceront plus sur ton sein.

Quel est celui dont le cœur libre encore ne bat pas à ta vue ? Comme la nature vit avec force dans tes champs et dans tes forêts ! Comme le travail et l'art fleurissent dans tes villes, au désespoir de l'envie !

La race allemande est vieille et forte, elle est pleine de foi et de fierté. Ne chancelez pas quand la tempête souffle; la fidélité est la moelle de l'honneur, un sentiment sérieux et vrai la donne à nos cœurs en récompense, et aucun ennemi ne saurait nous l'ôter.

Que chacun se raille donc du danger; la liberté nous appelle tous. Ainsi le veut le droit, lui qui reste toujours ferme et vrai, quelque sort qui advienne. Et si nous succombons au nombre, nous entrerons glorieusement dans la nuit éternelle.

Frédéric Schlegel.

Allons, allons! des chants et des sons, chœur d'hommes courageux! chantez, étudians! chantez à pleine poitrine; le chant donne force et joie d'existence, il élève le cœur!

Libre, courageux et content, l'étudiant traverse son pays de pèlerinage. Sa parole est un chant, un cri d'allégresse; il ne changerait pas son état pour le trône du sultan.

Une âme contente et de roc, un vrai sang allemand, une épée loyale et allemande, un cœur qui ne veut pas de fadaises, voilà le bien des étudians allemands.

Courage, patrie allemande! Sois fière et indomptée! L'étudiant te voue son sang et son épée. Nous sommes dignes du saint pays qui produit l'airain et le fer.

Frédéric Krummacher.

LE VOYAGEUR.

Je viens de la montagne. La mer s'agite, la vallée bruit. Je vais lentement, je suis triste, et mes soupirs disent : Où aller ?

La nuit déploie son pavillon bleu au-dessus du grand monde. Il est si grand, le monde, et moi je suis si petit ! Le monde est si plein, et moi je suis si isolé !

Là-bas, dans la vallée, leurs maisons se touchent ; ils en sortent et ils y rentrent en paix. Hélas ! le bâton de voyage de l'étranger descend et monte sans repos.

Les rayons du matin et du soir dorent les vallées : moi, je vais lentement et tristement, et mes soupirs disent : Où aller ?

Où es-tu, pays bien aimé ? pays cherché, pressenti, et jamais atteint ? pays vert d'espérance ? pays où croissent mes roses ?

Où mes rêves voltigent, où mes morts ressuscitent ? pays qui parles mon langage, toi qui as tout ce qui me manque ?

Ici le soleil est si froid ! La fleur est fanée, la vie sans jeunesse, et tout ce qu'on dit n'est qu'un vain son. Hélas ! je suis étranger partout.

Je vais lentement, je suis triste, et mes soupirs disent : Où aller ? Un souffle d'esprit me répond : Où tu n'es pas, est le bonheur !

Zacharie Werner.

LE CHANTEUR.

Le chanteur marche dans un dur sentier ; son vêtement se déchire aux épines. Il traverse les fleuves et les marais, et personne ne lui tend une main secourable ; errant et solitaire, son cœur épuisé laisse échapper ses plaintes ; à peine s'il peut encore porter son luth, une douleur profonde l'a vaincu.

« Quel sort fatal est le mien ! j'erre ici-bas aban-
» donné ; à tous j'apporte la joie et la paix ; mais per-
» sonne ne partage ces biens avec moi. Par moi, tous
» ils se réjouissent de la vie, et eux, pour répondre aux
» besoins de mon cœur, ils sont avares de leurs dons !

» Ils restent indifférens à mon départ comme lors-
» qu'ils voient s'éloigner le printemps ; lui aussi, quand
» il s'en va tristement, personne ne pense à le pleurer.
» Pleins de désir, ils regardent les fruits, ils ne savent
» pas que c'est lui qui les sème. Moi je sais leur créer
» un ciel, et pas une prière ne prononce mon nom !

» Une puissance magique est enchaînée à mes lèvres.
» Oh ! pourquoi les liens enchanteurs de l'amour n'enla-
» cent-ils pas aussi mes mains ! Aucune femme ne se
» soucie du malheureux qui arrive épuisé de si loin ;
» quel cœur aura pitié de lui et le délivrera de sa cui-
» sante peine ? »

Il se laisse tomber dans l'herbe haute, il s'endort les yeux humides de pleurs. Voici que le sublime esprit du chant descend dans son sein oppressé : « Oublie ce
» que tu as souffert ; dans peu ton fardeau ne sera plus.

» Ce que tu as en vain cherché dans les chaumières,
» tu le trouveras dans un palais.

» Tu approches de la récompense; bientôt ta course
» mortelle sera finie. Tes fleurs de myrte se changeront
» en une couronne que te donnera la main fidèle. Le
» cœur harmonieux est destiné à la gloire d'un trône;
» le poète monte par de rudes degrés, et il devient le
» fils du roi! »

Frédéric de Hardenberg Novalis.

LE VIN.

Sur les verts coteaux naquit le dieu qui nous donne le ciel. Le soleil l'a choisi pour le pénétrer avec amour de ses flammes.

Au printemps il est conçu dans le plaisir. Son tendre sein se gonfle en silence, et quand, arrive l'automne, paré de ses fruits, l'enfant doré vient au jour.

Couché dans un berceau étroit, on l'enferme dans un souterrain : là il rêve de fêtes, de victoires, et se bâtit des châteaux aériens.

Que personne n'approche de lui, quand, plein de force et de jeunesse, il s'agite impatiemment et rompt tout lien et toute entrave.

Car des gardiens invisibles l'entourent pendant ses rêves; et celui qui foule le seuil sacré est frappé par leurs lances aériennes.

Mais dès que ses ailes se déploient, il fait voir ses

yeux brillans ; il laisse agir ses prêtres, il paraît quand ils l'invoquent.

Du sein obscur de son berceau il sort revêtu d'un vêtement de cristal pur. Dans sa droite il tient la rose de la concorde.

En tous lieux de gais disciples s'assemblent autour de lui, et mille bouches joyeuses balbutient des cantiques d'amour et de reconnaissance.

Sa vie secrète se répand en innombrables rayons dans le monde. L'amour boit dans sa coupe, il est son fidèle compagnon.

Esprit protecteur des âges d'or, il aima toujours le poète, qui célébra ses charmes en des chants d'ivresse.

Pour le récompenser de sa fidélité, il lui donna un droit sur toute jolie bouche, et pour qu'aucune ne s'y refuse, le dieu lui ordonne de le proclamer.

Frédéric de Hardenberg Novalis.

LE VOYAGEUR.

Dans la nuit silencieuse, au murmure des vents, chemine un voyageur; il soupire, il pleure, il marche lentement, il invoque les étoiles.

« Dans cette solitude, mon sein palpite, mon cœur » est oppressé. Sans savoir d'où je viens, sans savoir » où je vais, je marche à travers la joie et la douleur.

» Vous, petites étoiles dorées, vous êtes toujours » loin de moi, loin, bien loin ! et j'aimerais tant me » confier à vous. »

Des sons retentissent autour de lui; la nuit s'éclaircit, son cœur est plus léger; il croit sortir d'un sommeil pénible.

« O homme! tu es loin et pourtant près de nous;
» mais tu n'es pas solitaire, confie-toi à nous. Sou-
» vent ton regard se leva vers notre lumière silen-
» cieuse.

» Nous, petites étoiles dorées, nous ne resterons pas
» toujours éloignées de toi; nous aimons à penser à
» toi ! »

Louis Tieck.

DÉSIR.

Pourquoi languir, pourquoi soupirer? Toutes ces larmes, elles appellent un lointain pays, où elles rêvent de plus beaux astres, des airs légers et frais, des parfums qui s'échappent des cavernes, des sons harmonieux dans le bruit du vent, des esprits folâtres, des cœurs légers!

Hélas! hélas! que mon âme te désire, pays éloigné! ne t'approcherai-je jamais? Toutes mes pensées sont tournées vers toi; ne viendra-t-il pas une barque qui déployera ses voiles et qui m'emportera? Pays éloigné, inconnu, hélas! des liens durs me retiennent ici! Seulement quand les songes répandent leur crépuscule autour de moi, je vois briller tes rivages; quelqu'un m'y appelle! Est-ce un ami? Est-ce une forme humaine? Mais tout s'efface. Prêt à m'élancer vers toi, une puissance me retient.

Pourquoi languir? Pourquoi soupirer? Toutes ces larmes, elles appellent un lointain pays, où elles rêvent de plus beaux astres.

Louis Tieck.

LA MORT.

Les ondes du ruisseau coulent et s'effacent, sans halte ni repos, et elles sont attirées par le gouffre sombre.

Telle est la vie de l'homme, l'amour, la danse, le vin, sont la mélodie des ondes; tôt ou tard elle se tait.

Éternellement les astres descendent, éternellement le soleil se lève; il se plonge pourpré dans la mer; il commence sa course dans la pourpre.

Telle n'est pas la vie de l'homme; ses plaisirs ne reviennent plus! Livré à la mort, il reste à jamais dans la sombre demeure.

Louis Tieck.

LE PRINTEMPS.

Jamais le Printemps n'oublie de revenir; dès qu'arrivent les cigognes, dès que voltigent les hirondelles, dès que l'Hiver est détrôné, le voilà; enfant à la chevelure dorée, il s'éveille et sourit.

Il ramasse ses jouets, que le vieillard Hiver avait cassés et dispersés; il nettoie la forêt avec de vertes flammes, il enseigne au rossignol ses chants.

Sa main vermeille touche l'arbre fruitier, il grimpe

sur le treillage des abricotiers, les fleurs couvrent la terre comme de la neige; son ouvrage réussit, il secoue gaiement sa petite tête.

Alors il va se coucher, et il s'endort dans les bois; sa bouche délicate et rose exhale un souffle doux et pur, et dans l'herbe naissent des fraises et des violettes; comme la vallée sourit à son réveil!

Il escalade à la hâte la grille du jardin, il n'attend pas qu'une clef lui ouvre la porte; pour lui il n'est pas de mur trop haut.

Il balaie la neige des chemins, il taille les garnitures de buis; le soir même, il n'a pas de repos; il travaille et bêche au clair de la lune.

Et il s'écrie : « Où sont mes camarades? comme ils » restent long-temps sous terre! Je les ai invités à pas- » ser avec moi ce temps de plaisir. »

Le lis paraît, il montre ses doigts bancs; la tulipe est là avec sa coiffure épaisse, la rose s'approche modestement, la renoncule, les fleurs petites et grandes arrivent de tous côtés.

Le tapis des prairies est brodé, l'Amour sort du bosquet de jasmin, les humains rendent des actions de grâce, le chœur des oiseaux chante sa joie; car tout est bonheur.

Le Printemps baise les joues tendres des fleurs et dit : « Il faut partir! » Elles meurent de désirs et inclinent leur tête fanée.

Il dit : « Mon ouvrage est fait; j'ai déjà commandé » les hirondelles, elles me porteront en d'autres lieux;

» je vais me reposer dans les champs parfumés de
» l'Inde !

» Je suis trop petit pour cueillir le fruit, pour dé-
» tacher du cep la grappe si lourde, pour couper
» le grain doré ; pour tout cela, je vous enverrai l'Au-
» tomne.

» Moi, j'aime à jouer, je ne suis qu'un enfant, je
» hais les ouvrages sérieux ; pourtant, quand vous
» serez fatigués de l'Hiver, je reviendrai pour votre
» plaisir.

» J'emmène mes fleurs et mes oiseaux ; que feraient-
» ils pendant la moisson et pendant les vendanges ?
» Adieu, adieu ; si l'Amour reste avec vous, vous aurez
» le Printemps à jamais ! »

Louis Tieck.

CHANT DES FÉES.

Coule, fleuve ; dans tes ondes claires le ciel berce son image ; les airs du soir soufflent doucement, et le chant des oiseaux retentit des montagnes et des forêts de sapins.

Sur le fuseau le fil brille, il est rouge et or ; nous le baignons dans la rosée du calice des fleurs. Plus le rouet tourne, plus l'or est brillant. Quand toute la lumière est filée, nous tendons le métier, et après bien des jours de travail, notre robe d'or est tissue ; ainsi vêtues, nous nous asseyons au soleil, et lorsque les lueurs du soir sont au ciel, nous nous balançons sur les cimes vertes des feuilles.

Louis Tieck.

Je suis assis sur l'herbe, couronné de violettes; ici je veux rester jusqu'à ce qu'Hesper me sourie du haut du ciel.

J'ai choisi pour table le gazon odorant, et l'amour pour échanson; ce poste lui convient.

La vie humaine passe plus vite que les roues ne roulent aux voitures; qui sait si demain j'existerai encore?

Nous tous, nés de la femme, nous ne sommes que poussière; l'un plus tôt, l'autre plus tard, tous nous serons la proie du faucheur.

Et quand la nuit sans fin me couvrira, à quoi bon des onguens, des parfums? à faire de moi une momie.

C'est pourquoi je veux me repaître de baisers et de vin jusqu'à ce qu'il me faille descendre dans le triste empire des ombres.

C'est pourquoi je veux boire autant que je le puis. Couronnez-moi de roses, donnez-moi une femme qui aime les baisers.

Oh! vain désir de s'élancer dans le vaste monde! Mon cœur, ma vie fleurie prit naissance dans un petit champ.

Comme la fleur, tu devrais croître en paix dans un espace étroit; mais tu es semblable à l'arbre que saisit la tempête.

C'est en vain, téméraire, que tu t'agites en moi; hélas! tes efforts font seulement tomber tes fleurs!

Ne m'oublie pas maintenant que le plaisir te sourit et que le chagrin dévore mon cœur aimant; ne m'oublie pas quand cesseront tes joies et quand le sort détruira ton rêve délicieux. Quand l'essaim des amis se presse en flatteur autour de toi, que le charme de la nouveauté l'emporte sur la constance, qu'alors une voix sérieuse et sévère se fasse entendre en toi : — Ne m'oublie pas !

Ne m'oublie pas quand le destin nous séparera, quand durant des mois et des années entières mon regard te cherchera en vain, ma voix t'appellera en vain; consacre-moi alors quelques douces heures; l'amour n'est pas lié aux temps ni aux lieux; pense que partout où je serai, mon cœur dira au tien : — Ne m'oublie pas !

Ne m'oublie pas quand la terre molle et fraîche couvrira ce cœur qui battait si tendrement pour toi ! pense que là-haut il aime plus parfaitement qu'ici-bas, où il était faible et terrestre. Alors mon esprit libre planera sur toi; en te bénissant, il consolera et soutiendra ton esprit. Pense que c'est moi qui parle quand dans ton âme une douce voix dira : — Ne m'oublie pas !

CHANSON DE LA BIÈRE.

Allons, chantons et buvons la boisson délicieuse ! allons, chantons et rendons grâce au plaisir ! Vous, pécheurs plus riches, buvez votre vin dans l'or; nous ne sommes pas moins gais que vous assis auprès de notre pot de bière en grès.

Aux banquets solennels qui célébraient ses victoires, Rome buvait son vin dans des coupes d'or; l'Allemand buvait une liqueur plus noble, et devint le premier en courage et en force.

Les guerriers de Rome ronflaient enivrés; ils se croyaient les vainqueurs des Germains; mais les sauveurs du pays, les fils de Teut, fondent sur eux comme des nuages, comme des tourbillons dans la mer.

L'étoile du matin se levait à l'Orient, son éclat invitait au champ de bataille; dans le conseil du prince les guerriers élevaient tous leurs cornes à boire : « Au » salut de l'attaque! »

Des gémissemens retentirent sur la plaine, le sang romain coula comme un torrent; les Romains reçurent une sanglante récompense, et Hermann le vainqueur se retira en triomphe.

L'empereur de Rome ne put se réjouir de la victoire, il pleura et gémit près de son vin, et les Germains, en paix, élevèrent plus haut leurs cornes à boire, et chantèrent un chant de liberté!

———

Frères, savourez la vie, que jamais la joie ne vous sourie en vain; sachez qu'elle est femme; à peine détournez-vous le regard, qu'elle échappe à vos mains; son corps est glissant comme celui de l'anguille.

Quand elle vous fait signe, saisissez le moment, demain la prude refusera ce qu'elle promet aujourd'hui;

surtout pas de violence; elle hait aussi la grandeur, c'est pourquoi elle fuit les rois.

L'or ne l'attendrit pas, jamais elle n'eut pitié du riche superbe; mais elle présente la coupe au sage, quand au banquet joyeux, à l'heure solennelle il la saisit dans ses bras.

Toi, tu es dans mon cœur, toi, tu es dans mon âme, toi, tu me fais tant de peine, et tu sais combien je t'aime; oui, tu sais combien je t'aime.

Autant que je t'aime, aime-moi donc aussi; moi qui ressens pour toi une tendresse éternelle, oui, une tendresse éternelle.

Mais puis-je te croire, toi au cœur léger? toi, tu peux te fier à moi, tu sais combien je t'aime; oui, tu sais combien je t'aime.

Et quand au loin mon image t'apparaîtra, alors, oh! que je désirerais que l'amour nous réunît! oui, que l'amour nous réunît!

Wiss.

CHANTS DU DIX-NEUVIÈME SIÈCLE.

LA MORT POUR LA PATRIE.

Tu viens, bataille! Déjà les jeunes hommes se précipitent comme les flots dans la vallée; ils descendent des coteaux que les exterminateurs, sûrs de leurs bras et de leur science, escaladaient hardiment.

Mais plus sûres encore étaient les âmes des jeunes hommes qui venaient sur eux. Car les justes frappent comme des enchanteurs, et leurs accens patriotiques paralysent les genoux de ceux qui n'ont pas d'honneur.

Oh! recevez-moi dans vos rangs, afin que je ne meure pas un jour d'une mort commune. Je ne veux pas mourir pour rien, je veux mourir au pied du coteau du sacrifice!

Je veux verser mon sang, le sang de mon cœur, pour la patrie. Alors j'irai vers vous, vous que j'aime, vous qui m'avez enseigné à vivre et à mourir, alors je descendrai vers vous!

Que souvent j'ai désiré vous voir dans votre splendeur, vous, héros, vous, poètes des anciens temps! Maintenant vous accueillez amicalement le modeste étranger; ici-bas règne la fraternité.

Frédéric Hœlderlin.

Devenu fou en 1807, il vit encore, à Tubingen, retiré chez un menuisier.

AUX ALLEMANDS.

Ne raillez pas l'enfant qui, sur le cheval de bois, armé du fouet et de l'éperon, se croit grand et courageux. Car vous aussi, Allemands, vous êtes pauvres d'actions et riches de pensées.

Ou bien, semblable à l'éclair qui sort des nuages, l'action sortira-t-elle enfin de la pensée? Les livres vivront-ils bientôt? Alors, amis, punissez-moi d'avoir ainsi blasphémé!

Frédéric Hœlderlin.

LE JUGEMENT DERNIER.

Dies iræ.

Il sera d'une rougeur horrible, ce jour annoncé par les prophètes, ce jour qui réduira le monde en poussière.

Quel tremblement, quel frisson, quand le Seigneur descendra, lui, le juge de la vie et de la mort!

De toutes les tombes, de toutes les zônes, la trompette appellera au tribunal ceux qui portèrent le joug et ceux qui portèrent la couronne.

La nature et la mort verront avec étonnement se lever pour être jugés ceux qui passèrent comme la poussière.

Et le livre est ouvert, et chacun s'y voit inscrit, l'un avec joie, l'autre avec douleur.

La face du Seigneur lance des éclairs. Rien ne saurait se dérober au jour, rien ne saurait se dérober au jugement rémunérateur.

Seigneur, oserais-je espérer? Pourrais-je soutenir ton regard qui fera trembler les justes même?

Oh! qui peut se tenir devant toi! Seigneur, ne me laisse pas périr si je ne l'ai mérité, reçois-moi dans ton ciel!

Jean H. de Wessenberg.

LA PAIX D'EN HAUT.

Quand, à la voix de la discorde, les hommes s'arment et s'élancent sur le char bruyant de la guerre, eux qui portent en leur sein un cœur que Dieu fit pour l'amour;

Alors je pense qu'ils ne pourront rien me ravir, ni la paix qui s'éprouve soi-même, ni l'innocence, ni la foi en Dieu, qui éloigne la haine et la peur.

Ni l'ombrage sombre du platane qui me rafraîchit dans la prairie; ils ne pourront même pas troubler le chant du rossignol, qui ravit mon cœur silencieux.

Henri de Kleist.

CHANT DE LORELEI.

A Bachrach, près du Rhin, vivait une enchanteresse; elle était belle et tendre, elle entraînait tous les cœurs.

Elle perdit bien des hommes du pays d'alentour; rien ne pouvait préserver de ses chaînes.

L'évêque la fit appeler au tribunal saint; sa beauté était telle qu'il finit par l'absoudre.

Et attendri : « Pauvre Lorelei, lui dit-il, qui donc
» t'a entraînée dans la méchante magie?

» Sire évêque, faites-moi mourir, je suis lasse de
» la vie. Hélas! ceux qui me regardent sont tous
» perdus.

» Mes yeux sont deux flammes, mon bras est une
» baguette magique! Jetez-moi aussi dans les flam-
» mes, rompez sur moi le bâton de justice.

» — Je ne puis te condamner avant que tu ne me
» dises pourquoi déjà mon cœur brûle de tes feux?

» Je ne puis rompre le bâton de justice sur toi,
» belle Lorelei; car je briserais aussi mon pauvre
» cœur.

» — Sire évêque, ne riez pas méchamment de moi,
» pauvre femme. Demandez pour moi miséricorde à
» Dieu.

» Je ne puis vivre plus long-temps; je n'aime plus
» personne. C'est la mort que je veux; pour la quérir
» je viens à vous.

» Mon bien-aimé m'a trompée; il s'est détourné de
» moi; il est parti d'ici pour un lointain pays.

» Des yeux tendres et sauvages, des joues rouges et
» blanches, des paroles douces et modestes, voilà
» mon cercle magique.

» Moi-même je dois y périr. Ah! le cœur me fait
» si mal! Quand je vois mon image de douleur je vou-
» drais mourir.

» Rendez-moi justice, que je meure en chrétienne.
» Tout doit disparaître pour moi, puisqu'il m'a quit-
» tée! »

L'évêque envoie quérir trois chevaliers. « Menez-la
» au couvent. Va, Lore! que Dieu ait ta folie en
» pitié!

» Tu dois devenir nonne, nonnette blanche et noire,
» t'apprêter sur terre au voyage funèbre. »

Les trois chevaliers chevauchent vers le cloître;
la belle Lorelei est au milieu d'eux.

« Chevaliers, laissez-moi monter sur ce rocher;
» je veux voir encore une fois le château de mon
» bien-aimé.

» Je veux encore une fois voir le Rhin si profond:
» ensuite j'irai au cloître, je me ferai vierge de Dieu! »

Le rocher est bien escarpé, sa pente est bien rapide, mais elle grimpe dessus et arrive en haut.

La pauvre vierge dit: « Une barque vogue sur le
» Rhin; celui qui est dedans doit être mon chéri!

» Mon cœur devient joyeux! Oui, c'est mon bien-
» aimé! » Elle se penche bien bas et tombe dans le
Rhin.

Clément Brentano.

ÉLÉVATION.

Lis élevé, lis élevé! aucune fleur n'est aussi fière
que toi; dans ton repos doux et silencieux, lis élevé,
que j'aime à te regarder.

Cèdre élevé, cèdre élevé! aucun arbre n'est aussi solitaire que toi, mais pas un arbre n'est aussi près de l'aigle; cèdre élevé, tu es un nid sûr pour lui.

Nuages élevés, nuages élevés! vous passez fièrement sur eux, vous lancez l'éclair sur le bois superbe; nuages élevés, vous fondez sur le bois en feu.

Flamme élevée, flamme élevée! mille lis fleurissent pour toi, mille cèdres périssent par toi; flamme élevée, flamme élevée! dis-moi où va ton jet orgueilleux?

Louis d'Arnim.

AU SOMMEIL.

Doux sommeil, viens me rafraîchir! mes yeux fatigués demandent le repos, viens les fermer doucement!

Mais si tu allais, ami, les fermer pour toujours? Si ces paupières n'allaient plus jamais se rouvrir à l'aurore?

Alors, je le sais, une plus belle lumière viendrait me réveiller de mon sommeil, et m'annoncer un jour qui n'aura jamais de soir.

Chrétien Weisse.

Là haut sur la montagne est une petite maison, soirs et matins trois belles filles s'y montrent à la fenêtre. L'une s'appelle Suzanne, l'autre Anne-Marie; la troisième, je ne veux pas la nommer; elle sera à moi.

Là-bas, dans la vallée, l'eau fait tourner une roue : moi, l'amour seul m'agite, et la nuit et le jour. La roue du moulin s'est brisée, mon amour ne se brisera pas. Quand deux amoureux se séparent, en esprit ils se tiennent toujours par la main.

Si je dois mourir, où m'enterrera-t-on? Dans le jardin de ma mie où croissent des roses rouges. Si ce ne sont pas des roses, ce sera de la marjolaine. Tu m'as juré amour, tu es ma fiancée!

Ah Dieu! se séparer, se séparer! qui donc a inventé la séparation? Voilà ce qui rend mon cœur si triste. Ici finit la chansonnette, c'est un meunier qui la fit. La fille du chevalier le conduisit de l'amour à la séparation éternelle!

Joseph d'Eichendorf.

RONDE.

Retentis, joyeux chant de la ronde, retentis dans notre cercle fraternel. Que le son de la coupe du plaisir nous donne du courage pour supporter la séparation. Quand même des jours sombres nous menaceraient, pour ne pas craindre l'avenir soyons hommes!

Soyez Allemands, soyez probes, pieux et sincères! que celui qui ne l'est pas ne vide pas son verre avec nous; qu'il ne se mêle pas à nos chants! Le vin de la patrie ne donne de force qu'au patriote! Nous serons loyaux!

Souvent, près de la liqueur de l'orge, nous avons

répété les chants allemands des bardes. Nos frères étaient gais et vertueux. Aujourd'hui notre père, le Rhin, nous verse son meilleur nectar; aujourd'hui soyons buveurs!

Venez, jeunes hommes, ne pleurez plus, quels que soient vos tourmens. Videz ce verre à notre amitié. Le vin fortifie le corps et l'âme! Que vos amis et vos chastes amantes jouissent de votre fidélité allemande. Nous serons de vrais Allemands!

Nous ne pouvons rester ici, quoique nous aimerions à y bâtir des cabanes. Un devoir suprême nous appelle dans les champs paternels. Que jamais l'apparence de plaisirs vains n'enchaîne notre dévouement à la patrie : envers elle soyons reconnaissans.

Nous ne festoyerons plus aussi librement, réunis en un cercle doré; notre beau temps va passer, et avec lui la liberté. Bientôt le sort nous séparera, il ne nous dispensera plus la joie et la jeunesse. Aujourd'hui encore, soyons heureux!

Découvrez-vous maintenant, et mettez la main droite sur le verre! Ce que Dieu fait est bien fait! C'est lui qui remplit le verre de l'adieu. Il nous accordera courage et consolation; nous serons hommes!

Guillaume Neumann.

LES PETITES ÉTOILES.

Et le soleil fit sa grande course autour du monde, et les petites étoiles dirent : « Nous irons avec toi. » Et le soleil les gronda et leur dit : « Vous resterez à la

» maison, car je brûlerais vos petits yeux dans ma
» course ardente. »

Et les petites étoiles allèrent, pendant la nuit, trouver la bonne lune, et elles dirent : « Toi qui trônes sur
» les nuages dans la nuit, laisse-nous aller avec toi !
» car ta douce lumière ne nous brûlera pas les yeux. »
Et la lune les prit pour compagnes de nuit.

Soyez les bien venues, petites étoiles, et toi, bonne
lune de la nuit ! Vous comprenez ce qui habite silencieusement le cœur dans la nuit ; venez allumer les
lumières du ciel, que je puisse gaiement folâtrer avec
vous et jouer aux doux jeux de la nuit.

Ernest Arndt.

CHANSON A BOIRE.

L'esprit fut créé de feu, c'est pourquoi versez-moi
un feu doux ; versez-moi le désir des chansons et des
armes ; versez-moi les désirs d'amour, le sang vivifiant du raisin, qui fait croire aux miracles, et qui fait
des miracles.

Que faire de ce rien, de cette eau sans goût et
sans force ? Elle est bonne pour les grenouilles, les
crapauds, les dragons, et tout le peuple des vers. A
l'homme, il lui faut quelque chose de plus fort. C'est
pourquoi versez-moi du vin ! apportez-moi du vin !

O suc de joie des nobles vignes ! ô contrepoison de
tout martyr ! La vie serait faible et fade, elle serait
sans étoiles, sans soleil, si toi, la seule véritable lumière, tu n'étais pas !

La foi, l'amour, l'espérance, toutes les parures de la vie seraient noyées depuis long-temps dans la douleur humide; la vie ne serait que peines, si, dans ce déluge, tu n'étais l'aiguillon du courage, la mort des chagrins.

Joyeux frères, trinquons donc trois fois, buvons trois fois. Au vent frais de la vie qui fait aller voile et vaisseau! crions vive le vin! trinquons au vin, et encore au vin. Vidons et remplissons nos verres!

L'esprit fut créé de feu; c'est pourquoi versez-moi un feu doux; versez-moi le désir des chansons et des armes; versez-moi les désirs d'amour, le sang vivifiant du raisin, qui fait croire aux miracles, et qui fait des miracles!

Ernest Arndt.

LA PATRIE DE L'ALLEMAND.

Quelle est la patrie de l'Allemand? est-ce le pays de Prusse? le pays de Souabe? celui du Rhin, où les raisins mûrissent? celui du Belt, où la mauve voltige? Oh! non, oh! non! sa patrie doit être plus grande!

Quelle est la patrie de l'Allemand? est-ce le pays de Poméranie? le pays de Westphalie? celui où tourbillonne le sable des dunes? celui où le Danube court en mugissant? Oh! non, oh! non! sa patrie doit être plus grande!

Quelle est la patrie de l'Allemand? est-ce le pays de Bavière? le pays de Styrie? celui où paissent les troupeaux des Marses? celui où l'habitant de la Marche trouve le fer? Oh! non, oh! non! sa patrie doit être plus grande!

Nomme-la donc cette grande patrie! est-ce le pays des Suisses? le pays du Tyrol? son peuple me plaît. Mais non, mais non! la patrie de l'Allemand doit être plus grande!

Nomme-la donc cette grande patrie! c'est sans doute le pays d'Autriche, puissant en honneurs et en victoires? Oh! non, oh! non! la patrie est plus grande encore!

Nomme-la donc cette grande patrie! est-ce le pays que les princes ont ravi à l'empereur et à l'empire? Oh! non, oh! non! la patrie doit être plus grande encore!

Nomme-la donc cette grande patrie! — Écoute: c'est tout le pays où retentit le langage allemand, où les chants célèbrent Dieu dans son ciel. Brave Allemand, voici ce que tu dois nommer ta patrie!

Là est la patrie allemande, où presser la main vaut un serment, où la félicité brille dans les yeux, où l'amour échauffe le cœur. Voilà où doit être la patrie allemande!

Là est la patrie allemande, où la colère poursuit les frivolités étrangères, où tout criminel s'appelle ennemi, où tout homme noble s'appelle ami. Voilà quelle est ta patrie, brave Allemand, voilà l'Allemagne entière!

Oui, ta patrie doit être l'Allemagne entière. O Dieu du ciel! regarde-la d'un œil favorable! Donne-nous le vrai courage allemand, que nous l'aimions avec force et fidélité. La patrie doit être l'Allemagne entière!

Ernest Arndt.

L'HOMME.

Mugissez, vents, mer, écume! dans mon cœur il mugit encore plus fort. Tombe, foudre, le courage ira hardiment au-devant de tes coups!

Que les flots montent jusqu'en la demeure céleste, l'homme ne jettera pas l'ancre; que les éclairs plongent avec fracas dans les profondeurs de l'enfer, son regard libre sera assuré!

Il s'élance joyeusement vers le danger, comme l'aigle du soleil vers sa proie. Il se précipite les joues rouges et fraîches dans la mort profonde.

Pour le droit et pour la patrie sa main saisit le fer, pour la lâcheté et la vénalité sa bouche est un tonnerre.

Son amour s'appelle *Dieu*, c'est pourquoi la crainte est pour lui une risée. Liberté est son cri de guerre, il hait la tyrannie!

Son armure et sa haine font pâlir les esclaves et les tyrans, comme l'éclat vengeur de l'éclair.

Cette armure rend fort, cette haine donne de la moelle aux os; elles attirent à elles, avec une force d'aimant, les âmes que le sort ne peut rompre.

Oh! qu'il est heureux l'homme qui peut dire: « Danger, tu es ma fiancée; fidélité, tu es unie à moi.

» Liberté, tu es ma lumière ! Braves, venez tous à » moi ; pour la patrie jetons-nous dans la mort san- » glante. »

Qu'il est bienheureux celui qui peut dire : « Cou- » rage, tu es pour moi le soleil ; courage, tu es pour » moi un noble vin ! »

Le soleil a toujours son éclat, le noble vin ne vieillit pas ; ainsi le vrai courage reste brillant, ainsi le sang héroïque ne vieillit pas !

Que le monde échoue, le courage reste inébranlable. Oui, si le ciel tombait, le courage serait Dieu avec les dieux !

Ernest Arndt.

Être Allemand est un honneur ; Dieu soit loué, je suis Allemand ! Que je serais triste si je ne l'étais pas ! je regarderais avec envie les hommes allemands !

L'Allemand n'est pas semblable au renard et au lynx dans les cavernes, il ne cache pas son âme devant ceux qui rôdent et qui épient, il la porte franchement sur son visage !

J'ai parcouru bien des pays lointains, mais sur terre je ne vis rien au-dessus de l'Allemagne !

Les mœurs allemandes sont au-dessus des mœurs étrangères. Tout le fruit que j'ai recueilli de mes voyages, c'est que j'aime les mœurs allemandes !

Que celui qui aime la vertu et chante l'amour vienne dans notre pays allemand ; si son cœur et ses regards ne sont pas troublés, il les verra marcher se donnant la main avec des gestes d'anges; alors il souhaitera d'être Allemand, et il entendra retentir jusqu'au ciel : « Dieu soit loué, je suis Allemand ! »

Ernest Arndt.

CHANT D'ALLIANCE.

Puisque nous sommes rassemblés à cette heure propice, nous, chœur d'hommes forts et allemands, que la prière s'exhale de chaque joyeuse bouche. Animés d'un sentiment saint et sublime, un sujet sérieux nous occupe; qu'une musique grande et sonore retentisse dans nos cœurs.

A qui sera la première prière? au Dieu puissant et miraculeux qui, après la longue nuit de honte, nous apparut dans les flammes; à lui qui foudroya l'orgueil de nos ennemis, qui rajeunit notre force, qui trône sur les astres d'éternité en éternité !

Pour qui notre seconde prière? pour la gloire de la patrie. Ruine à ceux qui se raillent d'elle, salut à celui qui lui voue corps et âme ! Qu'admirée pour ses vertus, aimée par son droit et sa loyauté, elle vive fièrement de siècle en siècle sans que sa force et son honneur faiblissent !

Pour qui la troisième prière? pour la félicité des hommes allemands; qu'elle retentisse le plus fort ! La liberté s'appelle joie allemande, la liberté conduit le chœur allemand; vivre et mourir pour elle est la flamme de toute âme allemande; recevoir pour elle la mort sublime est honneur allemand

La quatrième prière? — Élevez vos mains et vos cœurs pour la grande consécration. Que l'antique fidélité allemande, que la foi allemande vivent à jamais; nous resterons avec elles; elles sont le refuge et le bouclier de l'alliance. Oui, le monde passera si la parole solide des hommes vient à passer!

Formez une sainte ronde et poussez le dernier cri d'allégresse. Que de cœur en cœur, que de bouche en bouche le chant se répète joyeusement. Tenons le serment qui ceint notre alliance, croyons au salut que l'enfer ne saurait nous ravir, que la fraude des despotes ne saurait nous ôter!

Ernest Arndt.

Qu'il s'avance celui qui sent bouillonner le sang allemand dans ses veines, celui qui se dit fils d'Hermann et de Thuiskon, celui qui brûle de vengeance contre le joug, qui aime les charmes de la liberté, qu'il s'avance avec une mâle fierté et s'écrie: « Allemands, soyez libres! »

Qu'il ceigne ses reins de l'épée, qu'il se précipite dans la bataille, qu'il lave l'outrage qui, comme une dette sacrée, pèse sur son cœur depuis que les fils de l'Allemagne languissent dans un lâche repos; qu'il crie aux rangs des guerriers: « Soyons hommes! »

Qu'il s'approche de l'autel en priant, et quand il aura imploré Dieu avec humilité, qu'il voue la force de son bras au combat pour la vérité; qu'il regarde courageusement le peuple et lui dise: « Serez-vous toujours de lâches esclaves? »

Qu'il abandonne les honneurs et les frivolités, qu'il repousse loin de lui toute peine efféminée! Comme le rocher aride dans la mer, que sauvage il défie la tempête; qu'à sa patrie il soit une défense allemande, un lion courroucé! alors notre Allemagne sera libre!

Et si son esprit glorieux s'envole vers d'autres mondes, où l'éclat terrestre s'éteint, où les actions se comptent, que sa pierre funéraire éveille les larmes silencieuses de la vierge, la force de l'homme, les désirs du jeune homme; que les hymnes des bardes, que le chant de la postérité et le son des accords le nomment et le glorifient!

Ernest Arndt.

CONSOLATION.

Cœur allemand, ne te décourage pas! fais ce qu'ordonne la conscience, ce rayon de lumière céleste, fais bien, ne crains rien!

Ne bâtis pas sur des lueurs colorées; le mensonge et la fraude sont trop déliés pour toi; l'art et la ruse ne peuvent te réussir; la finesse est pour toi une vaine fumée!

Mais la fidélité, l'honneur ferme, l'amour qui ne faiblit pas, la simplicité, l'humanité, la loyauté te sied bien, ô fils de Teut!

La parole vraie te sied bien; la lame qui perce droit, l'épée qui cherche ouvertement et blesse la poitrine par devant, sont pour toi.

Laisse aux autres la trahison, toi, sois probe, pieux et libre; laisse les ornemens d'esclave aux autres; que la fidélité toute nue soit avec toi.

Dieu allemand, foi, liberté allemandes, cœur allemand et fer allemand, sont ensemble cinq héros!

Ils sont comme un fort sur le roc; ils percent tout, ils restent courageux dans le danger, dans le fracas de la mort.

C'est pourquoi, ô cœur, ne te décourage pas, fais ce qu'ordonne la conscience. Crois-le bien, l'éternelle nature tiendra éternellement sa parole.

Ernest Arndt.

Qui est homme? celui qui sait prier et se confier en Dieu, qui ne tremble pas quand tout manque autour de lui; la piété n'a jamais peur.

Qui est homme? celui qui sait prier avec ardeur, avec vérité et liberté; la prière est un rempart qui ne trompe jamais, aucune force humaine ne le brise.

Qui est homme? celui qui sait aimer de cœur, d'un amour pieux et brûlant; cette sainte ardeur inspire un haut courage, donne au bras une force d'acier.

Il est homme, celui qui sait combattre pour sa femme et son cher enfant; les cœurs froids manquent de force et de courage, leurs actions sont du vent.

Il est homme, celui qui sait mourir pour la liberté, pour le devoir et le droit; au courage pieux tout est facile.

Il est homme, celui qui sait mourir pour Dieu et sa

patrie; son cœur, sa bouche, son bras, sont fidèles jusqu'au tombeau.

Ainsi donc, homme allemand, homme libre, à la guerre, avec Dieu le Seigneur! Dieu seul est ton secours; de Dieu viennent la victoire et le succès.

Ernest Arndt.

De l'or! crie le monde efféminé. L'or fait de lâches esclaves, il avilit le cœur du brave, il affaiblit la droite du fort; l'or attache à la vie celui auquel le devoir ordonne de mourir, il n'aiguise plus l'épée pour la gloire.

C'est pourquoi je loue le fer brun et noir; il se fait connaître sans bruit, sans éclat; il guérit les blessures que fait l'or. Si le fer n'était pas, nous tâtonnerions encore dans les ténèbres.

Pour dompter la terre, il conduit la charrue dans les champs; il détache le vaisseau du bord, il l'envoie sur les ailes rapides de la mer, il bâtit aux hommes des demeures solides, il introduit l'art dans la maison, il éteint sur une barre l'éclair du Dieu tonnant.

Quand les mœurs s'enfuient, quand le bras de l'homme se relâche, quand la fraude fleurit à la place de l'honneur, quand l'or commande au lieu des armes, quand le fléau du despotisme menace le monde, alors le marteau forge du fer; victoire! et mort aux tyrans!

Alors il devient une défense sublime, le salut et la joie de l'homme; épée, bouclier, lance, parure de poitrine, il rend le pas du brave terrible à l'esclave. Sans le fer nous gémirions sous le joug.

Et quand la tyrannie triomphe, quand la balance du bonheur tombe, d'un seul coup il rend sanglant et donne la liberté; il tranche les nœuds de serpens, le désespoir des forces, et envoie vers le chemin des morts, vers le paisible Océan.

Fer, reste favorable aux hommes. Que les esclaves demandent de l'or; celui qui préfère la force, préfère les sublimes honneurs; il veut vivre avec gloire ou mourir avec gloire! Sois loué, ô fer noir et brillant!

Ernest Arndt.

Apportez-moi le sang des nobles vignes, apportez-moi du vin; par la force de ce vin, je veux planer dans les airs, comme l'oiseau du printemps! Avec le vin donnez-moi une fille gentille; si l'heure passe trop vite lisse et ronde, je renouvellerai ma joie dans le vin.

Salut à toi, source d'amour cachée dans le vin; les soucis fuient comme des voleurs, les désirs brûlent comme des héros près du vin. Salut à toi, source de jouissances, cachée dans le vin. Ah! je vois le soleil du printemps, la lune, les étoiles dans la tonne, dans le vin!

Apportez aussi ce qui ne peut manquer près du vin; des âmes fraîches, fidèles et allemandes; des chants clairs et sonores, il les faut près du vin.

A qui boire ce dernier vin? à toi, bien le plus doux, à toi, liberté, je bois ce reste de vin!

Ernest Arndt.

Le Dieu qui créa le fer ne voulut pas d'esclaves. Pour que l'homme maintînt son serment jusqu'au sang, jusqu'à la mort, il l'arma de l'épée, du sabre et de la lance; il lui donna le courage, la colère, la parole.

Soyons fidèles à ce que Dieu veut; n'abattons plus de têtes pour le salaire des tyrans; mais celui qui se bat pour le gain est un opprobre, nous le hacherons par morceaux. Dans le pays d'Allemagne il ne saurait vivre avec les hommes allemands.

O Allemagne, sainte patrie! ô amour et fidélité allemande! Grand pays, beau pays! nous jurons de nouveau: «Mort à l'esclave, au mercenaire! qu'il serve » de pâture aux grues et aux corbeaux! Nous mar- » chons à la bataille d'Hermann, nous allons à la ven- » geance!»

Que tout pétille d'une flamme pure! Allemands, à la sainte guerre! Élevez vos cœurs et vos mains vers le ciel, et répétez tous : « L'esclavage est brisé!»

Faites retentir les tambours et les trompettes. Aujourd'hui nous rougirons le fer du sang de l'ennemi. Jour bienheureux de la vengeance! quelles paroles chères aux Allemands. C'est le jour de la grande cause!

Faites flotter les étendards et les drapeaux; encourageons-nous à la mort héroïque. Bannière de la victoire, déploie-toi devant nos lignes téméraires ; nous vaincrons ou nous mourrons ici de la douce mort des hommes libres !

Ernest Arndt.

APPEL.

Lève-toi, mon peuple ! Les signaux de flammes brillent ; la lumière de la liberté luit au nord. Enfonce le fer dans le cœur de l'ennemi. Lève-toi, mon peuple, les signaux de flamme brillent. La moisson est mûre ; moissonneurs, n'hésitez pas ; notre dernier salut est dans l'épée. Courage ! pour frayer un chemin à la liberté, enfonce les lances dans ton cœur, purifie de ton sang cette sainte terre, notre pays d'Allemagne.

Ce n'est pas une guerre faite pour les couronnes ; c'est une croisade, une guerre sainte. Droits, mœurs, vertu, loi, conscience, le tyran les a arrachés de ton sein. Sauve-les par la victoire de ta liberté. Les gémissemens de tes vieillards te crient : Réveille-toi ! les ruines de tes chaumières maudissent la race des brigands ; le déshonneur de tes filles demande vengeance, le meurtre de tes fils crie : Du sang !

Brise la charrue, jette le ciseau, fais taire la lyre, laisse reposer le métier, abandonne tes maisons et tes palais. Celui devant la face duquel tes drapeaux flottent, veut voir son peuple sous les armes. Tu dois bâtir un autel à l'aurore éternelle de la liberté ; ton épée en taillera les pierres, ce temple aura pour base des cadavres de héros.

Pourquoi pleurer, jeunes filles? Femmes, pourquoi gémir? Vous, pour qui le Seigneur n'a pas acéré l'épée, quand, transportés de joie, nous précipitons nos jeunes corps dans les rangs de vos ravisseurs, pourquoi nous enviez-vous la volupté délirante du combat? Allez, joyeuses, vous agenouiller aux autels de Dieu; il vous accorda de tendres soins pour les blessures; il accorda à vos ferventes prières la belle et pure victoire de la piété.

Priez donc que la force antique se réveille; que nous soyons encore le vieux peuple de la victoire. Oh! invoquez les martyrs de la sainte cause allemande, ces génies de la vengeance; invoquez-les comme les anges protecteurs d'une guerre juste. Louise [1], plane sur ton époux en le bénissant! Esprit de notre Ferdinand, conduis notre troupe. Et vous toutes, ombres des héros allemands, soyez avec nous et avec nos drapeaux.

Le ciel nous secourt, l'enfer reculera. Frappe, brave peuple; invoque la liberté, frappe! Ton cœur bat vite, tes chênes croissent haut. Que te font des collines de cadavres! plantes-y le drapeau de la liberté; et quand tu seras couronné par la fortune, quand tu brilleras de l'éclat de la victoire, alors n'oublie pas les morts fidèles, et orne notre urne d'une couronne de chêne.

Théodore Kœrner.

[1] La reine de Prusse.

LA CHASSE SAUVAGE.

Que voit-on briller là-bas dans la forêt aux rayons du soleil? Écoutez, il bruit. De sombres lignes descendent et s'approchent; le son retentissant des cors s'en échappe; il remplit l'âme de terreur. Interrogez les noirs compagnons. C'est la chasse sauvage et téméraire de Lutzow [1].

Qui traverse rapidement la sombre forêt? qui passe de montagne en montagne? qui se met en embuscade nocturne? Le hourra retentit, l'arquebuse part, les archers français tombent. Interrogez les noirs chasseurs. C'est la chasse sauvage et téméraire de Lutzow.

Dans le pays où les raisins mûrissent, dans le pays où coule le Rhin, le tyran se croyait à l'abri; la chasse avance à la lueur de l'orage; elle se jette dans le fleuve avec ses bras nerveux, et saute sur le rivage de l'ennemi. Interrogez les noirs nageurs. C'est la chasse sauvage et téméraire de Lutzow.

Pourquoi la bataille retentit-elle là-bas dans la vallée? Pourquoi les épées se croisent-elles? Des cavaliers au cœur sauvage font bataille! L'étincelle de la liberté s'est rallumée ardente, et lance de sanglantes flammes. Interrogez les noirs cavaliers. C'est la chasse sauvage et téméraire de Lutzow.

Qui sont-ils, ceux qui abandonnent là-bas en râlant la lumière du soleil, couchés parmi des ennemis gémissans? La mort convulse leurs traits; mais ces

[1] Le régiment des chasseurs de Lutzow était composé de volontaires.

braves cœurs ne tremblent pas, la patrie est sauvée. Interrogez ces noirs mourans. C'est la chasse sauvage et téméraire de Lutzow.

La chasse sauvage! la chasse allemande, la chasse aux tyrans, au sang des bourreaux. Vous tous qui nous aimez, pas de pleurs, pas de gémissemens! La patrie est libre. Le jour paraît! nous l'avons acheté par notre mort. Que de génération en génération on redise : C'était la chasse sauvage et téméraire de Lutzow.

Théodore Kœrner.

ADIEUX A LA VIE [1].

Ma blessure brûle! — Mes lèvres décolorées tremblent! — Je le sens aux battemens affaiblis de mon cœur, je suis aux limites de mes jours!—Dieu! que ta volonté soit faite; je m'abandonne à toi, Seigneur, je voyais voltiger autour de moi bien des images dorées. Le beau chant de mon rêve devient une complainte de mort. — Courage, courage. — Ce que je porte si fidèlement en mon cœur doit vivre là-haut éternellement avec moi. — Et ce que j'ai cru ici-bas un sanctuaire, pour lequel je brûlais avec impatience et jeunesse, que je l'aie nommé liberté ou amour, je le vois devant moi, semblable à un séraphin lumineux : mes sens m'abandonnent, un souffle éthéré m'enlève vers des hauteurs brillantes d'aurore.

Théodore Kœrner.

---

[1] Le poëte, blessé mortellement, était resté abandonné dans un bois; il écrivit ces *Adieux* sur ses tablettes.

CHANT D'ALLIANCE.

Écrit le matin de la bataille de Danneberg, 1813.

Aurore de châtiment, altéré de carnage, le grand jour paraît ; et le soleil froid et sanglant éclaire notre sanglante carrière. Dans le sein de l'heure prochaine repose le destin d'un monde. Déjà les lots s'agitent ; le dé d'airain va tomber. Frères, que l'heure du crépuscule vous exhorte à la plus sainte des alliances ! Soyons fidèles et unis, à la vie à la mort !

Derrière nous, dans l'effroi des ténèbres, est la honte, est l'opprobre, est l'injure faite par les esclaves étrangers, qui brisèrent le chêne allemand. Notre langage est souillé, nos temples sont ruinés, notre honneur est engagé ! Frères allemands ! rachetons-les ! Frères ! la vengeance flamboie, donnons-nous la main. Que la malédiction des immortels se détourne. Il faut reconquérir le palladium perdu.

Devant nous est l'espérance, est l'âge d'or de l'avenir, est le ciel entr'ouvert ; devant nous fleurissent le bonheur de la liberté, l'art allemand, le chant allemand, les grâces des femmes, l'ivresse de l'amour. Tout ce qui est grand, tout ce qui est beau reviendra. Mais avant, il faut courir un risque affreux ; il faut exposer son sang et sa vie ! Le bonheur ne mûrit pour nous que dans le sacrifice.

Eh bien ! avec Dieu, nous l'oserons ! Fortement unis, nous affronterons le destin. Nous porterons nos cœurs sur l'autel et nous marcherons au-devant de la mort. Patrie ! nous voulons mourir pour toi, comme l'ordonne ta sainte parole. A nos amis l'héritage affranchi par notre sang! Crois, liberté des chênes allemands, crois sur nos cadavres! Patrie! écoute ce serment sacré.

Maintenant, pour la dernière fois, reportons nos regards vers l'amour. Arrachons-nous à ce bonheur fleuri, que le vent venimeux du midi a fané. Laissons les larmes obscurcir nos yeux, elles ne nous déshonorent pas. Un dernier baiser à nos bien-aimées! Recommandons-les à notre Dieu. Dieu éternel, console et protége toutes celles dont les lèvres prient pour nous; tous les cœurs que nous brisons.

Maintenant, allons courageusement à la bataille. Que nos regards et nos âmes s'élèvent vers la lumière. Le terrestre finit, le céleste commence. Serrez vos rangs, frères allemands! Que chaque nerf soit un héros! Les cœurs fidèles se reverront. Adieu pour ce monde. Entendez-vous? déjà les acclamations retentissent comme la foudre. Frères, précipitons-nous dans la pluie d'éclairs. Au revoir, dans un meilleur monde.

Théodore Kœrner.

LES CHÊNES.

Le soir vient, les voix du jour se taisent, les derniers feux du soleil rougissent. Je suis assis sous vos branches, et mon cœur est si plein, si hardi! Vieux et fidèles témoins des temps antiques, la fraîche verdure de la vie vous orne encore, et les formes du monde passé se conservent dans votre splendeur.

Souvent l'éclat du noble et du beau s'éteignit avant l'heure. Là bas, à travers d'épaisses couronnes de feuillage, la rougeur du soir fait rayonner son adieu. Mais vous, insoucians de la destinée, en vain le temps vous menaça. Vos branches murmurent : la grandeur triomphe de la mort.

Et vous en avez triomphé. Vous restez fermes et verts. Le pèlerin qui passe se repose sous votre ombrage : et quand, à l'automne, vos feuilles tombent, elles sont encore pour vous un bien précieux; car en mourant vos enfans deviennent les auteurs de votre splendeur printanière.

Belle image de l'antique fidélité allemande, telle que la virent de meilleurs temps, alors qu'en se consacrant joyeusement à la mort, les citoyens fondèrent nos états.

Mais à quoi sert de renouveler ces douleurs? Tous, nous y sommes initiés. Peuple d'Allemagne, toi le plus glorieux entre tous, tes chênes sont debout, mais toi, tu es tombé.

Théodore Kœrner.

PRIÈRE.

Écoute-nous, Tout-Puissant; écoute-nous, Dieu bon, guide céleste des armées ! Père, nous te glorifions ; Père, nous te bénissons ! Tu nous as réveillés pour la vertu.

Que l'enfer se soulève. Dieu, ta main forte renverse l'édifice du mensonge. Conduis-nous, Seigneur

Sébaoth! Conduis-nous, Trinité sainte! conduis-nous à la bataille, à la victoire.

Conduis-nous! et si notre sort tombe dans le sein profond du tombeau, gloire et louange à ton nom Empire, force, honneur, sont à toi pour l'éternité. Conduis-nous, Tout-Puissant! Amen.

Théodore Kœrner.

CHANT DU CAVALIER.

Allons, allons, d'un vol rapide, le monde s'ouvre devant toi. Que les fraudes et les artifices de l'ennemi nous entourent de tous côtés, marche toujours, noble coursier, et cabre-toi. Là-bas t'appelle la couronne de chêne. Marche, marche, et porte-moi à la joyeuse danse des sabres.

Le courage du cavalier traverse les airs; ce qui est au-dessous de lui dans la poussière ne gêne pas son sang libre. Derrière lui il laisse femme, enfant et foyer, devant lui il a la liberté ou la mort; à son côté, le sabre.

Il court ainsi à la noce joyeuse; la couronne de la fiancée est sa récompense. Celui qui fait attendre l'amoureuse est banni du cercle libre. L'honneur est le convive de la noce, la patrie, la fiancée; la mort bénit à jamais celui qui l'embrasse avec ardeur.

Que le sommeil doit être doux dans cette nuit d'amour! Tu t'endors dans les bras de ta bien-aimée, qui veille fidèlement, et quand le tronc vert du chêne pousse de nouvelles feuilles, elle te réveille avec orgueil pour la vie éternelle de la liberté.

Que la carrière du destin monte ou descende ; de quelque côté que penche la fortune des combats, nous saurons le supporter. Nous combattrons pour la délivrance de l'Allemagne ; nous célébrerons notre sort, soit dans le sein du tombeau, soit sur les hauteurs de la victoire.

Et si Dieu nous accorde la victoire, à quoi auront servi vos outrages ? Oui, le bras de Dieu conduit notre épée, et Dieu est notre bouclier. Déjà la tempête se déchaîne autour de nous. Noble coursier, courage ! Le monde fût-il rempli de démons, passe hardiment au milieu d'eux.

Théodore Kœrner.

Venez, frères, venez boire ! La coupe écume, passons une heure près de nos verres. Les yeux brillent, les joues s'animent, le chant résonne en sons hardis. Le nectar des dieux nous invite ; versez, versez le vin.

Le premier salut, au sentiment qui vit au fond de nos cœurs. Ce verre, à l'unique, à la douce amie. Le plaisir divin de l'amour est la félicité du cœur ; il nous élève jusqu'au ciel. Trinquez, trinquez à l'amour.

Un cœur ferme dans les assauts et dans les combats préserve des coups sévères du sort. Un cœur libre vaut de l'or. Conservez-le fidèlement. Le bonheur est passager. Cueillez à chaque instant de nouvelles fleurs, et videz, videz la coupe.

Maintenant, tous les verres sont vides, remplissez-les de nouveau. Notre cœur palpite grand et sublime. Nous sommes tous frères, tous embrasés d'une même flamme. Ce verre au peuple allemand, qu'il soit heureux et libre !

Théodore Kœrner.

CHANSON A BOIRE AVANT LA BATAILLE.

Bataille, tu viens ! Saluons-la en cercle joyeux, tout haut, à la manière des Germains. Frères, avancez.

Que le vin pétille encore, avant que les trompettes retentissent. Réconcilions-nous avec la vie; frères, venez.

Dieu le père entend ce qu'aux portes de la tombe les fils de la patrie ont juré. Frères, jurez.

En trinquant ou en mourant, nous délivrerons la patrie de ses chaînes ardentes. La main vaut la parole.

Les entendez-vous s'approcher? Amour, plaisir, peine ! Mort, tu ne pourras nous séparer. Frères, trinquons.

La bataille crie : Marchez. Écoutez ; les trompettes nous invitent. En avant, à la vie à la mort. Frères, videz vos verres.

Théodore Kœrner.

CHANT DES CHASSEURS NOIRS.

A la bataille, à la bataille ! Les esprits vengeurs nous exhortent. Lève-toi, peuple allemand, en guerre. A la bataille, à la bataille ! Nos drapeaux flottent haut. Ils nous conduisent à la victoire.

Notre nombre est petit, mais grande est notre confiance en Dieu le juste. Où ses anges élèvent leurs remparts, les artifices de l'enfer ne sont que dérision.

N'accordez pas de pardon! Si vous ne pouvez vaincre, égorgez-les sans pitié. Vendez cher la dernière étincelle de vie. La mort rend libre.

Vêtus de noirs habits de vengeance, nous pleurons notre courage qui a fui. Si on vous demande ce que signifie la couleur rouge qui y brille, répondez: Sang de Français.

Avec Dieu! un jour au-dessus des corps de nos ennemis se lèvera l'étoile de la paix ; alors nous planterons un blanc signe de victoire sur les bords libres du Rhin.

Théodore Kœrner.

PRIÈRE PENDANT LA BATAILLE.

Père, je t'invoque! La vapeur de l'artillerie m'enveloppe, les éclairs bruyans se croisent autour de moi. Guide des armées, je t'invoque! Père, conduis-moi!

Père, conduis-moi. Mène-moi à la victoire, ou mène-moi à la mort. Seigneur, je reconnais ta loi. Seigneur, ta volonté soit faite. Dieu, je te reconnais!

Dieu, je te reconnais dans le bruissement des feuilles de l'automne, comme dans le tonnerre des batailles. Toi, source première de grâce, je te reconnais. Père, bénis-moi!

Père, bénis-moi. En tes mains je remets ma vie, tu

peux la reprendre, c'est toi qui me l'as donnée. Bénis-moi pour la vie et pour la mort. Père, je te glorifie!

Père, je te glorifie. Ce n'est pas un combat pour les biens de la terre; non, notre épée protége ce que nous avons de plus sacré. C'est pourquoi, morts ou vainqueurs, je te louerai. Mon Dieu, je m'abandonne à toi.

Mon Dieu, je m'abandonne à toi. Quand les tonnerres de la mort me salueront, quand de mes veines ouvertes le sang coulera, à toi, mon Dieu, je m'abandonnerai. Père, je t'invoque.

Théodore Kœrner.

LES TROIS ÉTOILES.

Trois riantes étoiles brillent dans l'obscurité de la vie. Elles scintillent amicalement. Elles s'appellent : Chant, Amour et Vin.

Un cœur tendre et fidèle respire dans les sons du chant. Le plaisir se rajeunit, la douleur se dissipe par le chant.

Le vin, ce miracle de joie, est associé au chant. Ses rayons brûlans font du monde un printemps éternel.

Quand la troisième étoile nous envoie son sourire gracieux, alors le cœur retentit de chants, il est brûlant comme le vin.

Étincelez dans nos cœurs, étoiles charmantes. Que le chant, l'amour et le vin, nous accompagnent à travers la vie et la mort.

Le vin, le chant, l'amour, ornent la nuit de fête. Vive celui qui inventa les baisers et l'amour, celui qui inventa le chant et le vin.

Théodore Kœrner.

CONSOLATION.

Mon cœur, ne te laisse pas abattre par la ruse et par l'outrage de l'ennemi. Dieu conduit tout à bien; il est le Dieu de la liberté.

Laisse le tyran vomir des menaces, il n'atteint pas jusqu'au ciel; un jour ta liberté jettera des flammes sacrées.

Cette liberté fut couvée par les longues douleurs; la mort l'a glorifiée et l'a nourrie du noble sang de millions de cœurs.

Elle fracassera le trône du tyran, elle fondra tes fers et plantera les palmes ardentes sur la mousse qui recouvre les héros allemands.

Ne te laisse donc pas abattre par la ruse et par l'outrage de l'ennemi. Dieu conduit tout à bien. Il est le Dieu de la liberté.

Théodore Kœrner.

CHANT DE CHASSEURS.

Courage, chasseurs libres et alertes. Détachez le fusil de la muraille. L'homme courageux combat le monde. Courage, à l'ennemi! Courage, au champ de bataille, c'est pour la patrie allemande.

De l'est, du nord, du sud, de l'ouest, la main de la vengeance nous rassemble ; de l'Oder, du Weser, du Mein, de l'Elbe, du vieux père Rhin, des vallées du Danube, nous sommes tous accourus.

Nous sommes tous frères, c'est ce qui accroît notre courage. Le lien sacré du langage nous unit. A nous un Dieu, une patrie, un fidèle sang allemand.

Ce n'est pas pour conquérir que nous avons quitté le foyer paternel. Nous combattons la honteuse oppression. Qu'elle périsse dans le sang !

Mais vous, qui nous aimez fidèlement, que le Seigneur soit votre bouclier ; dussions-nous le payer de notre sang. La liberté est le premier des biens, coûtât-elle mille fois la vie.

Partons, joyeux chasseurs ; libres et alertes, partons, malgré les pleurs de nos amantes. Dieu nous aidera dans cette guerre juste. Courage, au combat ! Mort ou victoire ! Courage ! frères, à l'ennemi !

Théodore Kœrner.

MA PATRIE.

Où est la patrie du poète ? où jaillissaient les étincelles des nobles esprits, où fleurissaient des couronnes pour le beau, où des cœurs forts brûlaient joyeusement pour ce qu'il y a de sacré. Là était ma patrie !

Quel est le nom de la patrie du poète ? Maintenant courbée sur les cadavres de ses fils, sa patrie gémit sous les coups de l'étranger. Jadis elle s'appelait le pays des chênes, le pays libre, le pays d'Allemagne. Ainsi s'appelait ma patrie !

Pourquoi pleure-t-elle, la patrie du poète? Parce que les princes de ses peuples tremblent devant le tyran; parce que ses saintes paroles se perdent dans les airs, que son appel n'est pas écouté. C'est pourquoi elle pleure, ma patrie !

Qu'invoque-t-elle, la patrie du poète? Avec la fureur du désespoir, elle invoque ses dieux devenus muets; elle invoque sa liberté, ses sauveurs, la main vengeresse de la rémunération. Voilà ce qu'invoque ma patrie !

Que veut la patrie du poète? Elle veut exterminer les esclaves; chasser le monstre altéré de sang au-delà de ses frontières; et, libre, porter ses fils libres, ou les ensevelir sous le sable. Voilà ce que veut ma patrie !

Espère-t-elle, la patrie du poète? Elle espère en la justice de sa cause; elle espère que son peuple fidèle se réveillera; elle espère en la vengeance du grand Dieu; elle n'a jamais méconnu son vengeur. Voilà l'espérance de ma patrie !

Théodore Kœrner.

CHANT DE L'ÉPÉE.

Épée, à mon côté que veut ton éclat joyeux? Tu me regardes amicalement, j'en éprouve du plaisir. Hourra !

Un brave cavalier me porte, c'est pourquoi je brille gaiement; je suis la défense de l'homme libre. C'est ce qu'aime l'épée. Hourra.

Oui, brave épée, je suis libre, je t'aime cordialement comme si nous étions mariés, comme si tu étais ma fiancée chérie. Hourra !

Je t'ai voué ma brillante vie de fer. Ah ! que ne sommes-nous mariés ! Quand viendras-tu quérir ta fiancée ? Hourra !

La trompette annonce l'aurore de la nuit nuptiale. Quand les canons hurleront, j'irai chercher ma chérie. Hourra !

O divin embrassement ! j'attends avec désir. Mon fiancé, viens me quérir ; ma couronne est pour toi. Hourra !

Pourquoi résonner dans le fourreau ? toi, claire joie de fer, si sauvage, toi si heureuse du combat ! Mon épée, pourquoi résonner ainsi ? Hourra !

Je résonne dans le fourreau, je désire le combat ; il me rend sauvage et heureuse. C'est pourquoi je résonne ainsi. Hourra !

Reste dans ta chambrette étroite. Que veux-tu ici, ma chérie ? Reste tranquille dans ta cellule. Bientôt je t'en ferai sortir. Hourra !

Ne me fais pas attendre long-temps. O beau jardin d'amour, plein de petites roses rouges de sang, et de morts fleuries ! Hourra !

Eh bien ! sors de ton fourreau, toi qui réjouis les yeux du cavalier. Sors, mon épée, sors ; je vais te conduire dans la demeure paternelle. Hourra !

Ah ! qu'il fait beau, à l'air, dans les rangs formidables de la noce ! comme aux rayons du soleil l'acier brille avec amour ! Hourra !

Courage, hardis combattans! courage, cavaliers allemands! votre cœur ne se réchauffe-t-il pas quand vous serrez votre amante dans vos bras? Hourra!

D'abord elle ne faisait que briller furtivement à la gauche; mais Dieu a uni la fiancée à la droite. Hourra!

Pressez donc l'amoureuse bouche de fer sur vos lèvres. Maudit celui qui abandonne sa fiancée! Hourra!

Maintenant laissez chanter la bien-aimée; que de claires étincelles jaillissent, le matin de la noce paraît. Hourra! fiancée de fer, hourra!

Théodore Kœrner.
Écrit quelques heures avant sa mort.

Des ennemis de tous côtés! Patrie, tu as peur de ces serpents qui sifflent? Peur, et pourquoi?

Ne tremble pas!... Les entends-tu, dans leur fureur insensée, sonner la trompette? Ne tremble pas!

Trembler, pourquoi? Parce qu'ils couvrent nos pays d'horreur et d'épouvante? Ne sommes-nous pas là?

Les pères et les fils tirent l'épée flamboyante; ils arrivent comme des corbeaux et méprisent l'ennemi!

Ennemi, descends! Tu ne nous effrayeras pas avec tes chevaux haletans, avec ta folle jactance.

Courage, viens dans nos cœurs! Que nos épées soient tranchantes comme l'éclair, que nos regards soient obscurs comme le brouillard, que le combat soit notre joie !

La patrie pleure ! L'entendez-vous ? Les pleurs de la patrie changent les guerriers en hyènes. Maudit soit l'ennemi !

Tête levée ! Superbes nous venons ! Nous venons, nous avons dit l'adieu. Ah ! qu'il nous fit mal !

Autour de nous l'ennemi incendie et ravage ; derrière nous sont ceux que nous aimons et des vierges en pleurs.

Maintenant, adieu ! mordons nos sabres ; une larme tombe dessus ! Partons ! A la bataille !

Cramer.

SCHARNHORST [1].

Dans la danse sauvage de la guerre, Prussiens, votre général rompit la plus belle lance. Sur le champ de Lutzen, il vit avec joie briller les armes de la liberté, mais la foudre de la mort le frappa aussitôt !

« Balle, tu ne me renverseras pas. Chers amis, je
» vous servirai encore quoique mourant. Portez-moi
» en hâte à Prague ; mon sang soulèvera l'Autriche,
» sinon je mourrai où Schwerin mourut dans son
» sang ! »

Ville trompeuse, où les héros succombent, où les saints tombent des ponts [1] ! Tu détruis toutes les fleurs. Ville sacrée ! nous ne te nommons qu'avec un secret

---

[1] Général prussien, tué dans la campagne de 1813.

[2] Prague, où mourut Schwerin, d'où saint Jean Népomucène fut jeté dans la Moldau.

effroi. Plus d'un tombeau chéri nous appelle en tes murs !

Des anges ont doucement conduit son âme hors du fracas du monde, vers le vieux conseil germain, que Charlemagne, en parure de chevalier, préside éternellement.

« Que Dieu vous garde, héros chéris ! je vous ap-
» porte joyeuse nouvelle. Notre peuple s'est réveillé.
» L'Allemagne a retrouvé ses droits. Voyez, de cette
» sainte bataille de sacrifice je rapporte des blessures
» expiatoires. »

Voilà ce qu'il annonce là-haut. Que ces paroles ne soient pas mensongères. Armées créées par son esprit, combattans que son courage avait choisis, que son nom vous serve de cri de guerre !

Son regard, dès l'aurore de sa vie, se leva vers les sublimes forêts des montagnes, où airent les aigles libres. Ses actions étaient vouées à la grandeur : il ne vivait que pour la liberté.

Pas un homme n'était aussi pur et aussi fidèle ; pas un n'était aussi proche du roi ; et malgré cela, son cœur battait pour le peuple. Son nom sera éternellement dans toutes les bouches, il vivra parmi le peuple plus long-temps que sur la pierre et l'airain.

Maximilien de Schenckendorf.

LES CHANTEURS PRISONNIERS.

L'oiseau solitaire dans la cage, le cœur solitaire dans le sein, pleurent tous deux la douce joie du printemps.

Ils pleurent les gais voyages, le vol de branche en branche dans le vallon; les bercemens, la douce chaleur de la chérie, tendre et aimante.

Oiseau, chante ta complainte, jusqu'à ce que ton petit sein se brise. Cœur, mon cœur, toi aussi tu battras jusqu'à ce que ton dernier son s'exhale!

Maximilien de Schenckendorf.

SUR LA MORT DE SON PÈRE.

Dors en paix en ta chambre étroite, dors, mon vieux et bon père! après bien des peines tu as encore ouï l'heureuse nouvelle!

Grâces à toi! tu mis le courage de l'honneur en nos âmes, ce courage qui sait supporter la faim, la soif, la douleur, mais non pas l'esclavage.

Des mains étrangères t'ont enseveli, tu dors en terre libre. Pardonne-nous, nous accomplissons une œuvre meilleure.

Quand les champs de l'Allemagne ne seront plus souillés par les ennemis, alors nous t'élèverons une tombe, alors nous écrirons ton épitaphe.

Repose en paix avec tes pères dans les salles d'azur. Notre cri de guerre retentira jusque dans ta demeure!

Maximilien de Schenckendorf.

LE RHIN.

Un mot sublime, un mot allemand est répété dans

tous les hymnes des Allemands. C'est le nom d'un vieux roi d'illustre naissance, auquel nos cœurs ont prêté serment. Quelque souvent que ce nom revienne, il ne revient jamais assez!

C'est le Rhin sacré, souverain richement doté, dont le nom seul réjouit comme le vin l'âme fidèle. La joie et la douleur nationales s'éveillent dans tous les cœurs, quand on entonne le chant allemand du Rhin, ce sublime enfant du rocher.

Ils lui avaient ravi l'éclat de son antique dignité, ils avaient arraché à son front royal la verte couronne de vigne. Le héros était dans les chaînes; souvent pendant la nuit, saisis d'une sainte horreur, nous avons entendu ses plaintes fières et les murmures de sa colère.

Que chantait-il, le vieux héros? un chant terrible et menaçant. Malheur à toi, terre méprisable, où la liberté ne fleurit pas! terre sans fidélité et sans honneur! Hélas! ne reviendras-tu jamais, toi, ma race éteinte, toi, mon droit allemand brisé?

O mon bel âge, jours dorés de mon printemps! où mon Allemagne reposait devant moi dans sa magnificence, où des hommes nobles et fiers, des héros honorés au loin par leur vertu et leur épée, passaient sur mes rives.

Dans ce temps de colosses, vivait un homme[1] au sang pur, animé du courage du lion, et doux comme une vierge. De nos jours, on chante encore comment

---

[1] Siegfried, prince des Nibelungen, tué par Hagen, son parent.

il fut tué par Hagen le méchant; mais ce qui poussa celui-ci au meurtre est enseveli dans mon sein.

Insensés, ravagez mes bords. Bientôt la mesure sera comblée. Quand son heure sera venue, le trésor des Nibelungen[1] ressuscitera. Vous frissonnerez dans l'âme, quand mes horreurs vous environneront en mugissant. Je l'ai conservé fidèlement, le trésor de l'antique force.

La prophétie est accomplie! Le roi est libre. Le trésor des Nibelungen ressuscite et brille de nouveau. La gloire, les mœurs, le courage, le nom de nos pères, le saint empire allemand ont repris leur éclat.

Rendons hommage au Seigneur, buvons son vin. Que la liberté soit notre étoile! notre mot de ralliement, *le Rhin!* Renouvelons notre serment. Le Rhin doit être à nous et nous à lui! que libre et sublime il jaillisse du rocher; que libre et sublime il se jette dans la mer!

Maximilien de Schenckendorf.

PRIÈRE DU MATIN DES SOLDATS.

Dormeurs, levez-vous de terre, sortez du repos; déjà les chevaux hennissent le bonjour. Nos armes chéries reluisent à l'aurore; on rêve aux couronnes de la victoire; on pense à la mort!

Dieu riche en grâces! du haut de ta tente céleste re-

---

[1] Le trésor des Nibelungen, la cause du meurtre de Siegfreid, fut jeté dans le Rhin, près de Worms.

garde-nous avec bonté. C'est toi qui nous as envoyés sur ce champ d'armes. Laisse-nous être devant toi. Donne-nous aujourd'hui la victoire! Les bannières chrétiennes se déploient. Seigneur, la guerre est à toi!

Un jour luira pour nous, un jour doux et clair. Tous les bons l'attendent; les chœurs des anges le voient déjà. Bientôt il luira sans voile sur les hommes allemands. Parais, jour d'abondance; jour de liberté, parais!

Quand tu viendras, des sons joyeux s'échapperont de tous les clochers, de tous les cœurs. Alors, repos après l'orage; amour et joie de la vie! Tous les chemins retentiront des cris de victoire; et nous, braves soldats, nous aurons été à la bataille.

Maximilien de Schenckendorf.

Que tes plaisirs me sourient après l'esclavage, après le combat. Patrie, je m'abîme dans ta magnificence! Où murmurent les hauts chênes, la cime tournée vers le ciel, où de puissans torrens mugissent, tout cela est pays d'Allemagne!

Je viens de la chute du Rhin, des sources du Danube, et en moi se sont levées des étoiles d'amour douces et brillantes! Ma lumière de joie se réfléchira dans les vallées riantes du Necker, dans le Mein aux flots bleus et argentés!

Salut de liberté allemande, vole au loin, va retentir à la porte de ma cabane, près du Memel lointain. Là elle a encore de la valeur, la parole allemande; là des cœurs sensibles et forts s'armèrent pour le combat de la liberté. Là est encore le saint empire d'Allemagne.

La nature est habillée de vert. Les prairies où paissent les troupeaux, les coteaux où mûrit le raisin, tout brille d'une jeune lumière. Patrie, depuis mille ans, jamais un si beau printemps ne t'orna! ce que nos grands aïeux ont été n'est plus un rêve.

Mais il faut combattre encore une fois, il faut livrer la grande bataille des esprits; il faut vaincre le dernier ennemi qui veille menaçant à l'intérieur. Il faut éteindre la haine, les soupçons, l'avarice, l'envie, la joie maligne; après ces longs et difficiles combats, cœur allemand, tu pourras te reposer!

Alors nous serons tous riches en honneurs, en humilité et en puissance. Alors la splendeur sacrée de notre empereur triomphera. Que les vices anciens périssent dans le déluge envoyé par Dieu. Que notre pays affranchi soit le partage d'un heureux héritier!

Que les bénédictions de Dieu soient sur les champs et sur le fruit sacré de la vigne! Que la joie soit dans les vertes forêts, les mœurs pures dans les cabanes! Que les pieux désirs du cœur soient des gages de liberté éternelle! L'amour parle en sons plus tendres dans notre pays d'Allemagne!

Vous qui dans les châteaux et dans les villes faites l'ornement de notre pays: laboureurs qui liez en gerbes le grain allemand, frères allemands, écoutez ces paroles antiques et toujours jeunes: Jamais l'empire ne périra si vous restez fidèles et unis!

Maximilien de Schenckendorf.

LA STATUE DE GELNHAUSEN.

Sur le mur de Gelnhausen il y a une tête antique de pierre; elle est solitaire dans la maison de deuil, elle est couronnée de lierre.

Et cette tête semble dire : Est-elle morte, mon Allemagne? ne se trouvera-t-il pas un homme qui venge ses maux, avant que le monde ne périsse?

Cette tête semble saluer, et nous interroger avec douceur et sévérité. Baisons-la avec humilité; c'est l'image de l'empereur Frédéric [1].

Jadis son château s'élevait ici avec une splendeur royale; c'est d'ici qu'il partit pour aller en Orient, pour aller à la sainte guerre.

Barberousse! Pourquoi un charme te retient-il ainsi fortement enchaîné? Est-ce du sang qui coule de tes blessures? Sont-ce des larmes qui baignent la muraille?

Vieux sire, je t'apporte des paroles riches de joie. Vois, là-bas! mille guerriers volent aux combats sacrés!

Les Francs sont battus, la croix triomphe; le charme de la vie et l'abondance renaissent comme dans ton beau temps.

Va, repose-toi, tête fière et vénérable de l'empereur. Ta force et ta bénédiction ne nous seront pas ravies.

Maximilien de Schenckendorf.

[1] Frédéric Barberousse, de la glorieuse maison de Souabe.

Liberté que je comprends, toi qui remplis mon âme, douce image d'ange, parais dans ton éclat! Ne voudras-tu jamais te montrer au monde opprimé? Ne feras-tu jamais entendre ton harmonie qu'au firmament?

Mais non, ta demeure est aussi dans la forêt riante, parmi les songes qui voltigent sous les arbres en fleurs. Ah! quelle joie, quand autour de nous tout est mélodie! quand ta secrète puissance nous pénètre de délices!

Ah! quelle joie, quand les feuilles murmurent de doux saluts d'amis; quand on échange des regards, des paroles amoureuses, de doux baisers! Le cœur s'élève de plus en plus; et sur l'échelle céleste monte le désir.

Fille des bergers, de son cercle paisible elle sort aussi; elle veut montrer au monde ce qu'elle pense, ce qu'elle aime. Dans ce monde dur et de pierre un champ mûrit pour elle.

Là, où la flamme divine embrase les cœurs fidèles à leur sang antique, là, où se trouvent des hommes qui s'unissent, pleins de courage, pour la défense, l'honneur et le droit, là, habite un peuple libre!

Derrière les murs sombres, derrière les portes d'airain, le cœur sait encore s'élancer vers la lumière. Sachons mourir pour nos temples, pour les tombeaux de nos pères, pour nos bien-aimés, quand la liberté s'écriera :

—« Qu'une ardeur rouge et brûlante vous anime! » Les joues des héros s'embellissent en mourant! »

Conduis-nous donc, joie et amour de Dieu ! Liberté ! descends dans le cœur allemand !

Liberté que je comprends, toi qui remplis mon âme, douce image d'ange, parais dans ton éclat. Liberté, être charmant, croyant, hardi, fier et tendre, depuis long-temps la race allemande est ton élue.

Maximilien de Schenckendorf.

Rien ne peut durer toujours sous la lune changeante. Tout ce qui habite cette terre avec nous, fleurit et se fane bientôt.

Avant nous, bien des êtres ont vécu et ont ri. Buvons joyeusement à ceux qui dorment sous l'herbe.

Après nous, bien des êtres se réjouiront de la vie et boiront joyeusement à nous qui dormirons sous l'herbe.

Nous sommes joyeusement assis ensemble, nous nous aimons tendrement. Nous égayons l'existence. Hélas ! pourquoi n'en sera-t-il pas toujours ainsi ?

Mais puisqu'il n'en sera pas toujours de même, retenons ici le plaisir. Qui sait si le sort ne nous dispersera pas de l'est à l'ouest ?

Et quoique éloignés et dispersés, nos cœurs resteront unis ; et tous, oui, tous, nous nous réjouirons de savoir l'un de nous heureux !

Et si nous nous retrouvons encore dans la carrière changeante de la vie, nous rattacherons la joyeuse fin au joyeux commencement !

Auguste Kotzebue.

LE CHASSEUR.

Un chasseur traversait la prairie et chevauchait vers la sombre forêt. Il suivait le gibier, qui bientôt devint sa proie. Il s'en retourne au logis avec chant de chasse, son de cor. Tra, ra, ra, ra. Il va voir son amie.

Elle l'avait vu venir de loin. Son repas est préparé; le lit est orné de fleurs; le bocal est plein de vin. Le chasseur la serre dans ses bras au chant du rossignol. Il s'endort sur le sein de sa belle.

Lorsque l'alouette s'éleva des champs, il reprit son fusil. Il s'en va vers la forêt sur son cheval haletant. Il traverse les bois et les prairies, il suit les traces du gibier. Tra, ra, ra, ra. Et il pense à son amie.

Un jour il retourne au logis. Son cœur se serre, il craint de ne plus voir sa belle. Il entonne le chant de chasse, il sonne joyeusement du cor. Tra, ra, ra, ra. Mais son amie ne l'entend pas.

Le chasseur entre dans sa cabane; pas de repas préparé, pas de bocal rempli de vin, pas de fleurs qui ornent le lit. Hélas! au-dehors dans le jardin, toute mouillée par la rosée, elle est couchée parmi les fleurs. Hélas! hélas! son amie n'est plus!

Il débride son fidèle cheval, le laisse aller en liberté. Il décroche son fusil de la muraille, le charge d'un plomb meurtrier, entonne le chant de chasse, sonne joyeusement du cor, tra, ra, ra, ra, et s'en va retrouver son amie.

Mahlmann.

Connaissez-vous le pays si beau sous sa couronne de chênes? le pays où, sur de riantes collines, le raisin mûrit aux rayons du soleil? Oui, ce beau pays nous est connu, c'est la patrie allemande!

Connaissez-vous le pays libre de fraude, où la parole de l'homme a encore de la valeur? ce beau pays où l'amour et la fidélité apaisent les douleurs de la vie? Ce bon pays nous est connu, c'est la patrie allemande!

Connaissez-vous le pays où la moralité habite dans le cercle d'hommes contens? le saint pays où règne encore vierge la croyance à la rémunération? Ce saint pays nous est connu, c'est la patrie allemande!

Gloire à toi, pays grand et sublime! Comme l'alliance de la liberté prospère dans ton sein! C'est pourquoi nous te vouons notre amour! Nous serons dignes de ta gloire!

Weit Weber.

La tempête hurle, la mer mugit. Venez, peines lourdes et cuisantes; venez au milieu de l'orage et des éclairs. En nos veines pétille la joie, nous hommes Allemands, nous présentons hardiment notre poitrine aux coups!

La tempête hurle, la mer mugit. Qu'autour de nous les lâches tremblent devant le chagrin et les peines! Nous, nous aimons le danger et la tourmente. Mais réunis jusqu'au jour, nous resterons à écouter le joyeux son des verres.

La tempête hurle, la mer mugit! Des fléaux pèsent

sur l'Allemagne. La patrie est dans les chaînes. Que celui qui sent palpiter un cœur courageux en son sein pose la main dessus, et jure : Il faut sauver la patrie!

La tempête hurle, la mer mugit! Le danger nous enlace de toutes parts! Ce que nous avons pensé et juré aujourd'hui nous l'exécuterons avec force et vaillance.

La tempête hurle, la mer mugit! Nous jurons sur tout ce qui est saint et sacré de sauver notre Allemagne, que le tyran menace. Qu'il soit haletant de rage, qu'il nous déchire le cœur, nous briserons ses fers!

La tempête hurle, la mer mugit! La terre tremble sous nos pieds. Hommes! aujourd'hui buvez joyeusement; demain debout, sabre en main! Que la patrie soit libre! que l'ennemi tombe dans les enfers!

Frédéric Lange.

Où voudrais-je être? où voudrais-je être? Où le vin perlé brûle dans le verre, où les hommes louent le chant du poëte. Sur le Rhin, le bruyant, l'écumant. C'est là que je voudrais être!

Où voudrais-je être? où voudrais-je être? Où les braves réussissent, où le vaisseau agile esquive l'écueil du rocher, où les courageux et les hardis savent vaincre avec joie. C'est là que je voudrais être!

Où voudrais-je être? où voudrais-je être? Où les esclaves se délivrent, où la balle siffle, où l'aigle de la liberté fend les airs; oui, où les esclaves savent se délivrer avec une force divine. C'est là que je voudrais être !

Où voudrais-je être ? où voudrais-je être ? Où deux amis se consacrent pour la vie à s'aimer dans la joie, dans la peine ; oui, où deux hommes braves se vouent à l'amitié. C'est là que je voudrais être !

Où voudrais-je être ? où voudrais-je être ? Où ma chérie, son sein sur mon sein, me regarde avec une joie ineffable, où elle, la bien-aimée de mon cœur, m'enlace délicieusement. C'est là que je voudrais être !

B. Wolff.

CHANT DU TOMBEAU.

Semence semée par Dieu, qui doit mûrir pour le grand jour des gerbes ! Que de faux à aiguiser pour une moisson si riche ! car dans les comtés d'Allemagne la mort a semé avec tant de profusion !

Ils sont tous semences ; un jour ils seront gerbes, eux tous, qui moururent dans le combat. Qu'elle repose en paix, toute cette communauté populaire, et les ennemis même avec les amis.

Quand les tempêtes de la vie hurlent, les hommes se querellent, ils ne peuvent vivre ensemble, ils ne savent pas marcher tranquillement dans le même sentier. Quand le souffle vient à leur manquer, la discorde est apaisée.

Ceux qui, égarés par l'impulsion de la vie, se sont égorgés, reposent en douce union dans la tombe, car là n'habite plus l'erreur. Devant le tribunal de Dieu ils ne sauraient plus se quereller.

Des fleurs sortent des tombeaux ; ce ne sont pas des fleurs ensanglantées, mais des fleurs messagères d'amour et de paix, blanches, bleues et d'un vert tranquille. Quand l'air soufflera parmi elles, son murmure ne ressemblera plus à un chant de guerre !

Frédéric Ruckert.

« Que forges-tu, forgeron ? — Je forge des chaînes, des chaînes. — Hélas ! vous êtes vous-même dans les chaînes. » « Que laboures-tu, paysan ? — Je laboure le champ afin qu'il porte des fruits. — Oui, la moisson sera pour les ennemis, et les bardanes seront pour toi. » « Que vises-tu, chasseur ? — Je vise le cerf gras. — On vous chassera comme les cerfs et les chevreuils. » « Que tresses-tu, pêcheur ? — Je tresse un filet pour prendre le poisson craintif. — Qui vous délivrera, vous, des filets de la mort ? » « Que berces-tu, mère qui veilles ? — Je berce mes fils. — Oui, pour qu'ils croissent, et qu'au service de l'ennemi, ils fassent des blessures à la patrie. » « Qu'écris-tu, poète ? — J'écris avec des lettres de feu ma honte et celle de mon peuple, qui ne peut même vouloir penser à sa liberté. »

Frédéric Ruckert.

[LE LANDSTURM [1].

Le landsturm ! le landsturm ! Qui a inventé ce mot

---

[1] Traduction littérale, *la tempête du pays*. C'est *la levée en masse* contre les Français.

sublime? ce mot qui tonne, éclaire et bruit, qui fait sauter le cœur de joie? Quand tout un peuple se réveille pour la tempête, qui donc l'a soulevée, cette tempête du pays?

Le landsturm! le landsturm! Le paysan qui implore le secours du soldat n'est qu'un lâche. Le paysan qui se fraye lui-même son chemin, qui bourre et bat l'ennemi, n'est pas un lâche!

Le landsturm! le landsturm! Le roi ne me donne pas de solde; je ne l'en aime pas moins! Il a dit: Votre champ est votre or; pour le conserver, battez l'ennemi, voilà votre solde!

Le landsturm! le landsturm! L'ennemi est aveugle et sourd. Le pauvre hère, il ne connaît ni les sentiers, ni les chemins, et il ne trouvera pas de guide! Le pays est à moi; je le connais, moi! c'est pourquoi je n'ai pas peur de l'ennemi.

Le landsturm! le landsturm! L'ennemi, le pauvre hère, est aveugle et sourd, il tremble quand une feuille s'agite; il tremble quand la poussière remue; car la fidélité et la foi ne sont pas pour lui, et il deviendra la proie de la ruse!

Le landsturm! le landsturm! L'ennemi, le pauvre hère, ses batailles sont du vent; il ne sait pas pourquoi il se bat. Derrière moi j'ai ma femme et mes enfans, je sais pour qui sont mes batailles.

Le landsturm! le landsturm! La cloche qui me conduisit au baptême, la cloche qui sonna ma noce, cette cloche appelle à grands coups. La voix des cloches n'est jamais trompeuse. La cloche m'appelle, c'est assez !

Le landsturm ! le landsturm ! Femme, entends-tu la cloche sonner l'alarme ? Vois-tu la foule des voisins qui s'assemble ? Là bas, dans la campagne, le tocsin répond. Il faut partir ! Espère en Dieu ! sang ennemi est rosée du ciel !

Frédéric Ruckert.

FRÉDÉRIC BARBEROUSSE.

Le vieux Barberousse, l'empereur Frédéric, en un château souterrain est retenu par un charme.

Jamais il ne mourut : il s'est mis dans ce château pour dormir.

Il emporta avec lui la gloire de l'empire, elle reviendra avec lui quand il en sera temps.

Le siége de l'empereur est d'ivoire ; la table où il appuie la tête est de marbre.

Sa barbe n'est pas blanche, elle est couleur de feu ; elle a percé la table où son menton repose.

Sa tête hoche comme dans un rêve, son œil est à demi ouvert. A de longs intervalles il fait signe à un enfant,

Et il lui dit en dormant : « Nain, va devant le » château, voir si les corbeaux voltigent encore au- » tour de la montagne ?

» Et si les vieux corbeaux voltigent encore, il me » faudra encore dormir cent ans.

Frédéric Ruckert.

LE SAULE CREUX.

La rosée répand ses pierreries étincelantes dans la vallée ; le saule se redresse près du ruisseau aux rayons de l'aurore.

Pendant la nuit il laissa pendre son plumage vert ; maintenant il le relève plein de désir et d'espérance.

Depuis long-temps le saule a affronté l'orage, il a toujours reverdi, quoique souvent il fut taillé.

Son tronc s'est entr'ouvert et a formé des membres séparés, et chaque branche s'est revêtue d'une écorce à elle.

Et toutes ces branches s'éloignent de plus en plus les unes des autres, et celui qui les voit jurerait que jamais elles n'appartinrent au même tronc.

Mais quand l'air s'agite au-dessus d'elles, elles s'inclinent en murmurant les unes vers les autres, et se saluent comme des sœurs.

Et elles forment un abri à leur tronc vide qui le préserve de la tempête, et sous lequel les oiseaux du chant aiment à nicher.

Puisque tu n'oublies pas de reverdir chaque printemps, dois-je te plaindre, ô saule, de ce que tu as perdu ton noyau ?

Tu ressembles à mon pays, si profondément divisé, mais qu'un lien vital retient plus profondément encore.

Frédéric Ruckert.

CHANT D'ALLIANCE.

Gloire à notre alliance! gloire à l'union allemande! gloire! gloire à l'Allemagne! Que tout cœur allemand, enivré de l'hymne d'Hermann, répète au son des verres : Gloire à l'Allemagne! gloire!

D'une main de père protège, ô Dieu! notre pays! sois notre bouclier! Nous t'implorons pour l'honneur de ton peuple; nous te prions pour l'honneur de l'Allemagne : conserve-nous toujours aussi bons, aussi doux.

Celui qui n'a pas un courage sublime ne fut jamais allié au sang de Thuiskon; qu'il soit prince ou esclave, il n'est pas bon, il n'est pas Allemand; il mérite honte et punition!

Nous, nous avons un courage sublime, nous donnons notre sang et nos biens pour la patrie; pour la liberté, l'Allemand va joyeusement aux combats; il sait vaincre pour sa patrie!

Restons sincères, restons Allemands. Noble race, tu es du sang d'Hermann! Celui qui, semblable à l'esclave, vend son sang pour de l'or, qu'il soit maudit le serf!

Restons Allemands. Chantons l'hymne d'Hermann, buvons au bien de l'Allemagne! que la coupe circule, que chaque bouche proclame joyeusement la gloire du héros. Buvons à la gloire de l'Allemagne!

Le ciel notre salut! la liberté notre mot d'ordre!

Main dans main, nous allons combattre pour la patrie.

L'Allemagne s'est réveillée; le tambour appelle à la bataille. Précipitons-nous dans la mêlée. La victoire sera à nous.

Elle n'est pas encore éteinte, la sainte force de nos pères. Celui qui se bat pour la liberté doit savoir braver la mort et les blessures.

Le droit est notre bouclier. La belle et sainte liberté brille à travers la fumée de la poudre. Frères, levez-vous! au combat!

VICTOIRE.

Remercions tous Dieu! l'ennemi est vaincu! notre peuple est délivré de l'esclavage, du malheur et de l'opprobre! Dieu, ton souffle a rallumé le vieux courage allemand, et, comme la fumée, la race étrangère des égorgeurs s'est dissipée!

Nous te remercions avec ardeur. Que personne ne désespère plus de ta grâce : tu laisses périr celui qui souffre lâchement le mal, mais tu secours celui qui défend hardiment son droit.

Pour délivrer la patrie, tu nous accordas une force abondante; ton peuple allemand l'emploiera avec conscience. Ta bénédiction ne fleurit que quand la liberté sourit. Que sa lumière, qui vient de toi, nous ennoblisse à jamais, ô Dieu de puissance!

CHANT D'ALLIANCE.

Sérieux et en silence, les frères forment un cercle pour jurer haut, de la bouche et du cœur, de ne jamais déshonorer l'Allemagne, de ne jamais être infidèles à l'alliance!

Peuples, écoutez! tous jurent le grand serment. Si jamais l'Allemand chancelle dans les bornes de la fidélité, que Dieu et la nature le maudissent!

Que jamais l'éclat trompeur d'un bonheur étranger ne brille pour lui. Fidèles héritiers de leurs pères, les Allemands veulent mourir glorieux et combattre en héros.

L'Allemand, l'épée à la main, se tient devant le troupeau de ceux qu'il aime. Plutôt que de subir l'opprobre des chaînes, sa fureur risquera tout, jusqu'à ce que tombe le dernier Allemand.

Et s'élevant des champs abreuvés de sang; une race nouvelle et forte naîtra à la vie, elle vengera la liberté, ainsi que l'auront juré nos pères.

Peuples, écoutez le grand serment! Si jamais l'Allemand chancelle dans les bornes de la fidélité, que Dieu et la nature le maudissent!

Cœur plein de courage, regard plein de feu, bras intrépides au combat! Qu'ils soient embrasés d'ardeur, ceux qui descendent d'Hermann. Frères, sortons avec vacarme et bruit! Libres et forts, bons et fidèles, que telle soit notre devise!

Écoutez, il bruit à travers la forêt, à travers les chênes gris et vieux. Que notre chant soit brûlant, tant que durera notre jeunesse. Frères, sortons avec vacarme et bruit ! Libres et forts, bons et fidèles, que telle soit notre devise !

La lueur des étoiles paraît. Soyons tous frères ! Patrie, doux pays, conduis-nous main dans main. Frères, sortons avec vacarme et bruit ! Libres et forts, bons et fidèles, que telle soit notre devise !

Les nuages passent, les fleurs tombent, elles si vertes au printemps ! Que le bruit joyeux de la coupe, que les chants de la ronde résonnent jusqu'au bord du tombeau ! Frères, sortons avec vacarme et bruit ! Libres et forts, bons et fidèles, que telle soit notre devise !

Charles Hinkel.

AMOUR FIDÈLE.

A l'heure froide de minuit, quand, solitaire, je monte ma garde, je pense à mon amie éloignée ; je me demande si elle est toujours fidèle et amoureuse.

Quand je partis pour rejoindre les drapeaux, elle m'embrassa tendrement ; elle orna mon chapeau de rubans et me pressa sur son cœur fidèle.

Oui, elle est fidèle, elle est amoureuse ; c'est pourquoi je suis gai et content. Mon cœur bat avec chaleur, dans la nuit froide, quand je pense à mon amie éloignée.

Maintenant, à la faible lueur de la lampe, chérie,

tu rentres dans ta chambrette; tu adresses au Seigneur une prière pour ton ami en pays lointain.

Guillaume Hauff.

CHANT DU MATIN DU CAVALIER.

Aurore, aurore, tu éclaires ma mort précoce. Bientôt sonnera la trompette; il me faudra perdre la vie, moi et plus d'un camarade.

Quoiqu'à peine commencée, la joie doit cesser. Hier sur un fier cheval, aujourd'hui la poitrine percée, demain dans la fosse fraîche.

Hélas! que les formes et la beauté fuient vite! Ne sois pas fier de tes joues qui brillent comme le lait et la pourpre. Hélas! toutes les roses se flétrissent!

Que sont les joies et les ruses de l'homme? au milieu des peines et des soucis, il faut se fatiguer dès l'aurore jusqu'à ce que vienne à baisser le jour.

Silence donc! je ferai ce que Dieu veut. Je vais me battre avec courage, et s'il faut mourir, que je meure en brave cavalier.

Guillaume Hauff.

Au loin, dans la terre étrangère, vous dormez près de votre épée, sous la garde sûre de la mort. Qu'un saint repos vous récompense de vos fatigues, après l'ardeur brûlante de la journée!

Vous avez vu tomber les aigles de France; lorsque la mort vous fermait les yeux, vous avez entendu les tonnerres de la victoire. Gloire à vous, amis! Rêvez dans le ciel le jour doré de la liberté!

Dans le sein frais de la terre, que votre sort est heureux! Avant de vous y reposer, vous avez vu la lumière de la liberté. Vous l'avez vue se lever sur des cadavres... et vous ne la voyez pas redescendre!

Loin de votre vallée de victoire, en ce jour de souvenir, nous pensons à votre troupe glorieuse, et nous répandons des larmes sur l'autel de la fête.

Guillaume Hauff.

CHANSON DU SOIR.

Des brouillards bleus s'élèvent de terre... Jour, tu baisses; nuit, tu viens!

Les étoiles claires brillent avec éclat. L'éternité resplendit au-dessus des ténèbres de la terre.

Les brises du soir soufflent à travers la forêt verte, et les vieux chênes et les bouleaux ressemblent à des colosses.

O vous, vieux chênes! ô toi, temps de colosses! vous, grands témoins du passé!

Verdissez pour un meilleur avenir! Vous balancerez encore vos cimes en des temps libres.

Patrie, toi délice! la nuit t'accable maintenant, bientôt paraîtra le soleil, cette jeune et fraîche puissance.

Alors une rougeur sanglante et dorée poindra à

l'orient. Mort alors aux noirs soucis, et victoire en Dieu!

Buchner.

La connais-tu, la fidélité des cœurs allemands, qui, toujours grande dans la joie, comme dans la douleur, que le cœur batte légèrement ou avec peine, remplit toujours d'une force égale le sein de l'Allemand? la connais-tu, la fidélite sans pareille? Sa patrie est le pays des chênes!

La connais-tu, la fidélité qui ne chancelle pas, qui, héroïque en pensées, en paroles, que la louange l'honore, que le blâme la flétrisse, est toujours proclamée par la bouche des Allemands? La connais-tu, la fidélité sans pareille? La parole l'exprime dans le beau pays des chênes!

La connais-tu, la fidélité du regard allemand, qui sans crainte, dans le bonheur comme dans le malheur, avant que la bouche ait rompu le silence, parle déjà haut dans les yeux allemands? Veux-tu la voir, la fidélité sans pareille? Elle te regarde dans le pays libre des chênes.

La connais-tu, la fidélité des âmes allemandes, qui, lorsque les derniers astres de l'espérance s'éteignent, lorsque le dernier son d'une espérance trompée s'évanouit, n'abandonne pas le grand cœur allemand? Oh! crois-le bien, la fidélité sans pareille, tu ne la trouveras que dans le pays des chênes!

Charles Balkow.

CONSOLATION.

Des nuages noirs comme la nuit volent et passent. —Laisse-les passer. Je sais qu'au-dessus de l'obscurité des nuages veille un œil toujours clair. C'est pourquoi laisse passer les nuages !

Le vent mugit sur terre. —Laisse-le mugir, enfant, laisse-le mugir. Je sais qu'aucune étoile ne tombera du ciel. Laisse donc mugir le vent.

Et malgré tes larmes, laisse-moi partir, enfant ! Je sais que l'amour est mon salut. Je t'aime ici, je t'aimerai là-bas. C'est pourquoi laisse-moi partir.

Hechner.

Qu'il est beau, sous un ciel pur, de se précipiter dans la mêlée, quand la trompette retentit, quand les chevaux courent et hennissent, quand les tambours battent la charge, quand le sang des héros bouillonne !

Qu'il est beau de voir le vieux guerrier, content et radieux, rester là de pied ferme et verser le courage en nos cœurs ! Qu'il est beau d'entendre hurler les bouches de l'artillerie, de voir la mort s'élancer, éblouissante comme l'éclair, à la rencontre de l'ennemi !

Qu'il est beau d'entendre l'écho effroyable ébranler par trois fois les monts et les vallées ! de voir quand un de nos frères succombe mille ennemis succomber après lui.

Mais rien ne ressemble au bonheur de voir fuir l'ennemi, le regard effrayé. Sois la bien venue, heure d'ivresse ! Alors on entend retentir de chaque bouche : La victoire est à nous !

Hiemer.

CHANSON A BOIRE.

Le vin réjouit le cœur de l'homme ; c'est pourquoi Dieu nous donna le vin. Près du jus de la treille savourons l'existence ; la joie est un devoir ; ainsi trinquez, et chantez ce que chantait Luther : « Celui qui n'aime pas le vin, les femmes et les chants, reste à jamais un fou. Nous, nous ne sommes pas fous ; non, nous ne sommes pas fous ! »

L'amour élève le cœur de l'homme vers les nobles actions, il adoucit les douleurs, éclaire le sentier obscur. Malheur à celui auquel manquent l'amour et le vin ! Aimez, buvez, trinquez, et chantez ce que chantait Luther.

Un chant d'une harmonie pure, chanté dans un cercle d'amis fidèles, est délassement après les fatigues du jour, après la sueur du travail. Reposez-vous, vos devoirs sont remplis. Trinquez, buvez, chantez ce que chantait Luther.

Charles Muchler.

LA NONNE.

Dans le jardin silencieux du cloître était une pâle

vierge ; la lune l'éclairait tristement. Sa paupière était mouillée des pleurs d'un tendre amour.

« O bonheur qu'il soit mort mon amant fidèle ! main-
» tenant je puis l'aimer : il est devenu ange, et je puis
» aimer les anges. »

D'un pas timide elle s'approche de l'image de Marie, qui, brillante de clarté, regardait la vierge pure avec une douceur de mère.

La nonne se prosterne devant cette image divine, la contemple avec une sérénité céleste, jusqu'à ce que la mort vint fermer ses paupières ; son voile en tombant la couvrit.

Louis Uhland.

DÉPART.

J'ai donc quitté la ville où je vécus si long-temps ! Je vais courageusement mon chemin ; personne ne me reconduit !

On n'a pas déchiré mon habit à force de me retenir, c'eût été aussi dommage ; on ne m'a pas mordu à la joue dans un délire de douleur.

Et de savoir que je partais ce matin, cela n'a fait veiller personne cette nuit. Ils pouvaient bien tous dormir tranquillement ; mais d'*une*, pourtant, ça me fait mal.

Louis Uhland.

CHANSON D'IVRESSE.

Nous n'en sommes plus au premier verre, c'est

pourquoi nous pensons à ci, à ça, à ce qui bruit, à ce qui mugit.

Nous pensons à la forêt sauvage, où hurlent les tempêtes. Nous entendons les sons du cor; les chevaux et les chiens hennissent et crient; le cerf traverse l'eau; les flots bouillonnent et ondoient; le chasseur appelle et anime; les coups partent avec fracas!

Nous n'en sommes plus au premier verre; c'est pourquoi nous pensons à ci, à ça, à ce qui bruit, à ce qui mugit!

Nous pensons à la mer sauvage; nous entendons les flots se briser, les tonnerres roulent; les tourbillons sifflent. Ah! comme le vaisseau vacille! comme le mât et les poutres se fendent! Comme le canon de détresse retentit sourdement! les matelots jurent et tremblent.

Nous n'en sommes plus au premier verre, c'est pourquoi nous pensons à ci, à ça, à ce qui bruit, à ce qui mugit!

Nous pensons à la bataille sauvage, où bataillent les hommes allemands. Le sabre cliquette; la lance crie, les coursiers rapides halètent. Au roulement du tambour, aux sons des trompettes, l'armée marche à l'assaut, les murailles et la terre s'écroulent au bruit du canon.

Nous n'en sommes plus au premier verre, c'est pourquoi nous pensons à ci, à ça; à ce qui bruit, à ce qui mugit!

Nous pensons au jour du jugement, nous entendons les trompettes. Les tombeaux s'ouvrent aux coups redoublés du tonnerre; les étoiles tombent du ciel; une mer de flammes mugit dans le gouffre béant des enfers, et là haut dans les airs dorés, les chœurs des esprits célestes triomphent!

Nous n'en sommes plus au premier verre; c'est pourquoi nous pensons à ci, à ça, à ce qui bruit, à ce qui mugit!

Et après la forêt et la chasse sauvage, après la tempête et le brisement des vagues, après la bataille des hommes allemands, après le jour du jugement, nous pensons encore à nous-mêmes, à notre chant orageux, à notre réjouissance, à nos cris d'allégresse, au son de nos verres !

Nous n'en sommes plus au premier verre, c'est pourquoi nous pensons à ci, à ça, à ce qui bruit, à ce qui mugit !

Louis Uhland.

Je suis le berger de la montagne. Je plane sur tous les châteaux. Le soleil luit ici en premier, je le vois le dernier. Je suis le berger de la montagne!

C'est ici que le torrent a sa demeure paternelle; je le bois au sortir de la pierre. C'est ici qu'il commence sa course sauvage, ici que je l'entoure de mes bras. Je suis le berger de la montagne !

La montagne est à moi, les tempêtes tournent autour. Qu'elles mugissent du nord au sud, mon chant est toujours plus fort qu'elles. Je suis le berger de la montagne !

Je suis dans l'azur quand les tonnerres et les éclairs éclatent au-dessous de moi : je les connais et je leur crie : « Laissez la maison de mon père en repos ! » Je suis le berger de la montagne !

Quand le tocsin sonnera, quand des feux marcheront sur les montagnes, alors je descendrai ; j'entrerai dans les rangs des hommes, j'agiterai mon sabre et je redirai : Je suis le berger de la montagne !

Louis Uhland.

LA CHANSON DU PAUVRE.

Je suis pauvre, je suis solitaire. Que je voudrais me réjouir, une seule fois encore !

Dans la maison de mes parens, j'étais un joyeux enfant. Hélas ! depuis qu'ils ne sont plus, la douleur est mon partage.

Je vois fleurir les jardins des riches, je vois leurs champs se dorer. Pour moi il n'est qu'un sentier aride ; la peine et les soucis y marchent à mes côtés.

J'éprouve un douloureux plaisir à me mêler à la foule des heureux ; je souhaite cordialement le bonjour à chacun.

O Dieu puissant ! tu ne m'as pourtant pas ravi toute joie. Pour tes enfans, il est une douce consolation qui descend de ton ciel.

Dans chaque hameau s'élève ta sainte maison ;

l'orgue et les chants y retentissent pour tout le monde.

Le soleil, la lune, les étoiles brillent à mes yeux avec amour. Quand j'entends la cloche du soir, Seigneur, je me tourne vers toi.

Un jour, tes salles célestes s'ouvriront pour tous les bons. Alors moi aussi je viendrai vêtu d'une robe de fête et je m'assiérai au banquet.

Louis Uhland.

Là-bas dans la vallée tourne la roue d'un moulin. Ma belle a disparu, elle demeurait là bas.

Elle me jura constance et me donna un anneau; elle a rompu sa foi, et l'anneau s'est brisé!

Comme chanteur, je voudrais voyager par le monde, et chanter mes chansons, et aller de maison en maison.

Comme cavalier, je voudrais voler dans la bataille sanglante, me coucher solitaire au feu du bivouac, dans la nuit fraîche.

Mais quand j'entends tourner la roue du moulin, je ne sais plus ce que je veux; ce que je préfère, c'est la mort; car je serais tranquille alors.

Louis Uhland.

SIEGELINDE.

Jadis dame Siegelinde se leva de grand matin; suivie de sa cour, elle s'achemina vers l'église de Notre-Dame. Elle allait ainsi vêtue d'or et de soie, ornée de fleurs et de pierreries. Ah! qu'il lui en advint malheur!

Devant la porte de l'église sont plantés trois beaux tilleuls. Dessous était assis Heime, le noble chevalier. Il dit tout bas : « Que d'or, que de pierreries! ô belle, » que n'ai-je une rose de ta couronne! »

Il le dit tout bas, et le vent dans ses jeux fit tomber la plus belle des roses de la couronne. Sire Heime se baisse pour ramasser la fleur et la mettre sur son sein.

Un vieux chevalier sort du cortége de Siegelinde, il s'avance avec colère : « Faut-il t'apprendre l'usage de » la cour? Tu ne dois désirer aucune fleur de cette » noble couronne! »

Malheur au jardin où naquirent ces roses! malheur aux tilleuls où naquit la querelle! Un cliquetis d'armes retentit, et le jeune Heime tombe mort sous des coups furieux.

Siegelinde se baisse, ramasse la rose, la replace dans sa couronne. Elle entre dans l'église, vêtue de soie et d'or, parée de fleurs et de pierreries. Pourquoi est-elle triste?

Elle dépose sa couronne devant l'image de la Vierge. « Prends-la, vierge douce et pure, pas une fleur » n'y manque. Je renonce au monde, je veux porter » le voile saint et pleurer les morts! »

Louis Uhland.

LA CHAPELLE.

Là-haut est une chapelle, elle regarde en silence

dans la vallée. Là-bas, dans la prairie, le pâtre chante gaiement près du ruisseau.

La clochette tinte tristement, les cantiques funèbres retentissent. La joyeuse chanson se tait; le pâtre lève la tête.

Là-haut, on les porte en terre, ceux qui se réjouirent dans la vallée. Pâtre, pâtre, toi aussi on t'accompagnera un jour à la chapelle.
Louis Uhland.

LE CIMETIÈRE AU PRINTEMPS.

Jardin délicieux, hâte-toi de te revêtir d'une tendre verdure : cache toute trace de terre sous d'épais buissons de roses !

Cache soigneusement cette terre noire; sa vue m'effraie : je crains qu'elle ne me demande quelque objet chéri !

Si c'est moi que veut la tombe silencieuse, qu'elle me prenne; dans les airs frais, ma vie sera si active !
Louis Uhland.

HARALD.

Devant sa troupe chevauche Harald, le fier héros. Les guerriers traversent la forêt sauvage à la clarté de la lune. Ils portent maintes bannières conquises, qui s'agitent au vent; ils chantent maints chants de victoire, qui résonnent dans les montagnes.

Mais qui frissonne, qui se cache et épie dans le

buisson ? Qui se balance sur les arbres ? Qui descend des nuages ? Qui sort de la mousse du torrent ?

Qui jette des fleurs à l'entour ? Qui chante délicieusement ? Qui danse dans les rangs de la troupe ? Qui saute sur les chevaux ?

Qui donc caresse si doucement ? Qui donne des baisers si tendres ? Qui enlace si voluptueusement ? Qui ôte l'épée, enlève le cheval, et ne laisse ni paix ni repos ?

C'est la troupe légère des elfes ; lui résister est impossible. Déjà tous les guerriers sont vaincus, ils sont dans le pays des fées ?

Harald seul, le fier héros, lui, le meilleur chevalier, il est resté invulnérable. Des pieds à la tête un dur acier le couvre.

Tous les siens sont partis. Épées et boucliers gisent à terre. Les chevaux, sans maîtres, errent libres dans la forêt.

Plein de tristesse, il quitte ces lieux, Harald, le fier héros. A la clarté de la lune il chevauche à travers la forêt.

Une eau fraîche tombe du rocher ; il saute de cheval, détache son casque et boit à la source claire.

Il a apaisé sa soif ; mais ses bras et ses jambes sont sans mouvement ; il s'assied sur un rocher, hoche de la tête et s'endort.

Il dort sur cette pierre depuis bien des siècles, la tête baissée sur la poitrine. Sa barbe et ses cheveux sont gris.

Et quand les éclairs passent, quand le tonnerre

roule, quand la tempête mugit dans la forêt, alors en rêvant il saisit son épée, le vieux héros Harald.

Louis Uhland.

Adieu, adieu, ma chérie; il faut partir aujourd'hui! Un baiser, un baiser donne-moi, il faut te fuir à jamais!

Une fleur, une fleur cueille-moi de l'arbre du jardin. De fruit, de fruit pour moi elle ne portera jamais!

Louis Uhland.

LE CHEVALIER NOIR.

C'était la Pentecôte, la fête du plaisir, que célèbrent les forêts et les bruyères. Le roi dit : Que dans les salles de l'antique château règne aussi un joyeux printemps.

Les tambours et les trompettes résonnent, les bannières rouges flottent. De son balcon le roi voyait les chevaliers tomber dans les jeux de la lance, sous les coups de son fils.

Mais des barrières du combat s'approche un chevalier noir : « Seigneur, ton nom ? — Si je le disais vous frémiriez, vous trembleriez ; je suis roi de grands royaumes. »

Dès qu'il entre dans la lice, la coupole du ciel s'obscurcit, le château commence à trembler. Au premier choc le jeune prince est renversé ; c'est à grand'peine qu'il se relève.

Les flûtes et les violons appellent à la danse : les torches brillent dans les salles, une grande ombre s'y promène. Elle engage courtoisement la fille du roi, et commence la danse avec elle.

C'est le chevalier aux noirs vêtemens de fer. Il danse d'une manière effroyable! ses bras froids entourent les membres délicats de la jeune fille ; des cheveux et du sein de celle-ci les fleurs tombent fanées.

Et les chevaliers et les dames s'asseyent à la table richement servie. Le vieux roi tout tremblant se place entre son fils et sa fille, il les regarde en silence.

Tous deux étaient bien pâles. Le chevalier noir leur offre à boire. « Le vin doré vous rendra la santé. » Ils burent et dirent en le remerciant : « Qu'il est frais, » ce breuvage ! »

Le fils et la fille, enlacent de leurs bras le sein du roi, leurs joues se décolorent. De quelque côté que se tourne le vieillard, il voit mourir son enfant.

« Malheureux ! tu me les as ravis dans la joie de la » jeunesse ! Prends-moi donc aussi, moi, désormais » sans bonheur ! » Le méchant répond d'une voix sourde et creuse : « Vieillard, c'est au printemps que » je cueille les roses ! »

Louis Uhland.

LA SÉRÉNADE.

— Quels doux sons me réveillent! Ma mère, vois qui ce peut être, si tard, à cette heure.

— Je n'entends rien, je ne vois rien ; dors tranquillement. Personne ne te donne de sérénade, à toi pauvre enfant malade.

— Elle n'est pas terrestre cette musique qui remplit mon cœur de joie. Ce sont les chants des anges qui m'appellent. Oh ! bonne nuit, ma mère.

Louis Uhland.

LE PATRE.

Le beau pâtre passait tout près du château du roi ; la vierge regardait par la fenêtre ; son désir devint grand.

Elle lui dit une douce parole. « Oh ! que ne puis-je » descendre vers toi ! Comme les moutons sont blancs » là-bas ; comme les fleurs sont rouges ici ! »

Le jeune pâtre répondit : « Oh ! que ne descends-tu » vers moi ! Que tes joues sont vermeilles ! que tes » bras sont blancs ! »

Et chaque matin, quand il passait avec son troupeau, il levait les yeux jusqu'à ce que sa belle amie parût.

Alors il lui criait : « Sois la bien venue, fille royale. » Sa douce voix répondait : « Merci, mon pâtre chéri ! »

L'hiver s'enfuit, le printemps vint ; les fleurettes s'épanouirent à l'entour. Le pâtre passa près du château, mais elle ne parut plus.

Il s'écria plaintivement : « Sois la bien venue, fille » royale ! » Une voix d'ombre répondit : « Adieu, mon » pâtre chéri. »

Louis Uhland.

LE CAVEAU.

Revêtu de la parure des armes, un vieillard traverse la bruyère; il va vers la vieille chapelle, il entre dans le chœur sombre.

Les cercueils de ses ancêtres étaient tous rangés là. Des profondeurs du caveau un chant merveilleux l'appelle.

Oui, j'entends vos voix, esprits héroïques. Je dois clore la rangée. Gloire à moi ! j'en suis digne.

Dans un lieu frais était un cercueil vide, il le prit pour lit de repos. Son bouclier lui servit de coussin.

Il joignit les mains sur son épée et s'endormit. Les voix des esprits se turent, un profond silence régna.

Louis Uhland.

LE RÊVE.

Deux amans se promenaient dans un beau jardin en se tenant par la main. Ils étaient pâles et malades, ils s'assirent dans ce pays fleuri.

Ils se donnaient des baisers sur la bouche, ils se donnaient des baisers sur les joues ; ils se tenaient étroitement embrassés, ils redevinrent jeunes et sains.

Deux clochettes retentissent, le rêve s'évanouit à l'instant. Elle se retrouve dans la cellule du monastère, et lui, dans le fond de la tour.

Louis Uhland.

RENONCIATION.

Qui traverse le jardin à la lueur pâle des étoiles? Va-t-il attendre le bonheur? Cette nuit lui sera-t-elle douce? Hélas! non, c'est le ménestrel; il tombe au pied de la tour où brille une clarté, et il chante ainsi :

» Vierge, écoute un chant que tu inspires! Qu'un
» rêve du temps de roses de notre enfance voltige dou-
» cement autour de toi. Je suis venu au son de la
» cloche du soir, je partirai avant le jour; je ne veux
» pas voir le château d'où je sors éclairé par le so-
» leil.

» Je me suis tenu loin de la salle où tu trônes, de
» nobles seigneurs étaient joyeusement assis à tes
» côtés. Ces amis du plaisir veulent de l'allégresse, et
» non les plaintes d'amour; ils n'auraient pas respecté
» les droits de l'enfance.

» Sombre crépuscule, dissipe-toi! tristes arbres,
» éclairez-vous! que, transporté dans le pays enchanté
» de mon enfance, je sois heureux encore une fois.
» Je me coucherai dans le trèfle vert; et elle, enfant
» au pied léger, gracieuse fée, elle viendra en riant
» me jeter des fleurs.

» Hélas! oui, le temps a passé, mais le souvenir ne
» passera pas. Il luit comme un arc-en-ciel sur les
» sombres nuages. Ma peine secrète fuit les regards.
» Oh! dis-moi, dis-moi seulement si ton cœur pense
» encore aux plaisirs de notre enfance? »

Il se tût, le fils des chants, assis au pied de la tour.

Un son s'échappe de la fenêtre ; quelque chose brille sur l'herbe sombre, et ces paroles retentissent : «Prends » cette bague, et pense à moi; pense à notre belle en- » fance. Prends-la, une pierre précieuse et une larme » brillent dessus.

Louis Uhland.

HANS ET GRETÉ.

ELLE.

Pourquoi me regardes-tu toujours partout où tu me trouves? Prends garde à tes yeux, tu deviendras aveugle !

LUI.

Si tu ne te retournais pas toujours, tu ne me verrais pas. Prends garde à ton joli cou, tu lui feras mal.

Louis Uhland.

LE FIDÈLE WALTER.

Le fidèle Walter chevauche devant la chapelle de Notre-Dame; sur le seuil est agenouillée une jeune fille pleine de repentir. « Arrête, arrête, Walter; » Walter, mon bien-aimé! Ne reconnais-tu pas le » son de cette voix que jadis tu aimais tant?

» — Qui vois-je? la femme infidèle ; hélas! celle qui » autrefois était à moi! Où laissas-tu ta robe de soie, » ton or, tes pierreries ? — Oh! pourquoi ai-je rompu » ma foi! J'ai perdu mon paradis, près de toi seul je le » retrouverai. »

Il prend pitié de cette femme si belle; il la place sur son cheval. De ses bras doux et blancs elle enlace son corps. « Hélas ! Walter chéri, mon cœur si tendre » bat contre un acier dur et froid, il ne bat pas contre » ton cœur ! »

Ils atteignent le château, mais il est vide et silencieux; elle détache le casque du chevalier, la beauté de Walter a disparu. « Tes joues pâles, tes yeux obs- » curcis te parent, amant fidèle ! Jamais tu ne me » semblas si beau. »

La pieuse fille détache l'armure de son seigneur, qu'elle affligea tant. « Que vois-je ! un vêtement noir ! » Qui mourut de ceux que tu aimes ? — Je pleure ma » chérie, que je ne retrouverai ni ici sur terre, ni au- » delà du tombeau. »

Elle tombe à ses pieds en lui tendant les bras. « Vois, je suis à tes pieds, moi, pauvre pénitente, » j'implore ta pitié ! Relève-moi, donne-moi une nou- » velle joie ! Laisse-moi guérir de mon chagrin sur » ton cœur fidèle !

» — Relève-toi, pauvre enfant, relève-toi; moi, je » ne puis te relever; mes bras sont fermés, mon sein » est sans vie. Sois toujours triste comme je le suis. » L'amour n'est plus, l'amour n'est plus, il ne revien- » dra jamais ! »

Louis Uhland.

LA FILLE DE L'HOTESSE.

Trois jeunes garçons passent le Rhin; ils s'arrêtent chez une hôtesse.

« Hôtesse, avez-vous de bonne bière, de bon vin ?
» où est votre jolie fille ? »

« Ma bière et mon vin sont clairs et frais ; ma fille
» est sur son lit mortuaire ! »

Lorsqu'ils entrent dans la chambrette, ils la voient couchée dans un coffre noir.

Le premier repousse le voile et la regarde tristement.

« Hélas ! que ne vis-tu encore, jeune fille si belle,
» je t'aimerais dès aujourd'hui ! »

Le second baisse le voile, se détourne et se prend à pleurer.

« Hélas ! pourquoi es-tu couchée sur ton lit funèbre ?
» je t'ai aimée depuis tant d'années ! »

Le troisième relève le voile, baise la vierge sur sa bouche pâle.

« Je t'aimai toujours, je t'aime aujourd'hui, je t'ai-
» merai en toute éternité ! »

Louis Uhland.

TROIS NOBLES FILLES.

Du haut du château, trois nobles filles regardent dans la vallée ; leur père arrive à cheval, il porte un vêtement d'acier. « Sois le bien venu, seigneur
» père, le bien venu en Dieu ! Qu'apportes-tu à tes
» enfans ? Toutes trois nous avons été bien pieuses.

»— Mon enfant en robe jaune, aujourd'hui j'ai pensé
» à toi. La parure est ta joie, ce que tu préfères est

» l'éclat. Cette chaîne d'or rouge, je la pris au fier
» chevalier, et je lui donnai la mort en échange.»

Vite à son col elle noua la chaîne, et descendit à l'endroit où le mort gisait. « Tu es couché près du
» chemin comme un méchant voleur; pourtant tu
» es un noble chevalier, tu es mon beau chéri, à
» moi! »

Elle le porte dans ses bras à la maison de Dieu, et le couche pieusement dans le tombeau de ses pères. Elle serre fortement la belle chaîne qui luisait à son col, et tombe à côté de son chéri!

Du haut du château, deux nobles filles regardent dans la vallée; leur père arrive à cheval, il porte un vêtement d'acier. « Sois le bien venu, seigneur père,
» le bien venu en Dieu! Qu'apportes-tu à tes enfans?
» Toutes deux nous avons été bien pieuses!

»— Mon enfant en robe verte, aujourd'hui j'ai pensé
» à toi. La chasse est ton plaisir et le jour et la nuit;
» cette pique au ruban d'or, je la pris au chasseur sau-
» vage, et je lui donnai la mort en échange. »

Elle prend la pique que lui présente son père, et s'en va vers la forêt; son cri de chasse est la mort. Là-bas sous les tilleuls, près de son chien fidèle, elle trouve son chasseur dans le profond sommeil.

« Je viens au tilleul comme je le promis à mon bien-
» aimé. » Et bien vite de la pique elle perce sa poitrine. Ils reposent ensemble au frais. Les petits oiseaux de la forêt chantent au-dessus d'eux, et les feuilles vertes tombent sur leurs corps.

Du haut du château, une noble fille regarde dans la vallée ; son père arrive à cheval, il porte un vêtement d'acier. « Sois le bien venu, seigneur père, le bien
» venu en Dieu ! Qu'apportes-tu à ton enfant ? J'ai été
» douce et pieuse.

» — Mon enfant en blanche robe, aujourd'hui j'ai
» pensé à toi. Les fleurs sont ta joie plus que l'éclat
» et l'or ; cette fleurette, blanche comme l'argent, je
» la pris au hardi jardinier ; je lui donnai la mort en
» échange.

» — Pourquoi fut-il hardi ? pourquoi le tuas-tu ? Il
» soignait les fleurettes, maintenant elles mourront !
» — Il m'a refusé hardiment sa plus belle fleurette,
» il la gardait pour sa mie. »

La noble fille met la fleur sur son sein, elle s'en va au jardin qui faisait son plaisir. Là, près des lis blancs, est un tertre tout frais ; triste, elle s'assied dessus.

« Oh ! que ne puis-je faire comme mes chères sœurs !
» Mais, las ! la fleurette ne sait pas blesser, elle est
» douce et tendre ! » Pâle et malade, elle regarda la fleurette jusqu'à ce que la fleurette se fanât, jusqu'à ce qu'elle mourût.

Louis Uhland.

L'ANATHÈME DU TROUBADOUR.

Jadis s'élevait un château grand et sublime ; il brillait au loin, jusqu'à la mer bleue ; il s'élevait du milieu d'une couronne fleurie de jardins parfumés, où jaillissaient de claires fontaines, avec l'éclat de l'arc-en-ciel.

Là, trônait un roi fier, riche en pays et en victoires. Sombre et pâle, il est assis sur son trône ; car sa pensée est l'effroi, son regard est la fureur, ce qu'il dit est un fléau, ce qu'il écrit est du sang.

Vers ce château cheminaient deux chanteurs : l'un aux boucles dorées, l'autre à la chevelure grise ; le vieux, portant la harpe, était sur un haut coursier ; à ses côtés marchait gaiement son jeune compagnon.

Le vieux dit au jeune homme : « Prépare-toi, mon » fils ; pense à nos chants les plus sublimes, entonne » nos airs les plus sonores. Réveille toutes tes forces, » ta joie et ta tristesse, aujourd'hui il faut toucher le » cœur de pierre du roi. »

Déjà les deux chanteurs sont dans la salle aux colonnes élevées ; sur le trône sont assis le roi et son épouse. Le roi, superbe, effrayant comme l'éclat sanglant de l'aurore boréale ; la reine, douce et modeste comme si la lune se réfléchissait en elle.

Le vieillard fit résonner les cordes, il les fit résonner merveilleusement, et la puissance du son allait toujours croissant ; alors la voix du jeune homme s'y mêla claire et céleste, celle du vieillard l'interrompait comme un chœur sourd d'esprits.

Ils chantent le printemps, l'amour, les temps dorés ; la liberté, la dignité de l'homme, la sainteté, la constance. Ils chantent les douces émotions qui agitent délicieusement le cœur ; ils chantent les sentimens sublimes qui l'élèvent aux cieux.

Les courtisans oublient leur ironie, les guerriers s'abaissent devant Dieu ; la reine, émue de joie et de mélancolie, jette aux chanteurs la rose de son sein.

« Vous avez séduit mon peuple, voulez-vous aussi
» entraîner ma femme ? » s'écrie le roi avec fureur, et son corps tremble ; il lance son fer, qui brille et perce le sein du jeune chanteur ; au lieu de chants dorés, un rayon sanglant en jaillit.

Et comme dispersée par la tempête, la troupe des seigneurs a disparu. Le jeune homme expire dans les bras de son maître. Le vieillard l'enveloppe de son manteau, l'emporte, l'attache droit sur son coursier, et abandonne avec lui le château.

Mais devant la haute porte, le vieux chanteur s'arrête ; il saisit sa harpe et la brise contre une colonne ; il s'écrie avec force, et le château et les jardins en rendent un sombre écho :

« Malheur à vous, salles superbes ! Que jamais les
» doux sons, que jamais l'harmonie ne résonnent dans
» vos murs ; non ! qu'on n'y entende que des soupirs,
» des gémissemens, des pas craintifs d'esclaves, jus-
» qu'à ce que, foulées aux pieds par le génie de la
» vengeance, vous ne soyez plus que ruines et pous-
» sière !

» Malheur à vous, jardins embaumés ! maintenant
» dans l'éclat du printemps. A l'aspect de ce corps dé-
» figuré, flétrissez-vous à jamais ! que vos fontaines se
» dessèchent ! qu'aux jours à venir vous ne soyez plus
» qu'un désert !

» Malheur à toi, infâme meurtrier, fléau des chan-
» teurs ! Que ce soit en vain que tu t'efforces d'ac-
» quérir les couronnes sanglantes de la gloire; que
» ton nom soit à jamais oublié, à jamais plongé dans
» la nuit obscure, qu'avec ton dernier râle il se dis-
» sipe dans l'air. »

Le vieillard a dit, le ciel l'a écouté ; les murs sont renversés, les salles sont détruites; une colonne seule témoigne encore de l'antique splendeur; mais elle est fendue, elle peut s'écrouler cette nuit.

Autour des ruines, au lieu de jardins parfumés, est une bruyère aride; pas un arbre n'y répand d'ombrage, pas un ruisseau ne glisse à travers le sable; aucun chant, aucun livre héroïque ne redit le nom du roi, il est enseveli, oublié. Ce fut l'anathème du chanteur.

Louis Uhland.

LE 18 OCTOBRE 1816.

Si du haut des cieux descendait aujourd'hui l'esprit de ce héros-poète [1], qui mourut dans la sainte guerre sur le champ de victoire, il ferait entendre sur la terre d'Allemagne un chant acéré comme le glaive; non tel que je vais l'essayer, mais semblable au tonnerre, et fort comme le ciel.

« Jadis on parla de joyeux sons de cloches ; jadis
» on parla d'une mer de feu ; mais ce que signifie cette

---

[1] Théodore Kœrner, qui fut tué au combat de Gadebuch, en 1813.

» grande fête, quelqu'un le sait-il encore? Oui, il faut
» que les esprits descendent enflammés d'un saint
» zèle; il faut qu'ils vous montrent leurs blessures,
» qu'ils vous les fassent toucher au doigt.

» Vous, princes, répondez les premiers! Avez-vous
» oublié le jour de la bataille où, prosternés, vous ren-
» diez hommage à une plus grande puissance? le jour
» où les peuples vous ont délivrés de l'opprobre et de
» l'esclavage, où leur fidélité fut mise à l'épreuve?
» C'est à vous, maintenant, à ne plus les bercer de
» trompeuses espérances, à tenir ce que vous avez
» promis.

» Vous, peuples, qui avez beaucoup souffert, avez-
» vous oublié ce jour pesant? Vous avez conquis
» le bien le plus précieux; pourquoi ne prospère-t-il
» pas? Vous avez écrasé les hordes étrangères; mais
» à l'intérieur rien ne s'est éclairci. Vous ne serez pas
» devenus libres si vous n'établissez pas le droit.

» Vous, sages, qui voulez tout savoir, faut-il vous
» dire comment les hommes simples et francs ont payé
» ce droit de leur sang? Croyez-vous que dans les
» cendres embrasées, le temps, ce phénix, ne se re-
» nouvelle que pour couver les œufs que vous glissez
» sous lui?

» Vous, conseillers des princes, vous, maréchaux
» de cour, qui portez des étoiles ternes sur un sein
» glacé; vous qui n'avez rien su des combats livrés
» sous les remparts de Leipzig, écoutez: à pareil jour
» le Seigneur rendit un grand jugement. Mais vous

» n'écoutez pas mes paroles, vous ne croyez pas à la
» voix des ombres.

» J'ai chanté ce que je devais chanter ; je reprends
» mon essor vers les cieux. Je dirai aux chœurs des
» bienheureux ce que mes yeux ont vu. Je ne puis
» rien louer ni rien condamner, tout est sombre en-
» core ; mais j'ai vu briller plus d'un regard, j'ai en-
» tendu battre plus d'un cœur. »

Louis Uhland.

Allons, buvons encore le vin étincelant. Adieu, mes amis, il faut nous séparer ; adieu, montagnes, toit paternel. Quelque chose m'appelle avec force dans le lointain.

Le soleil ne s'arrête pas au ciel, il passe au-dessus de la mer et de la terre. La vague ne reste pas au rivage solitaire ; les tempêtes bruyantes traversent le pays.

Là-bas l'oiseau fuit avec les nuages rapides ; au loin il va chanter les chants de sa patrie. Ainsi le jeune homme doit parcourir et les forêts et les vallées ; il doit ressembler à son père le monde voyageur.

Au-delà des mers, des oiseaux qu'il connaît le saluent ; ils viennent de son pays. Les fleurs répandent autour de lui un parfum bien connu, que l'air apporta de sa patrie.

Les oiseaux, ils ont vu sa maison paternelle ; ces fleurs, jadis, il les planta pour faire un bouquet à l'amour. L'amour le suit partout, il chemine avec lui, et le pays le plus éloigné devient sa patrie.

Justin Kerner.

Gronde, chant de la liberté, gronde comme les flots qui s'élancent du sein du rocher! La foule des esclaves tremble; notre cœur, à nous, palpite; nos bras de jeunes hommes s'agitent, impatiens d'agir.

Dieu, Père, la chevalerie allemande brûle de nouveau en nous pour ta gloire. L'antique pays s'illuminera encore, comme en un vaste incendie! Dieu, liberté, patrie, fidélité allemande!

Que la race d'Hermann soit fière, chaste et sainte, croyante, allemande et libre! La foudre vengeresse de Dieu brise la domination du maître et son esprit. Liberté, droit, à vous le trône!

Liberté, ta puissance s'est réveillée en nous! Salut en ce moment fortuné! Que la jeunesse de l'Allemagne, animée par la force, animée par la science, soit un peuple de frères!

Retentis, chant, retentis, cantique, des âmes allemandes. Nous sommes un seul cœur, une seule vie, et, formant un seul cercle d'étoiles, nous recevrons, pleins de joie, la lumière d'un seul soleil.

Charles Follen.

LE PRINCE LE PLUS RICHE.

Louant dans de fort beaux discours le mérite et le

nombre de leurs états, les princes allemands étaient jadis assis à Worms, dans la salle des empereurs.

« Magnifique est mon pays, dit le prince de Saxe, » et grande sa puissance; ses montagnes recèlent » l'argent dans plus d'une mine profonde. »

« Voyez l'abondance du mien, dit l'électeur du » Rhin, il a des moissons dorées dans les vallées, du » noble vin sur les montagnes! »

« De grandes villes, de riches couvens, dit Louis, » seigneur de Bavière, font qu'en trésors mon pays » n'est point en arrière des vôtres. »

Eberhard, celui qu'on nomme *à la barbe*, le seigneur chéri de Wurtemberg, dit: « Mon pays a de » petites villes, il n'a pas de mines d'argent;

» Mais il renferme pourtant un joyau. C'est que » partout, en tous lieux, dans les forêts les plus » grandes, je puis hardiment poser ma tête sur le » sein de tout sujet. »

Et ils s'écrièrent, les seigneurs de Saxe, de Bavière et du Rhin : « Comte à la barbe! vous êtes le plus » riche, votre pays produit le diamant. »

Justin Kerner.

LE VOYAGEUR DANS UN MOULIN A SCIER.

J'étais tranquillement assis là-bas dans le moulin, et je regardais le jeu des roues, et je regardais les eaux couler.

J'étais comme en un rêve; je regardais la blanche

scie, elle se frayait un long chemin à travers un sapin.

Le sapin me semblait vivant; et, tremblant de tous ses nerfs, en sons plaintifs il me disait :

« Tu arrives ici à temps, ô voyageur! car c'est pour
» toi que cette blessure m'est faite au cœur.

» Quand tu auras encore marché un peu de temps,
» c'est pour toi que ce bois deviendra un lit de repos,
» dans le sein de la terre. »

Je vis tomber quatre planches, mon cœur se serra, je voulus balbutier un mot, la roue ne tournait plus.

Justin Kerner.

L'HOMME MARIN.

C'était à la douce clarté du mois de mai, les demoiselles de Tubingen étaient à la danse.

Elles dansaient toutes ensemble dans la vallée, autour d'un tilleul.

Un jeune étranger aux beaux vêtemens s'approche de la plus belle fille.

Il lui présente la main pour danser, il lui pose sur la tête une couronne marine.

» O jeune homme! pourquoi ton bras est-il si
» froid?—Dans le fond du Necker il ne fait pas chaud.

» O jeune homme! pourquoi ta main est-elle si
» pâle? — Le rayon du soleil ne pénètre pas l'eau. »

Il s'éloigne du tilleul en dansant avec la jeune fille.

« Laisse-moi, jeune homme ! Écoute ; ma mère m'appelle ! »

Il descend en dansant avec elle le long du Necker. « Laisse-moi, jeune homme ! Oh ! comme j'ai peur ! »

Il presse fortement son corps souple et délié. « Belle fille, tu es la femme de l'homme marin. »

Il entre en dansant avec elle dans les flots. « O mon père ! ô ma mère ! adieu ! »

Il la conduit dans une salle de cristal. « Adieu, mes sœurs ! adieu, vous toutes, dans la verte vallée ! »

Justin Kerner.

L'ORAGE.

La bisaïeule, l'aïeule, la mère et l'enfant, sont ensemble dans une chambre basse ; l'enfant joue, la mère se pare, l'aïeule file, la bisaïeule courbée est assise derrière le poêle sur un coussin. — Comme le vent est lourd !

L'enfant dit : « Demain c'est fête ; comme je jouerai près de la haie verte, comme je courrai à travers monts et vallons, comme je cueillerai de belles fleurs, comme j'aime la prairie ! » Entendez-vous comme le tonnerre gronde ?

La mère dit : « Demain c'est fête, demain nous ferons un joyeux repas, j'apprête ma robe parée ; dans la vie, la joie vient après le chagrin, alors le soleil paraît d'or ! » Entendez-vous comme le tonnerre gronde ?

L'aïeule dit : « Demain c'est fête ; mais grand'mère,
» elle, n'a pas de fête, elle fait le dîner, elle file le vê-
» tement ; la vie n'est que souci et travail. Heureux
» celui qui fit toujours son devoir ! » Entendez-vous
comme le tonnerre gronde ?

La bisaïeule dit : « Demain c'est fête, c'est demain
» que je voudrais mourir. Je ne puis plus ni chanter,
» ni rire, je ne puis ni marcher, ni agir ; que faire en-
» core au monde ? » Voyez, voyez, le tonnerre tombe !

Elles ne le voient pas, elles ne l'entendent pas, car
la chambre flamboie. Bisaïeule, aïeule, mère et fille
sont frappées du tonnerre, un même coup les a tuées.
— Et demain c'est fête !

Gustave Schwab.

PRIÈRE A BOIRE.

Tu nous as servi de ton bon vin. Qu'il nous soit prospère et nous désaltère, ô Seigneur !

Tu ne nous laisses pas manquer de chansons joyeuses. Donne-nous des voix sonores et l'amour des chants harmonieux.

Et à celui auquel, avec la vigne et le chant, tu accordes une amie, laisse-la-lui encore long-temps, en tout bien et en tout honneur ; qu'elle conserve sa couronne. Et enfin, donne-la tout-à-fait à son amant.

Avec le chant, avec le vin et les jeux d'amour, donne-nous, à nous frères d'alliance, un cœur toujours fidèle.

Donne-nous une vie allemande ; et vienne le dernier instant, daigne alors nous envoyer une mort allemande.

Gustave Schwab.

LE PÈLERIN A SAINT-JUST.

Il est nuit, et l'orage souffle à l'entour; moines espagnols, ouvrez-moi la porte.

Laissez-moi me reposer ici, jusqu'à ce que le son des cloches m'éveille et m'appelle effrayé à l'église.

Préparez-moi ce que votre maison possède, une robe de moine et un cercueil.

Donnez-moi une petite cellule, consacrez-moi; plus de la moitié du monde jadis m'appartint.

La tête sur laquelle passent maintenant les ciseaux était ornée de plusieurs couronnes.

Les épaules qui ploient sous le froc portèrent l'hermine impériale.

Et maintenant, avant la mort, je ressemble aux morts; je tombe en ruines comme le vieil empire.

Charles-Auguste de Platen.

LE JOUET DU GÉANT.

Le château de Nideck est connu en Alsace, là sur la montagne habitaient des géans; maintenant il est tombé, la place en est déserte; tu cherches les géans et ne les trouves plus.

Jadis la fille du géant sortit du château, elle se délassait seule et jouait devant la porte; elle descendit la côte jusque dans la vallée, envieuse de savoir ce qui se passait en bas.

En peu de pas elle eut traversé la forêt, elle atteignit Harslach, le pays des hommes; et les villes, et les villages, et la campagne cultivée, parurent à ses yeux un monde étranger.

Et en regardant attentivement à ses pieds, elle aperçoit un paysan qui labourait son champ; ce petit être se traîne singulièrement, sa charrue brille blanche et claire au soleil.

« Joli jouet, s'écrie-t-elle, je t'emporterai à la maison! » Elle s'agenouille, étend son mouchoir à terre, ramasse tout ce qui remue et le met dans le linge, qu'elle referme par-dessus.

Et en sautant joyeusement à la manière des enfans, elle remonte au château et y cherche son père. « Père, » cher père, un jouet merveilleux! Jamais je ne vis » rien de si charmant sur notre montagne. »

Le vieillard était à table, il buvait son vin frais; il regarde sa fille avec joie et lui dit: « Qu'apportes-tu » donc de si remuant dans ton mouchoir? Tu en sautes » de plaisir; fais-moi voir ce que c'est. »

Elle ouvre son mouchoir, et commence à poser avec soin le paysan, la charrue et l'attelage. Quand elle a bien tout rangé sur la table, elle bat des mains, elle saute et crie tout haut.

Mais le vieillard devient sévère, il branle la tête et il dit: « Qu'as-tu fait? ceci n'est pas un jouet, ma fille.

» Va, va, reporte-le où tu l'as pris; le paysan n'est
» pas un jouet; qu'avais-tu en idée?

» De suite et sans murmure obéis à mon ordre; car
» si le paysan n'était pas, tu n'aurais pas de pain. La
» race des géans sortit de la moelle du paysan. Le
» paysan n'est pas un jouet, que Dieu nous en pré-
» serve ! »

Le château de Nideck est connu en Alsace, là sur
la montagne s'élevait le séjour des géans; maintenant
il est tombé, la place en est déserte; tu cherches les
géans et ne les trouves plus !

Albert de Chamisso.
Né en Champagne, émigré et naturalisé en Prusse.

L'ENTRETIEN DES VAGUES.

Une vague dit à l'autre : Hélas ! que notre course
est rapide ! Et la seconde dit à la troisième : Vivre
peu, souffrir moins !

Charles Tanner.

L'EAU.

Ne regardez pas dans l'eau, joyeux compagnons.
Regardez plutôt dans le vin ! L'eau est trompeuse, le
vin est réjouissant. Regardez plutôt dans le vin !

Narcisse en fit l'expérience dans ses jeunes années.
Ce n'est pas dans le vin qu'il vit son image, non, ce
fut dans la source du désert; regardez plutôt dans le
vin !

Plus d'un homme s'est noyé, mais jamais dans une

coupe de vin. Ceux qui s'y regardent ne meurent pas de soif. C'est pourquoi je regarde dans le vin !

Vous, joyeux compagnons ! ne regardez pas dans les sources d'eau, regardez plutôt dans le vin ! Mais en regardant, n'oubliez pas de boire. Buvez, buvez le vin !

Guillaume Muller.

LA NUIT DES NOCES.

La voûte du ciel a flamboyé toute la nuit, et comme un brillant jet de feu l'éclair a sillonné les airs.

Il est tombé, il s'est enfoncé dans la terre, et l'air est mystérieusement lourd. Un bruit sourd se fait entendre, il annonce la fraîcheur lointaine.

Alors, semblables à des larmes long-temps retenues, les gouttes de pluie tombent chaudes et douces ; la terre boit, mais sa soif ardente n'est pas encore apaisée.

Et le matin se lève. Quel miracle s'est opéré ? La terre a revêtu sa parure de fleurs.

Qui l'a fait ce miracle ? Qui a ouvert ainsi à l'amour, en une seule nuit, l'enveloppe fermée des boutons ?

Silence, silence, voyez la pudeur timide de ces fleurs ! La rougeur est encore sur leurs joues fraîches.

Silence, demandez-en la cause au fiancé, à l'amant hardi, au printemps, qui visita cette nuit la terre après la fête nuptiale.

Guillaume Muller.

LE PÈLERINAGE DE KEVLAAR.

La mère est à la fenêtre, le fils gît dans son lit. « Ne veux-tu pas te lever, Guillaume, pour voir passer » la procession ?

» — Je souffre tant, ma mère, que je ne vois ni n'en- » tends. Je pense à Marguerite morte, et le cœur me » fait mal !

» — Lève-toi, Guillaume ; allons à Kevlaar ; prends » livre et chapelet. La mère de Dieu guérira ton pau- » vre cœur malade. »

Les bannières de l'église voltigent au vent ; on chante les cantiques. C'est à Cologne sur le Rhin que se fait la procession.

La mère suit la foule ; elle conduit son pauvre fils ; tous deux chantent en chœur : « Sois bénie, ô Marie ! »

La sainte vierge de Kevlaar a mis sa plus belle robe ; aujourd'hui elle a bien à faire, tant de malades viennent à elle.

En offrande, ils apportent des membres faits de cire, des pieds, des mains de cire.

Celui qui offre une main voit la sienne se guérir ; à celui qui offre un pied de cire, le pied guérit à l'instant.

De ceux qui sur des béquilles se traînaient à Kevlaar, il en est maintenant qui dansent sur la corde. De ceux qui y vinrent les doigts tous malades, il en est aujourd'hui qui jouent du violon.

La mère prend un petit cierge, en forme un cœur

de cire : « Va, enfant, offre-le à la mère de Dieu, elle
» guérira ton mal. »

En soupirant, il prend le cœur ; en soupirant, il le
porte à la sainte. Les larmes coulent de ses yeux, ces
mots partent de son cœur :

« Toi, la très-sainte, toi, la pure servante de Dieu,
» toi, reine du ciel, laisse-moi te dire ma peine !

» J'habitais avec ma mère à Cologne, dans la ville
» où s'élèvent tant d'églises et de saintes chapelles.

» Près de nous logeait Marguerite ; maintenant elle
» est morte ! — Marie, je t'apporte un cœur de cire,
» guéris la blessure de mon cœur.

» Guéris mon cœur malade. Du matin jusqu'au soir
» je prierai, je chanterai : Sois bénie, ô Marie ! »

La mère et le fils dorment en une chambrette ; voici
que tout doucement entre la mère de Dieu.

Elle se baisse sur le malade, pose la main sur son
cœur, sourit doucement et disparaît.

La mère voit cela en songe, et voit encore plus. Elle
est réveillée, les chiens aboient si fort !

Hélas ! son pauvre fils est étendu mort sur son lit.
L'aurore brillante joue sur sa figure pâle.

La mère joint les mains, elle ne sait ce qu'elle a,
pieusement elle chante : « Sois bénie, ô Marie ! »

Henri Heine.

Tu es comme une fleur douce, belle et pure ; je te
regarde, et la mélancolie entre en mon âme.

Il me semble que je devrais poser mes mains sur ta tête, et prier Dieu qu'il te conserve toujours douce, belle et pure.

Henri Heine.

Ma douce chérie, quand tu seras dans la tombe obscure, alors je descendrai lentement vers toi, je me serrerai contre toi.

Je t'embrasserai, je te presserai avec délire, toi, la silencieuse, la froide, la pâle : je me réjouirai, je tremblerai, je pleurerai doucement, moi aussi, je mourrai.

Minuit appelle ; les morts se lèvent ; ils dansent en troupe aérienne. Nous deux nous restons dans la tombe, je repose dans tes bras.

Les morts se réveillent ! Le jour du jugement les appelle à la joie, aux tourmens. Nous ne nous inquiétons pas du jugement ; nous restons enlacés.

Henri Heine.

LA VOIX DE LA MONTAGNE.

Un cavalier chevauche dans la vallée ; son trot est triste et lent. « Hélas ! vais-je dans les bras de ma » bien-aimée, ou dans la tombe obscure ? » La voix de la montagne répond : « Dans la tombe obscure ! »

Il chevauche plus loin, le cavalier, et il soupire douloureusement. « Aller sitôt au tombeau ; mais, hé- » las ! dans le tombeau habite la paix. » La voix répète : « Dans le tombeau habite la paix ! »

Une larme coule sur les joues pâles et soucieuses

du cavalier. « Et si pour moi la paix n'existe que dans
» la tombe, la mort est le bonheur.» La voix répète :
« La mort est le bonheur! »

Henri Heine.

Chère bien-aimée, mets ta petite main sur mon cœur. Hélas! sens-tu comme il bat dans sa chambrette? Là habite un charpentier méchant et perfide, il me charpente une bière.

Il bat et tape nuit et jour; depuis long-temps il m'a enlevé le sommeil. Hélas! dépêche-toi, maître charpentier, que je puisse bientôt dormir !

Henri Heine.

Quand je vois tes yeux, les peines et les chagrins s'évanouissent; quand je baise ta bouche, je suis tout-à-fait guéri.

Quand je m'appuie sur ton sein, sur moi descend la joie du ciel; mais quand tu me dis : Je t'aime! — oh! alors je pleure amèrement!

Henri Heine.

A l'heure tranquille de la nuit, dans un doux songe, dans une splendeur d'enchanteresse, ma bien-aimée vint à moi et me versa du feu dans le cœur.

En la regardant je m'embrase, elle me sourit doucement. Elle sourit jusqu'à ce que mon cœur se gonfle, et que ces paroles hardies m'échappent avec violence :

« Prends tout ce qui est à moi, oui, tout ce que
» j'ai de plus cher; je te le donne si je puis être ton
» amant depuis minuit jusqu'au chant du coq! »

La belle fille me regarde singulièrement, avec tendresse, avec douleur ; elle me dit : « Donne-moi ton salut! »

« O fille semblable aux anges! prends ma douce
» vie, prends mon jeune sang, je te les donne avec
» joie, — mais mon salut, jamais! »

Ces mots sont prononcés avec force. La jeune fille devient toujours plus belle, et sans cesse elle répète :
— « Donne-moi ton salut! »

Ce mot retentit sourdement à mon oreille et me jette une mer de feu dans l'âme ; je suis oppressé, je respire à peine.

De petits anges blancs apparaissent et brillent d'un éclat rosé ; mais voici qu'arrive avec fracas une troupe de noirs démons.

Ils combattent les petits anges, ils les repoussent, et la troupe noire se dissipe également dans les airs.

Moi je croyais mourir de bonheur, ma bien-aimée était dans mes bras. Comme un doux chevreau elle se presse contre moi, mais elle pleure amèrement.

Ma chérie pleure, je sais pourquoi, et mes baisers rendent muette sa bouche de rose. « Ma chérie, arrête
» le torrent de tes larmes, donne-moi le feu d'amour.

» Abandonne-toi à mon ardeur! » —Tout-à-coup, mon sang se glace ; la terre tremble avec fracas et l'abîme bâille au-dessous de moi.

Et de l'abîme noir et affreux monte une troupe noire et sauvage. Ma bien-aimée disparaît d'entre mes bras, je reste seul abandonné.

La troupe noire danse en rond autour de moi, elle s'approche et me saisit, un rire éclatant et sardonique retentit.

Le cercle se resserre de plus en plus, et ce chant effroyable bourdonne sans fin. « Tu as donné ton salut, tu es à nous pour toujours ! »

Henri Heine.

Oh! si les petites fleurs le savaient comme mon cœur est blessé, elles pleureraient avec moi pour guérir ma douleur!

Oh! si les rossignols le savaient comme je suis triste et malade, ils feraient retentir un chant bienfaisant.

Oh! si elles connaissaient mon chagrin, les étoiles dorées, elles descendraient de leurs hauteurs et viendraient me consoler!

Eux tous ne peuvent le savoir, une seule personne connaît ma douleur, c'est elle qui a déchiré mon pauvre cœur.

Henri Heine.

DON RAMIRE.

« Dona Clara! dona Clara! femme adorée de-
» puis tant d'années, tu as décidé ma perte, tu l'as
» décidée sans pitié !

» Dona Clara! dona Clara! le don de la vie est si doux! et là en bas l'effroi habite la tombe obscure et glacée.

» Dona Clara, réjouis-toi; demain matin, à l'autel, don Fernand te saluera son épouse. M'invites-tu à la noce?

» — Don Ramire! don Ramire! que tes paroles sont amères, plus amères que la volonté des astres, qui se rient de mes desseins.

» Don Ramire! don Ramire! secoue cette douleur sombre; sur terre il est tant de femmes! Nous, c'est Dieu qui nous sépare.

» Don Ramire! toi, vainqueur de tant de Maures, sache aussi vaincre ton cœur, viens assister à ma noce.

» — Dona Clara! dona Clara! oui, je le jure, je viendrai; je danserai avec toi. Bonne nuit, à demain.

» — Bonne nuit, à demain! » La fenêtre tremble et crie. Ramire reste long-temps immobile et soupire dans les ténèbres, enfin il disparaît.

Après un long combat, la nuit cède au jour. Tolède est là étendue comme un jardin de fleurs variées.

Les monumens et les palais brillent au soleil; les hautes coupoles des églises étincellent comme l'or.

Semblables à un bourdonnement d'abeilles, les sons des cloches retentissent, des églises pieuses les chants s'échappent avec charme.

Mais là-bas, voyez! là-bas, de la chapelle de la place

sort la foule variée du peuple, fourmillant et se pressant.

De brillans chevaliers, des dames parées, des 'gens de cour pompeusement vêtus comme en une fête. Les cloches sonores retentissent, et l'orgue accompagne leur son.

Tout se range, tout fait place; le jeune couple marche fièrement. Dona Clara est voilée de noir, don Fernand brille dans son armure.

Tous les yeux les contemplent, toutes les voix crient joyeusement : « Salut au soleil des vierges de Castille! salut à la fleur des chevaliers de Castille! »

Jusqu'aux portes du palais la foule roule et se presse. Bientôt commence la fête de noce, pompeuse et comme au vieux temps.

Les tournois et les joyeux festins se succèdent avec allégresse. Les heures fuient dans la joie, jusqu'à ce que la nuit s'abaisse.

Et là-bas dans la salle les convives se rassemblent pour la danse. Tous brillent, éclairés par l'armée des lumières.

Don Fernand est comme un roi dans son manteau de pourpre et d'or; Clara fleurit comme la rose dans son blanc vêtement d'épouse.

Sur de hauts siéges d'honneur, entourés de toute leur suite, les époux viennent s'asseoir; ils échangent de tendres mots.

Dans la salle, il bruit sourdement comme une mer qu'agite la tempête; les cymbales roulent fort, les trompettes retentissent.

« Mais pourquoi donc, belle dame, tes regards se
» portent-ils là-bas, vers le coin de la salle? » Ainsi
parla le chevalier étonné.

« Don Fernand, ne vois-tu pas un homme en man-
» teau noir? » Le chevalier répond en souriant : « Mais
» non, ce n'est qu'une ombre. »

Et pourtant l'ombre approche. C'est bien un homme
en manteau noir; Clara reconnaît Ramire et le salue
en rougissant.

La danse a commencé; les danseurs tournent
gaiement, le plancher tremble et crie sous ce mouvement bruyant.

« Don Ramire, volontiers je vous suivrai à la danse,
» mais en manteau aussi noir vous n'auriez pas dû
» venir. »

Avec des yeux perçans et fixes, Ramire regarde la
mariée; en l'entourant de ses bras il lui dit tristement : « Ne m'as-tu pas dit de venir? »

Les deux danseurs se précipitent dans le tumulte
de la danse. Les cymbales roulent fort, les trompettes
retentissent.

« Mais tes joues sont blanches comme neige? » dit
Clara en frémissant. « Ne m'as-tu pas dit de venir? »
répond sourdement Ramire.

Comme les lumières scintillent, dans la salle, au
milieu de la foule ondoyante! Les cymbales roulent
fort, les trompettes retentissent.

« Mais tes mains sont froides comme la glace? » dit

Clara en frissonnant. « Ne m'as-tu pas dit de venir? »
Et le tourbillon les emporte.

« Laisse-moi, laisse-moi, don Ramire ; ton souffle
» est celui de la tombe. » — « Ne m'as-tu pas dit de
» venir? » répond don Ramire comme un écho enroué.

Le plancher brûle et fume, les violons jouent
gaiement; tel qu'une vision enchantée tout s'agite et
tournoie comme un vertige.

« Laisse-moi, laisse-moi, don Ramire ! » gémit une
voix dans le bruit. Et toujours la voix creuse répond :
« Ne m'as-tu pas dit de venir ? »

« Au nom de Dieu, éloigne-toi ! » s'écrie Clara d'une
voix ferme, et ce mot est à peine dit, que don Ramire
a disparu.

Clara est immobile, la mort sur la figure. Le froid
la saisit, la nuit l'enveloppe, la défaillance l'entraîne
dans son empire sombre.

Enfin le sommeil de brouillard se dissipe, enfin elle
rouvre la paupière. Mais l'étonnement referme presque aussitôt ses yeux charmans.

Car, durant toute la danse, elle est restée à sa place;
elle est encore près de son époux, qui lui dit tendrement :

« Dis-moi pourquoi tes joues sont-elles pâles ? dis-
» moi pourquoi tes yeux sont-ils obscurcis ? » — Et
Ramire ? — Clara frissonne, et l'effroi glace aussitôt
sa langue.

Mais des sillons sérieux et profonds se gravent sur

le front de l'époux. « Dame, ne demande pas san-
» glante nouvelle, — Ramire mourut ce matin. »

Henri Heine.

Sur les ailes du chant, chérie, je veux t'emporter ; t'emporter vers les prairies du Gange ; là, je connais un lieu de délices.

Là, est un jardin vermeil, la douce lune l'éclaire ; les fleurs de lotus y attendent leur sœur bien-aimée.

Les violettes sourient, se caressent et regardent les étoiles ; les roses se disent à l'oreille des contes parfumés.

Les prudentes et pieuses gazelles accourent en sautillant, et dans le lointain bruissent les eaux du fleuve saint.

Là, nous nous abattrons sous les verts palmiers ; nous boirons amour et repos, et nous ferons des rêves de bonheur !

Henri Heine.

Pendant un jour brillant d'été, je vais dans le jardin ; les fleurs chuchottent et se parlent ; moi, je marche en silence.

Les fleurs chuchottent et se parlent, elles me regardent avec pitié, et me disent : « Ne sois pas fâché » contre notre sœur, homme triste et pâle ! »

Henri Heine.

Celui qui aime pour la première fois, sans espoir même, est un Dieu; celui qui aime pour la seconde fois est un fou.

Moi, je suis le fou; moi, j'aime encore sans être aimé. Le soleil, la lune, les étoiles en rient; moi aussi, j'en ris — j'en ris — et je meurs.

Henri Heine.

HERMANN.

Gloire à toi, Hermann, sauveur du peuple! à toi, qui frappas les ennemis de l'Allemagne comme la foudre du ciel; à toi, qui chassas hors du pays l'esclavage, l'opprobre et la horde arrogante des tyrans!

Gloire à toi, grand guerrier de Dieu! guerrier pieux et noble, héros le plus pur parmi notre peuple! La liberté, l'unité de l'Allemagne, la force et la pureté des anciennes mœurs, t'appelèrent sur le champ de bataille sanglant!

Pour ton peuple et ta patrie, tu sacrifias joyeusement ce que tu avais de plus cher. Ton épouse et tes enfans étaient dans les chaînes; mais pour sauver ton pays tu abandonnas ces gages précieux!

Personne ne combattit comme toi, personne ne souffrit comme toi, Hermann, ornement de notre peuple. Que toujours ton ombre nous guide dans les victoires et dans les revers. Appelle-nous, nous suivrons ta voix!

Henri Hoffmann.

LA JEUNE FILLE MALADE.

Une jeune fille malade erre durant une nuit d'été. Son bien-aimé n'est plus ; c'est ce qui cause son mal.

La lune et les étoiles brillent du haut des cieux ; quand les regards de la pauvre fille se lèvent, elle pleure amèrement.

« Hélas ! que ne puis-je m'envoler vers ce ciel
» brillant ! là, je retrouverais le chéri de mon cœur !

» Beau ciel brillant, écoute mes ardentes prières,
» descends sur la terre, que je puisse entrer en toi ! »

Tandis qu'elle gémit du plus profond du cœur, ses pas l'ont conduite vers le milieu d'un pont.

Ses regards s'abaissent sur l'onde calme et tranquille ; elle y voit tout ensemble le ciel, la lune et les beaux astres.

« Grâces à toi, ô ciel ! tu exauces ma prière, tu des-
» cends sur terre pour me recevoir en toi !

» La lune et les claires étoiles m'invitent avec
» amour, ô Dieu ! et mon bien-aimé aussi, lui qui
» était si loin, si loin !

» Je viens ! — oui, je viens ! — Terre, adieu, à ja-
» mais !..... » Et les flots tranquilles la portèrent dans le ciel.

Reinick.

CHANSONS DU VOYAGEUR.

DÉPART.

Je veux partir, je suis mal ici, je veux marcher, je veux voyager dans le monde si grand.

Allons dans la vie libre! C'est la liberté que je cherche. J'abandonne tout; un Dieu me montre le chemin.

DANS LA TEMPÊTE.

Quoique les nuages couvrent au loin le ciel, il me faut toujours marcher, toujours marcher.

Viennent le vent, la pluie et l'orage sauvages et méchans, je n'ai de repos nulle part.

Car pour moi il n'est de joie que dans un pays libre. Et toujours on me dit, là-bas, il est là-bas!

DANS LA MONTAGNE.

Où les têtes hardies des sapins se dressent vers le ciel, où des châteaux les ruines mousseuses se montrent à mes yeux;

Où le rocher sauvage se cache dans les nuages sombres; croyez-vous que là, sur ces hauteurs, se réjouissent des hommes libres?

Puisque là-haut dans de meilleurs temps nos pères libres se sont réjouis, allons les conjurer de faire renaître ce beau temps.

RÊVE.

Dernièrement dans un bocage, sous le plus bel arbre, à l'ombre fraîche, je m'endormis et j'eus un rêve.

Je vis de verts pâturages au penchant d'un coteau; des airs tièdes jouaient autour de ce pays béni.

Là étaient des hommes simples, vrais et fidèles, dévoués à Dieu, libres dans un saint amour.

J'allai vers cette région que je voyais de loin; mais, hélas! la douce image avait fui avec le sommeil!

Faut-il donc toujours marcher, toujours chercher? Ne fleurira-t-il jamais pour moi, ce pays là-bas près du coteau?

Je bouclai mon paquet, je saisis mon bâton, je partis, je vins descendre dans la vallée.

RETOUR.

En vain je suis parti, en vain j'ai parcouru ce grand monde; il a bien trompé mon âme, qui estimait tant sa valeur.

Je reviens près des miens, je reviens au logis, je reviens pleurer au foyer paternel, car tout mon rêve doré a fui.

Je vous ai quittés avec joie, je n'avais plus de repos. Maintenant laissez-moi vous embrasser. Ce n'est que sur votre sein que je suis heureux.

Charles Gruneisen.

LES COURONNES.

Je vis pendre deux couronnes à l'arbre enchanté de la vie, et, enfant hardi, je songeais à les prendre toutes deux en jouant. A droite était la fraîche couronne de laurier qui venait de la main des muses; à gauche, la couronne de roses que l'amour avait tressée.

L'esprit altéré de gloire du jeune homme s'efforçait d'atteindre la couronne du poète. Souvent je crus la sentir passer doucement sur mon front. Comme le brouillard, qui sur la mer déserte semble une île verdoyante, puis passe et s'évanouit, ainsi la couronne s'évanouit et s'en alla loin du rêveur.

Alors je posai la couronne de roses sur ma tête, je crus pieusement que j'avais à jamais enchaîné le bonheur. Mais les épines poussèrent à la couronne, les roses se fanèrent, et des piqûres profondes s'échappèrent des flots de sang.

Une troisième couronne brille encore, comme une douce étoile du soir, aux yeux de celui qui s'abusa si souvent, et celle-là n'est pas éloignée. Sa beauté sévère fait pâlir la gloire et l'amour. Personne n'envie celui qui la porte, car c'est la couronne funèbre.

François de Gaudy.

LE TEMPS DES ROSES.

L'amour est comme les roses, qui sans cesse se renouvellent, quoique leur beauté d'aujourd'hui s'évanouisse demain, et que nous oubliions leur beauté de la veille.

L'amour est riche comme le sein de la rose, d'où s'échappent tant de feuilles et qui en renferme encore autant en lui.

L'amour est coloré comme la feuille de rose, qui alluma son éclat au premier rayon du matin de la rose du ciel.

L'amour est divin comme l'image du ciel qui se reflète dans chaque goutte de rosée que la rose reçoit en son sein.

L'amour est doux comme le parfum des roses, qui donne une âme à l'air tiède et qui enivre les abeilles altérées de miel.

Mais l'amour ne dure que la vie des roses ; et cette vie cesse plus vite que le doux chant du rossignol qui pleure sa mort dans le bocage.

Wolfgang Menzel.

LE POÈTE ET LE PLONGEUR.

Vous me regardez avec amour, et vous me demandez avec émotion pourquoi la paupière du poète se mouille de larmes silencieuses ; pourquoi ce cœur, si riche en trésors, ne fait que soupirer.

Ah ! voyez là-bas. — Plein d'un effroi silencieux, le plongeur s'enfonce dans les abîmes de la mer ; et ce qui y sommeillerait mieux éternellement caché, il faut qu'il le voie et qu'il gémisse dessus, et que sa blessure se rouvre.

Que berce de si pâle le sein des eaux ? Malheureux ! c'est le cadavre chéri de son ami ; il frémit, il pleure ; mais à vous l'infortuné rapporte, non des larmes, mais des perles.

Quelque chose est plus profond que la mer profonde, et renferme encore plus de naufrages dans son silence : c'est le sein de l'homme ; y descendre est le devoir du poète, c'est aussi, hélas ! son chagrin silencieux.

Charles de Leitner.

NUIT D'HIVER.

Le froid a glacé l'air, la neige craque sous mes pas, mon souffle s'élève en vapeur, ma barbe crie; en avant, il faut aller en avant !

Comme la contrée se tait avec solennité ! La lune éclaire les vieux pins, qui, pleins du désir de mourir, inclinent leurs branches vers la terre.

Froid, pénètre et glace-toi dans mon cœur, dans ce cœur sauvage, brûlant et agité. Qu'enfin la paix y habite comme elle habite cette contrée obscure.

Nicolas Lenau (de Strehlenau).

LE PÊCHEUR.

Pour son repas du soir un pêcheur a attrapé un poisson sur la tête duquel brille une petite couronne dorée.

« Hélas ! pêcheur, laisse-moi vivre, je te donnerai » un collier de perles!—Tu ne peux rien me donner, » puisque tu n'es qu'un poisson. »

Le pêcheur s'assied au feu et rôtit son poisson. Il en mange un morceau, son cœur en est à l'instant oppressé.

Il lui semble que de toutes parts des yeux verts le regardent, et que mille langues acérées sucent le sang de son cœur.

Une force irrésistible l'entraîne vers le fleuve, une force irrésistible le ramène sur terre.

Les voisins courent et se demandent : « Qu'a donc
» le pêcheur ? » Et tous le plaignent, et personne ne
sait le calmer.

Et lorsque le pêcheur se met au lit pour dormir, un
bruit étrange se fait entendre sous les planches de sa
couche.

Il surgit une tête dont les cheveux sont raides
comme des roseaux, puis un corps bizarrement orné
de corail.

C'est l'ondine aux yeux couleur d'eau, à la bouche
pâle ; elle lève sa main grise et effilée, et elle dit au
pêcheur

Le mal qu'il lui a fait, et elle pleure, et elle gémit !
« Tu as enfoncé le couteau dans le cœur de mon
» oncle !

» Tu as immolé mon oncle, qu'un enchanteur avait
» transformé ; c'est pourquoi tu périras misérable et
» désespéré !

» Les brochets sont mes cousins, la truite est ma
» tante, les goujons sont mes valets. Venez, venez,
» vous tous que j'ai nommés, passez le seuil ! »

Et un flot immense entre en bruissant, en gargouillant, en grondant, et la race nageante y barbotte,
y guette, y happe, effroyable et furieuse.

Et tous ces affreux fantômes dardent leur langue.
Le pêcheur bondit en criant. Le jour luit clair par la
fenêtre, le chœur affreux a disparu.

Une force irrésistible entraîne le pêcheur vers le
fleuve, une force irrésistible le ramène au rivage.

Et quand vient le soir, que les yeux du pêcheur se ferment à peine, le rêve affreux revient bruyant et grondant.

Il ne put supporter plus long-temps ce tourment; on le trouva pendu à son toit aux premiers feux du jour.

Charles Immermann.

Nous nous étions bâti une belle maison, et nous nous y étions confiés en Dieu, malgré le vent, malgré l'orage, malgré l'effroi.

Nous vivions si unis, si intimes, si libres! les méchans en avaient peur, nous nous aimions fidèlement.

Ils voulurent, ils cherchèrent la fourberie et la trahison; ils calomnièrent, ils maudirent la jeune et verte moisson.

Le monde a méprisé ce que Dieu mit en nous; notre union excita le soupçon même des sages.

On l'appela crime, on se trompa bien. La forme peut être brisée, l'amour ne peut l'être.

Le lien a été tranché, Dieu l'a souffert, qui sait pourquoi il le voulut?

La maison peut tomber. Quel en sera le mal? L'esprit est en nous, et Dieu est notre château fort!

Auguste Binzer.

LA REVUE NOCTURNE.

A minuit, le tambour sort du tombeau, il fait la ronde, il va, il vient en tous sens avec célérité.

Ses bras décharnés font aller les baguettes ; ils sonnent maint bon roulement, ils sonnent le rappel et la retraite.

Son tambour résonne étrangement, le son en est bien fort ; les vieux soldats morts en sont réveillés dans leurs tombeaux.

Et ceux qui là-haut dans le nord sont restés engourdis dans la glace et la neige, et ceux qui dorment en Italie, où la terre les brûle,

Et ceux que couvre le limon du Nil, et ceux qu'ensevelissent les sables d'Arabie, tous sortent de leurs tombeaux, ils saisissent leurs fusils.

Et à minuit le trompette sort de sa tombe, il sonne la trompette. Il va et vient à cheval.

Et les cavaliers morts, les vieux escadrons sanglans, arrivent en armes diverses sur des chevaux aériens.

Leur blanche tête de mort rit sous le casque, leurs mains de squelettes élèvent leurs épées.

Et à minuit le général sort de sa tombe ; il arrive lentement à cheval, entouré de son état-major.

Il porte un petit chapeau et un vêtement tout simple ; une petite épée pend à son côté.

La lune éclaire d'une lueur jaune la plaine étendue : l'homme au petit chapeau examine ses troupes.

Les rangs portent et présentent les armes, puis toute l'armée défile aux sons d'une musique guerrière.

Les maréchaux et les généraux forment un cercle

autour de lui ; le chef dit au plus proche un petit mot à l'oreille.

Le mot passe à la ronde, il se redit de près et de loin. *France* est le mot d'ordre, *Sainte-Hélène*, le mot de ralliement.

C'est là la grande revue que le César mort passe aux champs Élysées à l'heure de minuit.

Joseph de Zedlitz.

L'IMAGE DU CHRIST A VIENNE.

Connaissez-vous l'image du Christ à Vienne, qui paraît toujours plus grande d'un pied que celui qui la contemple ? Et quelque petit que soit l'homme qui est devant, l'image se rapetisse presque à sa taille, et quelque grand qu'il puisse être, toujours l'image le surpasse.

Je ne sais si cette image est encore visible à Vienne, mais je crois que la tradition est une vérité ; car le Christ s'abaisse vers l'enfant afin de ne point l'effrayer, mais le plus grand des hommes ne saurait atteindre la mesure de ses membres.

C'est aussi ce que fait sa parole pour les hommes simples ici-bas, car tous les trésors de la science humaine ne sauraient l'atteindre. Si quelqu'un croit l'égaler en sagesse, elle monte, elle s'élève, et c'est ainsi qu'elle attire sans cesse les esprits plus haut vers l'empire de la vérité.

Charles Simroch.

La fortune aime à passer devant les trônes et les palais, et à s'arrêter devant l'humble cabane; à y porter, pour le bonheur du monde et pour la gloire des nations, la semence de la force populaire. Et des cabanes sortent des astres gigantesques, et des cabanes sortent de grands noms qui viennent envoyés par Dieu. Pensez à l'enfant que la vague, en le balançant de ses douces mains, déposa sur le rivage du Nil, afin qu'il délivrât son peuple de l'esclavage. Pensez à l'enfant que la grâce du Père fit naître à Nazareth, pour la mission, et qui supporta la condition d'esclave avec une grandeur divine.

Louis Bechstein.

LES BOHÉMIENS.

L'archer chevauche dans la forêt armé du fusil et du sabre. Il cherche les vagabonds; il n'en a pas trouvé, il les cherche partout.

Là-bas, sous le hêtre, il y a un homme, deux femmes et un enfant. Leur teint est brun et noir; sûrement ce sont des bohémiens. L'archer accourt vers eux.

« Ah! je vous trouve, racaille! Suivez-moi à l'in» stant à la ville, au bailliage! chez le juge, race » noire de voleurs. » L'archer leur crie ces mots.

Le bohémien saisit son fusil, ses joues sont pourpres de rage, deux coups partent et sifflent, un seul homme est tombé, c'est le bohémien, il nage dans son sang.

Les femmes brunes hurlent et s'arrachent les cheveux : « Sois maudit, meurtrier ! que la malédiction » de l'enfer tombe sur toi ! » L'archer ne prend pas garde à ces cris.

Il les laisse hurler et maudire ; il les attache toutes deux à son cheval pour les livrer au bailli ; l'enfant court en pleurant auprès du cheval, le sang ruisselle de ses pieds.

L'archer en a pitié, il ne veut pas sa mort. Le regard plein de compassion, il soulève l'enfant et le met sur le dos du cheval. « Monte ici, race de bohé- » mien. »

Les femmes font signe à l'enfant et lui jettent un poignard ; il rassemble ses forces et l'enfonce en un clin d'œil, jusqu'au manche, dans le corps du soldat.

Le cavalier tombe de cheval, il est mort. Les femmes montent vers l'enfant, elles galopent vite et vite, personne ne les revit jamais.

Une croix fut taillée dans le hêtre en mémoire de ce fait. Celui qui tient à la tradition n'a qu'à l'aller voir, elle y est encore aujourd'hui.

Louis Bechstein.

SCHWERTING, DUC DES SAXONS.

Schwerting, le duc des Saxons, était assis au festin ; le vin perlait écumant dans les coupes de fer, les mets répandaient une odeur délicieuse dans des plats de fer, un bruit sauvage et rude de cuirasses de fer se faisait entendre.

Le roi des Danois Frotho était assis en face de Schwerting; d'un regard étonné il mesurait les chaînes de fer qui pendaient au cou, à la poitrine et aux mains du duc; il regardait les agrafes de fer de son vêtement de deuil.

« Dites-moi que signifie cela, seigneur mon frère ; » dites-moi, pourquoi m'avoir invité à cette table » ronde? Quand je vins de mon pays danois, j'espé- » rais vous trouver en vêtemens dorés. »

» — Seigneur roi, de l'or aux hommes libres, du fer » aux esclaves ! C'est l'usage des Saxons, et c'est le » bon usage. Vous avez enchaîné dans le fer le bras » des Saxons ; si vos chaînes eussent été d'or, elles » seraient déjà brisées.

» Mais je crois qu'il y a un moyen de rompre aussi » ce fer. La foi, la loyauté, l'élévation, le courage du » cœur, seront ce moyen-là. Ils doivent délivrer le bras » chargé de mille chaînes, ils effacent le serment, ils » vengent l'affront. »

Quand le prince eut parlé, douze noirs chevaliers saxons entrent dans la salle, des torches à la main. Ils attendent silencieux et tranquilles un ordre de Schwerting, qui le leur donne à voix basse, puis ils sortent précipitamment en secouant leurs torches.

Bientôt, un bruit de pétillement et de craquement de feu arrive, d'en bas, aux oreilles du roi et à celles des esclaves ; bientôt il fait dans la salle une chaleur étouffante ; et « L'heure est venue ! » dit à voix sourde tout le cercle des convives.

Le roi veut fuir, le duc le retient avec force : « Halte !

» laisse-moi éprouver ton cœur de chevalier. S'il tient
» ferme devant le rude adversaire qui siffle là en bas,
» que la couronne de Saxe soit à toi, que le pays
» saxon t'appartienne. »

Et de plus en plus brûlante est la salle du festin, et
de plus en plus fort est le bruit des poutres qui tombent, et de plus en plus claire devient la lueur rougeâtre ; la porte tombe brûlée, la flamme s'élance dans
la salle.

Les braves chevaliers s'agenouillent aussitôt : « Sei-
» gneur, aye pitié des âmes qui se délivrent ! » Le duc
regarde tranquillement la marche tourbillonnante des
flammes, et, furieux, il relève le roi qui tombe à terre.

« Regarde, fier vainqueur ! tremble, cœur lâche !
» C'est ainsi qu'on brise les chaînes de fer, c'est ainsi
» que se fond ton airain. » Il dit, et la flamme le saisit
avec rage, et tous tombent morts, et le palais s'écroule.

Charles Egon Ebert.

PEINES DIVERSES.

Quand la lune pâle vient caresser les vagues, les
airs cessent leurs querelles, et les étoiles du ciel se
mirent dans les ruisseaux ; les cimes des arbres, jadis
courbées par l'orage, tremblent, murmurent et semblent rêveuses. La vague seule se plaint :

« Toujours aller, toujours courir vers l'abîme ab-
» horré, jamais ne reposer une heure sur un sein
» tranquille ! Que j'aimerais mieux être bannie dans

» un cœur humain; le plaisir et la peine lui sont dé-
» volus, mais il se repose dans la tombe. »

Et le cœur gémit ainsi : « Que n'habité-je la vague!
» Hélas! les flots, en s'agitant, feraient taire ma dou-
» leur. » Et la lune, fatiguée de sa course, se sent attirée vers la mer, et le matin sort radieux des flots brillans de lumière.

Paul Pfizer.

COMME CI OU COMME ÇA.

Nord ou sud! pourvu que le sanctuaire de la beauté et des muses, qu'un ciel riche en divinités soient dans le cœur ardent. L'hiver ne tue que la pauvreté d'esprit, le nord ajoute la force à la force, l'éclat à l'éclat. Nord ou midi! pourvu que l'âme brûle!

Ville ou campagne! pourvu que l'espace ne soit pas trop petit. Un peu de ciel, un peu d'ombrage pour servir d'abri contre le feu du soleil. La félicité n'est pas attachée aux lieux; qui l'a jamais trouvée en dehors de soi-même? Ville ou campagne! ce qui est au dehors est futilité!

Serviteur ou seigneur! les rois aussi sont serviteurs. Nous servons volontiers le droit et la vérité : commande, toi qui es plus grand d'esprit; mais qu'aucun orgueil ne se raille de nos services; l'esclave seul se ploie aux caprices d'autrui. Serviteur ou seigneur! mais le fou de personne!

Pauvre ou riche! que ce soit pêche ou prune! Nous cueillons inégalement à l'arbre de la vie; à toi la branche, à moi le rameau ! Mon léger repas n'en est pas plus mauvais ; le plaisir qu'on trouve aux choses fait tout leur mérite. Riche ou pauvre! tous les heureux sont égaux !

Pâle ou rouge! pourvu que sur les joues pâles se peignent l'amour, la colère, le désir, l'espérance, l'inquiétude, la compassion et la consolation. L'esprit ne vient pas de l'agitation du sang. Un autre miroir brûle à la lueur du soleil. Pâle ou rouge, mais jamais l'œil mort!

Jeune ou vieux! Que nous font les années? l'esprit est frais, les cheveux sont trompeurs. A moi aussi, ma tête blanchit trop tôt. Hâtez-vous de blanchir, boucles, il ne vous sied pas mal d'être argentées. Jeune ou vieux! mais froid seulement dans la tombe!

Sommeil ou mort! Bien venus frères jumeaux! Le jour est fini, vous fermez les paupières. Le rêve est le bonheur et le besoin de la terre. Jour trop court, existence trop tôt évanouie, pourquoi être si beaux, et pourquoi fuir si rapidement? Sommeil ou mort! l'aurore brillera toujours claire.

Charles Lappe.

LE PRINTEMPS DANS LE VIN.

Le soleil, la lune, les étoiles, les prairies émaillées et les arbres en fleurs, vinrent de loin se réunir dans cette cave. Le soleil qui éleva le vin, la rosée fraîche qui le nourrit, tout cela nous sourit dans ses flots, mais plus beau, mais divinisé!

Et les esprits qui gardent les fleurs, ceux qui gardent les grappes, ceux qui furent attentifs à soigner les ceps, voyez-les, ils voguent sur les flots dorés, ils nous font signe, ils veulent se réunir à nous en joyeuse compagnie.

Quand il pleut, laissez pleuvoir; quand il neige, laissez neiger : partout où nous rencontrons ce vin, le printemps vient aussitôt; dans l'éclat du mois de mai, le soleil parcourt le monde et la plaine; la bruyère et la forêt s'ornent d'une verte et fraîche couronne.

Guillaume Wackernagel.

LA CLOCHETTE DU BONHEUR.

Le roi allait mourir; il appela son fils, il lui prit les mains et lui montra le trône. « Mon fils, dit-il en trem-
» blant, mon fils, je te le laisse; mais avec ma cou-
» ronne reçois aussi mes paroles.

» Tu crois encore la terre un séjour de joie, mon
» fils; non, il n'en est rien, apprends-le. Le malheur
» compte par tonnes, le bonheur compte par gouttes;
» en cent tonnes, hélas! à peine trouvai-je deux
» gouttes ! »

Le roi dit et meurt, et son fils ne l'a pas compris; il voit le monde tout rosé par la douce lumière du mois de mai. Il s'assied en souriant sur le trône, et il veut faire voir comme l'esprit sombre trompa son père.

Et sur le toit de son palais, au-dessus de la salle où il dort, où il pense, où il s'assied au banquet joyeux, il fait attacher une clochette aux sons argentés, qui résonne aussitôt que d'en bas il en touche la corde.

Cette corde, il la touchera, ainsi il le fait annoncer partout, chaque fois qu'il se sentira heureux, et sûrement pas un jour ne s'écoulera sans lui donner le droit de faire sonner la clochette.

Et les jours, les uns après les autres, lèvent au matin leur tête rosée; mais au soir, quand ils 's'abaissent, elle porte un crêpe funèbre. Souvent il étend la main pour saisir la corde, le regard clair et content, mais un malaise vague le fait frissonner, et il n'y touche pas.

Un jour, plein du bonheur d'une amitié partagée, il s'en approche : « Je veux annoncer, s'écrie-t-il, com-
» bien je suis heureux! » Un messager arrive haletant, gémissant, et il dit : « Seigneur, celui que tu
» nommas ton ami te trahit en ennemi! »

Un jour, plein du bonheur d'un amour partagé, il saisit la corde, en s'écriant : « Que ma félicité soit
» connue de tous! » Son chancelier entre, il est pâle, il murmure timidement: « Seigneur, la fidélité n'existe-
» t-elle pas non plus pour les rois? »

Le roi réparera ce malheur; n'a-t-il pas ses états, son trésor plein de richesses, son bras puissant? n'a-t-il pas encore des champs verdoyans, des prairies parfumées, le travail des hommes, et le ciel de Dieu au-dessus de lui?

Il s'approche de la fenêtre; il regarde au-dessous, au-devant de lui, et chaque maison lui semble le berceau de son bonheur ; il s'élance vers la corde, il va la tirer, il va sonner... On se précipite dans la salle, ses sujets sont à ses genoux.

« Seigneur, vois là-bas la fumée, l'incendie, la foudre; » ce sont nos cabanes qui brûlent; c'est le fer de l'en-« nemi qui brille comme l'éclair! — Ah! hardis bri-» gands! » s'écrie le prince furieux, d'une voix tonnante. Et il tire son épée, mais non pas la clochette.

Déjà ses cheveux blanchissent, la souffrance l'affaiblit, et toujours la clochette est restée silencieuse au-dessus du palais, et quoique parfois le plaisir ait coloré ses joues, il a presque oublié la clochette.

Mais lorsqu'à sa dernière heure il est assis sur son siége, il entend devant sa fenêtre des pleurs et des gémissemens sans fin. «Qu'est-ce donc, dit-il à demi-» voix à son chancelier, qu'est-ce donc que ces cris? » — Hélas! seigneur, le père se meurt, les enfans » pleurent devant la maison.

» — Faites-les entrer, mes enfans... ils m'aimaient » donc bien? — Si la vie se rachetait, seigneur, ils » rachèteraient la tienne de leur sang. » Et des flots de peuple entrent doucement dans la salle ; on veut encore le voir, l'approcher, le bénir.

« Vous m'aimiez donc, enfans? — Oui! » répondent mille voix en pleurant. Le roi les entend, il se dresse, il est là comme un saint. Il lève les yeux vers Dieu, il prend la corde, la tire, la cloche a retenti. Il retombe en souriant, il est mort!

Gabriel Seidl.

LARMES D'HOMME.

Jeune fille, m'as-tu vu pleurer dernièrement? Écoute, les larmes d'une femme sont comme la pure rosée du ciel qui brille dans le calice de la fleur.

Que la nuit sombre ait répandu cette rosée, ces larmes, ou que le matin les ait apportées en souriant, la fleur en est rafraîchie, et elle relève sa tête pleine de jeunesse.

Mais les larmes de l'homme ressemblent à la noble résine des contrées de l'Orient, qui, cachée au fond du cœur de l'arbre, coule rarement d'elle-même.

Il faut couper l'écorce, pénétrer jusqu'à la moelle, alors seulement la noble liqueur coule dorée, claire et pure.

Bientôt la source s'en tarit, et l'arbre verdit, et s'élève, et il salue encore plus d'un printemps; mais l'entaille, mais la blessure reste.

Jeune fille, pense à l'arbre blessé des monts lointains d'Orient; jeune fille, pense à l'homme que tu as vu pleurer une fois.

Anastasius Grun (le comte d'Auersperg).

LE DERNIER POÈTE.

Quand donc, ô poètes! serez-vous las de chanter? quand donc aurez-vous achevé cet éternel et vieux cantique?

La corne de l'abondance n'est-elle pas vidée depuis

long-temps? toutes les fleurs ne sont-elles pas cueillies? toutes les sources ne sont-elles pas épuisées?

Aussi long-temps que le char du soleil parcourra sa route d'azur, et qu'un regard humain se tournera vers lui;

Aussi long-temps que le ciel abritera les tempêtes et les éclairs, et qu'une âme tremblera devant leur courroux;

Aussi long-temps que l'arc-en-ciel brillera après l'orage, et qu'un sein brûlera d'amour pour la paix et la réconciliation;

Aussi long-temps que la nuit sèmera dans l'éther sa moisson d'étoiles, et que l'homme comprendra le sens de ces caractères d'or;

Aussi long-temps que la lune luira, que le cœur sentira et espérera; aussi long-temps que la forêt murmurera et rafraîchira de son ombre celui qui est fatigué;

Aussi long-temps que le printemps verdira, que les roses fleuriront; aussi long-temps que les yeux souriront et qu'ils brilleront de joie;

Aussi long-temps que les tombeaux et les cyprès qui les ornent seront tristes et sombres; aussi long-temps que les yeux auront encore des larmes, que le cœur pourra se briser;

Aussi long-temps la poésie restera sur terre, et avec elle marchera plein d'allégresse celui qu'elle aura initié.

Et en chantant et plein d'ivresse, un jour le dernier

poète sortira avec le dernier homme du vieux séjour du monde.

Mais le Seigneur tient encore le monde dans sa main, semblable à une fleur fraîche qu'il regarde en souriant.

Quand cette fleur colossale sera fanée, quand terre et soleils auront été emportés comme la première des fleurs ;

Alors, alors si vous n'êtes pas fatigués de questions, il sera temps de demander s'il est enfin chanté l'éternel et vieux chant.

Anastasius Grun.

LE FOSSOYEUR DE MUNSINGEN.

Comme tout est silencieux et désert dans la ville de Munsingen ! Toute parole y meurt sur les lèvres, toutes les fleurs, toutes les feuilles s'y fanent !

Comme si la plante elle aussi était frappée, elle se flétrit, jaunit et meurt.

Tous les petits oiseaux de l'air sont silencieux ; les corbeaux et les vautours tournoient seuls en criant au-dessus des tombeaux.

Et si un ossement humide et à demi corrompu vient à percer la terre, ils s'abattent dessus à l'instant.

Comme de leur bec recourbé ils entr'ouvrent la terre ! et comme leurs serres étreignent fortement les lambeaux de chair !

Puis ils les déchiquètent et font leur triste repas.

Dans la ville tout est silencieux, les volets sont fermés, chaque maison est une tombe.

Pas de fumée qui s'élève des toits, nulle lumière ne brille ; la mort pèse de toute sa lourdeur de plomb, partout le silence du tombeau !

Un vieillard armé d'une pelle est là tout seul sur le terrain funèbre, un chien à moitié squelette accompagne en hurlant sa prière.

Il hurle, puis il se couche, l'œil presque éteint, il raidit ses membres, il est étendu mort.

Le corps d'un jeune homme est près de là ; c'est pour lui que le pâle vieillard creuse la dernière demeure.

La couleur jaune et blême du cadavre éblouit sa vue ; il rabat son chapeau sur ses yeux.

« J'aurai donc enterré toute la population ! toi
» aussi, tu auras ta tombe. » Il dit, et creuse la terre avec force.

« Toi qui m'as aidé dans mon travail, mon com-
» pagnon, toi aussi, tu es mort ! » Il creuse et il prie.

« Je reste le dernier, moi, le fossoyeur. Le déses-
» poir triple ma force à creuser.

» Camarade ! je vais le descendre, le petit chien,
» près de toi. Avant que mon heure soit venue, vous
» aurez tous deux un tombeau !

» Et le son de la cloche va annoncer au loin que tout
» Munsingen s'est endormi ! »

Il a entassé la terre en monticule au-dessus des

deux cadavres; une sueur froide découle de son front.

C'est la peste, c'est la mort! comme ses jambes fléchissent! Il atteint en chancelant la porte de l'église.

Il s'appuie sur son bâton, il ébranle la cloche, celle-ci résonne aussitôt.

Le son vole au loin, clair et sonore; il s'affaiblit, il s'évanouit, il a cessé! C'était le glas funèbre de la ville de Munsingen.

Hermann Margraff.

LES DIX DERNIERS DU QUATRIÈME RÉGIMENT.

Mille soldats jurèrent à genoux dans Varsovie: « Que pas un coup de fusil ne soit tiré dans la sainte » bataille! Roule, tambour! Au champ de bataille, » n'attaquons qu'à la baïonnette! Et la patrie nom- » mera et connaîtra toujours, avec une douleur silen- » cieuse, son quatrième régiment.

» Lorsqu'à Praga nous combattions tout sanglans, » pas un seul camarade ne tira un coup de fusil; et » lorsque là nous repoussâmes notre ennemi né, ce fut » à la baïonnette. Demandez-le à Praga, qui connaît » ses fidèles Polonais; nous étions là, nous, le qua- » trième régiment.

» A Ostrolenka, quoique l'ennemi se précipitât fu- » rieux sur nous avec mille gueules enflammées, nous » sûmes arriver à son cœur pervers, nous nous » frayâmes un chemin avec la baïonnette. Demandez-

» le à Ostrolenka, qui, sanglant encore, sait notre nom;
» nous étions là, nous, le quatrième régiment.

» Et quoique bien des cœurs courageux périrent,
» nous attaquâmes toujours à la baïonnette; et quoi-
» que nous dûmes céder au sort, pas un seul ne tira
» un coup de fusil. Aux lieux où la Vistule porte toute
» sanglante ses ondes à la mer, là périt le quatrième
» régiment.

» Malheur à nous, notre sainte patrie est perdue!
» Hélas! ne demandez pas qui nous fit ce mal. Mal-
» heur à tous ceux qui naquirent en Pologne! Les
» blessures saignent de nouveau; mais si vous voulez
» savoir quelle est la blessure la plus cuisante. — Hé-
» las! la Pologne connaît son quatrième régiment!

» Adieu, frères, que blessés à mort nous vîmes tom-
» ber à nos côtés. Nous vivons encore, les blessures
» sont ouvertes, et c'en est fait de la patrie. Dieu, sei-
» gneur du ciel, accorde-nous une bonne fin, à nous,
» les derniers du quatrième régiment. »

Silencieux et les regards obscurcis par la douleur, dix grenadiers viennent de Pologne : au milieu du brouillard ils marchent vers la Prusse. « Qui vive? » — Ils s'arrêtent, et l'un d'eux répond : « Séparés de » la patrie, nous sommes les dix derniers du quatrième » régiment! »

Jules Mosen.

SCÈNE D'HIVER EN POLOGNE, 1832.

O mon enfant, ne sors pas de la chaumière! tu

te perdrais dans la neige ; les loups et les corbeaux hurlant et croassant font leur repas au clair de la lune, et les Cosaques, avides de butin, arrachent les cadavres de dessous la neige.

O mon enfant, ne sors pas de la chaumière ! car là dehors un fou court à travers la neige, il t'effrayerait et il te demanderait, à toi, timide enfant, comment, avec les jours passés, on pourrait refaire le jour d'aujourd'hui.

O mon enfant, ne sors pas de la chaumière ! si tu allais te perdre dans la neige, ton père n'irait pas te chercher, il ne te ramènerait pas par la main à la maison. Dort-il sous le linceul ? erre-t-il en pays étranger ?

Vois, là-bas sur la neige, un pauvre chevreuil transi de froid fuit la fureur du loup ; fais-le entrer, qu'il se réchauffe : Enfant, il faut être miséricordieux, et les étrangers, eux aussi, seront miséricordieux pour ton père fugitif.

Gustave Pfizer.

LE VOYAGE DE LA NUÉE.

A demi fille de l'onde, à demi fille de l'air, la nuée sort belle comme le jour de sa couche humide.

Elle voit la terre qui se pare, elle voit la splendeur de la mer, et, pleine de joie et de désir, elle vole avec la rapidité de l'orage.

Et elle ne peut se rassasier d'admirer les beautés

de la terre, d'admirer ses monts, ses vallées, ses forêts, d'admirer l'œuvre merveilleuse du temps.

Mais tout d'un coup elle aperçoit les actions et les combats des hommes, elle voit le sang, les débris, l'éclair, la vapeur, qui forment un débordement furieux.

Elle voit dans les plaines des armées s'égorger avec fureur, elle voit les larmes du laboureur, elle voit les villes et les villages en flammes.

Elle voit le dos de l'esclave saigner sous les coups du fouet, elle voit le débauché ravi s'enivrer au festin.

Elle voit l'orgueil s'étaler dans l'or et rester sourd au besoin et à la misère, elle voit périr l'innocence, elle voit l'art devenir la proie de la barbarie.

Elle voit le bien et la vertu s'enfuir, et le vice se frayer un chemin; alors elle ne veut plus continuer sa marche, et sa figure s'obscurcit.

Et elle dit à l'azur du ciel si pur ce qu'elle fut forcée de voir; elle gémit, puis elle tombe en pleurant sur le sein maternel de la terre.

Jean Vogl.

A MARIE.

Quand je te vois, l'espace se change autour de moi en paradis, et mille arbres fleuris m'entourent dont les fleurs argentées tombent sur moi.

Quand je t'entends, je crois entendre tout bas les

cloches de mon pays, et le doux chant de ma mère murmurer à mon oreille.

Et quand tes bras m'entourent, j'aimerais mourir de bienheureuse langueur; quelle mort, quelles funérailles seront jamais si belles?

Charles Herlossohn.

ALORS.

Nous étions près d'une tombe caressés par le parfum du lilas; le vent du soir jouait en silence avec les herbes du coteau.

Alors elle dit tout bas en tremblant : « Quand je
» quitterai ce monde, quand mon souvenir ne vivra
» qu'à peine dans ton chant ;

» Quand sur la vaste terre tu seras seul et solitaire,
» que dans les rêves de la nuit mon esprit te don-
» nera de doux baisers,

» Alors viens sur ma tombe entourée de roses et de
» lilas, et incline sur l'herbe fraîche ta tête brûlante
» et fatiguée.

» Comme à l'ordinaire, tu m'apporteras un bouquet
» de fleurs embaumées. Ton pas, si bien connu, si
» chéri, me réveillera de mon sommeil.

» Alors je te parlerai en secret et en confidence,
» comme jadis lorsque nous nous regardions encore
» si amoureusement.

» Et ceux qui passeront diront : C'est le vent qui
» murmure doucement et mollement à travers les
» fleurs du lilas.

» Et tu me diras comment tu vis, tu me diras les
» plus petites choses ; moi je te raconterai ce que j'au-
» rai rêvé de toi.

» Et quand le soir sera venu, quand les étoiles se
» réveilleront les unes après les autres, alors nous
» nous souhaiterons tout bas bonne nuit.

» Tu retourneras consolé chez toi, à la lueur du
» crépuscule, et moi sous mes fleurs j'irai me ren-
» dormir. »

Édouard Ferrand Schlutz.

LE ROI FOU.

Un roi habite une tour près de la mer, il a perdu son trône. Sur ses mains il appuie sa tête blanche, au bruit des vagues il regarde au loin en gémissant.

Quand le soleil sort de la mer azurée, il croit voir la couronne royale ; il croit voir son éclat doré se refléter dans l'onde ; il porte les mains à sa tête et il soupire.

Les vagues mugissent dans la nuit obscure, elles s'élancent jusqu'à la tour ; le tonnerre roule, l'orage gronde, le roi se réveille en sursaut.

Alors du haut de la tour qui tremble il s'écrie : « Quel orage gronde dans mon royaume? Peuple, je » t'ordonne de t'apaiser ! » Et la tempête hurle encore plus fort.

Le roi devient pâle de colère. « Il faut que je sorte, » il faut que le peuple me voie, lui qui ne respecte » plus la demeure royale. » Le roi se précipite dans la mer ; l'abîme l'engloutit.

A. Lebret.

PRIÈRE DU SOIR.

Celui qui est attiré vers la mer sauvage où les vagues écument fouettées par l'ouragan, celui-là ne peut rester sur la terre ferme, où les heureux s'ébattent au milieu des moissons, où les ruisseaux coulent doucement aux sons du chalumeau, où lentement les fleurs deviennent semence.

Il faut qu'il combatte par l'action et la pensée. La paix est une femme, elle sait mettre au monde, elle sait allaiter, élever, mais elle ne sait ni engendrer ni créer. Et il faut qu'il brise les barrières du destin avec l'acier de sa volonté, il faut que de claires étincelles en jaillissent.

Quelque chose m'entraîne dans les tempêtes, dans l'effroi, où les nations saignent, où brillent les larmes de l'homme. Je voudrais m'asseoir sur le chêne de la pensée et devenir aigle, abaisser mes regards sur la sombre vallée. Je ne voudrais pas être le faible oiseau qui dans un gîte sûr s'endort sur le sein de la jeune fille.

Charles Beck.

LA VISION DU VOYAGEUR.

C'était au milieu du désert, la nuit nous couchions sur le sol; mes Bédouins dormaient près des cavales débridées. Au loin, la lumière de la lune éclairait les montagnes du Nil, des os blanchis de dromadaires morts étaient épars sur le sable.

J'étais sans sommeil, ma selle légère, soutenue par le sac rempli du fruit sec du dattier, me servait d'oreiller ; mon caftan étalé me couvrait la poitrine et les pieds, près de moi étaient mon sabre nu, mon fusil et mes lances.

Silence profond. De temps à autre seulement le feu mourant pétille encore ; de temps à autre on entend crier le vautour attardé, de temps à autre les chevaux attachés frappent la terre, de temps à autre un cavalier cherche ses armes en rêvant.

Tout-à-coup la terre tremble ; à la clarté de la lune succèdent des ombres grises, les animaux du désert se réveillent en sursaut, et passent en s'enfuyant. Les chevaux hennissent et se cabrent ; notre guide saisit le drapeau, mais il le laisse bientôt échapper, et il murmure : « Seigneur, c'est la caravane des esprits. »

Oui, la voici, elle vient ! Devant les chameaux marchent les guides géans ; des femmes sans voiles sont voluptueusement assises dans les selles élevées ; auprès d'elles marchent des filles esclaves, elles portent des cruches, comme jadis Rebecca à la fontaine, des cavaliers les suivent, et tous courent au galop vers la Mecque.

Encore plus ! Ce cortége n'aura-t-il donc pas de fin ? Encore plus ! Qui pourrait les compter ? Dieu ! les ossemens épars se lèvent aussi, et deviennent des chameaux, et le sable qui tourbillonne devient, lui aussi, des hommes bruns qui saisissent la bride des animaux.

Car voici la nuit où tous ceux qu'engloutit l'océan

de sable, où tous ceux dont la cendre légère emportée par le vent s'attacha peut-être aujourd'hui à nos lèvres, où tous ceux dont les crânes desséchés furent brisés par le fer de nos chevaux, où tous ceux-là se lèvent et se réunissent pour aller prier dans la ville sainte.

Encore plus! Les derniers ne sont pas encore passés devant nous, que déjà les premiers reviennent bride sur le col. Du cap Vert ils ont atteint le détroit de Bab-el-Mandeb, avant que mon cheval ait pu rompre sa bride.

Tenez ferme! les chevaux se cabrent! que chaque homme soit à son cheval! Ne tremblez pas comme le troupeau égaré devant le lion! laissez-les vous toucher de leurs manteaux flottans. Criez Allah! — et ils passeront avec leurs dromadaires.

Attendez jusqu'à ce que le vent du matin agite les aigrettes de vos turbans! L'aurore et le vent du matin les enterreront tous; avec le jour, ces voyageurs nocturnes redeviennent poussière! Voyez, il commence à paraître, et mon cheval rassuré le salue en hennissant.

Ferdinand Freiligrath.

LA CAVALCADE DU LION.

Le lion est le roi du désert. Quand il veut parcourir son empire, il descend vers les lagunes, il se cache dans les algues où les gazelles et les girafes viennent se désaltérer; là, il s'accroupit, et le feuillage du sycomore murmure et tremble au-dessus de l'animal puissant.

Le soir, quand les feux brillent dans la cahutte du Hottentot, quand les signaux changeans et bigarrés du mont de la Table s'assombrissent, quand le Cafre erre dans les Karoo, quand l'antilope s'endort dans le buisson et le gnou sur les bords du fleuve ;

Alors vois! la girafe arrive majestueusement du désert ; elle vient rafraîchir dans l'eau trouble des lagunes sa langue pendante et desséchée ; haletante, elle a traversé les espaces nus. Elle s'agenouille, et son long cou boit à grands traits dans le bassin rempli de vase.

Tout-à-coup les roseaux s'agitent, et le lion s'élance en rugissant sur sa croupe. Quel cheval! Dans quelles écuries royales vit-on jamais housses aussi belles que la peau bariolée du coursier monté par le roi des animaux ?

Dans les muscles de la nuque il enfonce ses dents avec avidité ; sur l'épaule du cheval colosse flotte la crinière jaune du cavalier ; le coursier se relève en poussant un cri sourd, et s'enfuit martyrisé. Vois, comme il unit la vitesse du chameau à la peau du léopard !

Vois! ses pieds légers rasent à peine les espaces éclairés par la lune, ses yeux sortent de leur orbite ; des gouttes d'un sang noir sillonnent son cou moucheté, et le désert silencieux entend battre le cœur de la bête fugitive.

Semblable au nuage dont la lueur conduisait Israël

à travers l'Yémen, semblable à un esprit du désert, à un pâle spectre aérien, une trombe de sable, s'élevant de la mer de sable, vole et tourbillonne derrière le cheval et son cavalier !

En criant et en tournoyant, le vautour suit leur course, la hyène, la profanatrice des tombes, court sur leurs traces, la panthère, qui dévasta les troupeaux du Cap, arrive aussi, car la sueur et le sang signalent le passage affreux de leur roi.

Épouvantés, ils regardent leur souverain sur son trône vivant ; ils le voient déchirer de sa griffe les coussins bariolés de son siége. Sans halte ni repos, jusqu'au bout de ses forces, la girafe doit le porter. Ruer et se cabrer ne sont d'aucun secours contre un tel cavalier.

Elle tombe exténuée aux limites du désert, elle râle tout bas... elle expire. Alors le coursier souillé d'écume et de poussière devient la proie du cavalier. Et au loin, à l'orient, l'aurore brille sur Madagascar. C'est ainsi que, la nuit, le roi des animaux parcourt son empire.

Ferdinand Freiligrath.

FIN.

TABLE.

Préface.	j
Notice.	ix
L'éternité.	1
Le moissonneur.	2
La Mort et la jeune fille dans le jardin.	3
Sir Olof.	5
La nonne.	7
Le nageur perdu.	8
Le tilleul desséché.	9
La vengeance du sang.	11
Le chevalier au cheval noir.	12
Le comte palatin.	14
Léonore.	15
Les enfans de rois.	16
Le prisonnier.	17
Ulric et Annette.	18
Le sire de Falkenstein.	20
Le cavalier.	21
Le comte.	22
Le verre romain.	26
Le chevalier et sa femme.	27
La racine mystique.	29
La fille du sultan et le maître des fleurs.	29
Honnêteté porte son fruit.	31
La chanson de la belle Bernauer.	33
Légende d'Ida de Toggenbourg.	35
La belle-mère.	37
Le preneur de rats de Hameln.	39
La fausseté punie.	40
Le chevalier et le voile.	41
La jeune fille et le coudrier.	43
La salutation angélique.	44
Noël.	45
La Noël de l'enfant étranger.	46
L'arrivée du printemps.	48
La fidélité allemande.	49
Prière d'amour.	49
Encouragement.	49
Le mauvais rêve.	50
L'archer des mendians.	51
L'anneau.	52
Le joyeux chasseur.	53
Lettre.	53
Dors, enfantelet, dors! etc.	54
Si tu es heureux, pense à moi.	55
Salut.	56
O Dieu! que ça fait mal de se séparer, etc.	57
Sort.	58
Désirs d'amour.	58
Plût à Dieu.	59
Vision.	60
Adieu.	61
Chanson à filer.	62
La sentinelle.	63
Si j'étais petit oiseau, etc.	63
Les trois cavaliers.	64
Chant du désir.	64
Chant d'un religieux.	65
La sorcière brune.	65
L'arbre de la forêt d'Oden.	66
A un messager.	67
La belle enfant.	67
Comme les petites abeilles dorées voltigent sur la prairie, etc.	68
Le romarin.	68
La mariée.	69
L'horloge de la nourrice.	69
Joyeuse et gaie, etc.	70
Faut-il donc mourir? etc.	71
Joseph, cher Joseph, etc.	71
Peine secrète.	72
Chanson du matelot.	72
Le Suisse à Strasbourg.	73
La bergère.	74
La dernière fois.	74
La fleurette.	75
La vérité.	75
L'infidélité punie.	76
Fidélité.	77
L'amour.	79
Rosette sur la bruyère.	80
Chanson à filer.	80
Chant du berceau.	81
Le mal du pays.	81
Le jeune garçon.	82
Douzelé et Babelé.	83
Le printemps.	83
Le pauvre garçon.	84
Prière de guerre suisse.	84
Au mois de mai.	85
Fleur d'hiver.	85
Le cavalier.	86
Chant de guerre.	87
Le méchant frère.	87
La danse.	88
Marie va à l'église.	89
La juive.	89
L'hôte mort.	90
La religieuse.	91
Albert le Grand et la reine de France.	91
Demoiselle Linnich.	94
Le sapin.	96
Mourir.	96
Le paradis.	97
Plus les Alpes sont hautes, etc.	98
Adieu.	99

CHANTS D'AUTEURS CONNUS ET CHANTS AVEC DATES CERTAINES.

Ce qui est éternel.	101
La bataille de Sempach.	102
Cri contre les Turcs.	105
L'affaire de Pontarlier.	108
La bataille de Morat.	111

Notre Dieu est un château fort, etc.	115
Je viens du ciel élevé, etc.	116
Le cinquième psaume.	118
Les Turcs devant Vienne, 1529.	118
Chant de guerre contre l'empereur Charles-Quint.	120
Trois sœurs.	122
Chanson d'amour.	123
Sur une couronne.	124
Le Christ au jardin des Olives.	124
Saint François-Xavier.	126
Chanson du matin.	127
Hâte-toi d'aimer.	128
Complainte du soir.	129
L'amour à la danse.	129
Bienheureux sont les morts.	130
Annette de Tharau.	131
Celui qui laisse agir notre cher Dieu, etc.	132
Près d'un mort.	133
Au soir.	133
Recommande ton chemin, etc.	134
Ce qu'est le monde.	136
Le sermon d'Antoine de Padoue.	137
Consolation.	138
Frères, soyons gais, etc.	139
Sur sa mort.	140

CHANTS DU DIX-HUITIÈME SIÈCLE.

Chant de guerre.	141
Le prince Eugène.	142
Chant de guerre.	143
A la joie.	144
Malheur et bonheur.	145
Pensées du matin.	145
Dieu dans l'orage.	147
Chant du tombeau.	148
La fiancée des housards.	149
Chant de victoire.	149
Les housards.	151
A la paix.	152
Le plaisir.	153
Hermann et Thusnelda.	153
Résurrection.	154
Lui.	155
La séparation.	156
La nuit d'été.	156
Le souvenir.	157
Le jeune homme.	157
Je suis Allemande, etc.	158
Chant de guerre.	158
Henri l'Oiseleur.	159
Hier, mes frères, etc.	160
L'ennemi est là, etc.	161
L'homme libre.	162
La pipe.	163
Le prisonnier.	165
Prière.	166
Le caveau des princes.	168
L'Afrique.	171
L'étoile.	173
Chanson.	173
Chanson du soir.	174
Sur la mort d'une femme.	175
D'un ton clair, etc.	176
Chanson journalière.	176
Chanson à boire.	177
Le mercredi des Cendres.	178
Chanson.	180
Dis-moi où sont les violettes, etc.	182
Chanson de table.	182
Rêves de jeunesse.	183
L'arc-en-ciel.	184
Ce qui fuit le plus vite.	185
Chanson du fossoyeur.	186
Sur la mort d'une jeune paysanne.	186
Chanson à boire.	188
Qui voudrait se livrer, etc.	189
Semons de roses le chemin, etc.	190
Complainte.	191
Chant d'une jeune fille sur la mort de sa compagne.	191
Le chasseur sauvage.	192
La chanson du brave homme.	197
Lénore.	200
Le paysan.	205
Le rêve de Suzanne.	206
Amour sans repos.	207
Le roi des Aulnes.	207
Le dieu et la bayadère.	208
Le pêcheur.	211
Le chant nocturne du voyageur.	212
Vanitas vanitatum vanitas.	212
Présence.	213
La danse des morts.	213
Le roi de Thulé.	215
Lamentations du pâtre.	215
Chant d'union.	216
Chant des esprits sur l'eau.	217
Chanson du soir du chasseur.	218
Présence.	218
Marguerite.	219
Le torrent du rocher.	219
Le jour de la vie, etc.	221
Douce et sainte nature! etc.	221
Le chevalier souabe.	221
Chanson du soir d'une jeune fille.	223
La jeunesse du village.	223
Chanson à boire.	225
Le cosaque et sa belle.	226
Au plaisir.	227
L'infanticide.	229
Chanson de soldats.	233
A Emma.	234
La chanson de la cloche.	234
Jeanne d'Arc.	244
Colomb.	244
L'idéal.	245
Thécla, la voix d'une ombre.	247
Le chevalier Toggenbourg.	248
Sur la mort d'un jeune homme.	250
Complainte de la jeune fille.	253
Les trois paroles de la foi.	253
L'étoile du matin.	254
L'habitant de la forêt Noire dans le Brisgau.	256
Jean et Véronique.	257
Le dimanche matin.	259
Sur un tombeau.	260

Le bonjour du nouvel an.	262	Ma patrie.	326
Le crieur de nuit.	265	Chant de l'épée.	327
La veille de Noël.	265	Des ennemis de tous côtés! etc.	329
L'orage.	267	Scharnhorst.	330
L'étoile du soir.	269	Les chanteurs prisonniers.	331
La religieuse.	271	Sur la mort de son père.	332
La reine des Elfes.	272	Le Rhin.	332
Le clair de lune.	273	Prière du matin des soldats.	334
L'enfance.	274	Que tes plaisirs, etc.	335
Mélancolie du soir.	276	La statue de Gelnhausen.	337
Ronde.	276	Liberté que je comprends, etc.	338
De tous les pays du monde, etc.	277	Rien ne peut durer toujours, etc.	339
Vœu.	278	Le chasseur.	340
Allons, allons! etc.	279	Connaissez-vous le pays, etc.	341
Le voyageur.	280	La tempête hurle, etc.	341
Le chanteur.	281	Où voudrais-je être? etc.	342
Le vin.	282	Chant du tombeau.	343
Le voyageur.	283	Que forges-tu?	344
Désir.	284	Le landsturm.	344
La mort.	285	Frédéric Barberousse.	346
Le printemps.	285	Le saule creux.	347
Chant des fées.	287	Chant d'alliance.	348
Je suis assis sur l'herbe, etc.	288	Le ciel notre salut, etc.	348
Oh! vain désir de s'élancer, etc.	288	Victoire.	349
Chanson de la bière.	289	Chant d'alliance.	350
Frères, savourez la vie, etc.	290	Cœur plein de courage, etc.	350
Toi, tu es dans mon cœur, etc.	291	Amour fidèle.	351
		Chant du matin du cavalier.	352
CHANTS DU DIX-NEUVIÈME SIÈCLE.		Au loin, etc.	352
		Chanson du soir.	353
La mort pour la patrie.	293	La connais-tu? etc.	354
Aux Allemands.	294	Consolation.	355
Le jugement dernier.	294	Qu'il est beau, etc.	355
La paix d'en haut.	295	Chanson à boire.	356
Chant de Lorelei.	295	La nonne.	356
Élévation.	297	Départ.	357
Au sommeil.	298	Chanson d'ivresse.	357
Là haut sur la montagne, etc.	298	Je suis le berger, etc.	359
Ronde.	299	La chanson du pauvre.	360
Les petites étoiles.	300	Là-bas dans la vallée, etc.	361
Chanson à boire.	301	Siegelinde.	361
La patrie de l'Allemand.	302	La chapelle.	362
L'homme.	304	Le cimetière au printemps.	363
Etre Allemand, etc.	305	Harald.	363
Chant d'alliance.	306	Adieu, adieu, ma chérie, etc.	365
Qu'il s'avance, etc.	307	Le chevalier noir.	365
Consolation.	308	La sérénade.	366
Qui est homme? etc.	309	Le pâtre.	367
De l'or! etc.	310	Le caveau.	368
Apportez-moi le sang, etc.	311	Le rêve.	368
Le Dieu qui créa le fer, etc.	312	Renonciation.	369
Appel.	313	Hans et Greté.	370
La chasse sauvage.	315	Le fidèle Walter.	370
Adieux à la vie.	316	La fille de l'hôtesse.	371
Chant d'alliance.	317	Trois nobles filles.	372
Les chênes.	318	L'anathème du troubadour.	374
Prière.	319	Le 18 octobre 1816.	377
Chant du cavalier.	320	Allons, buvons, etc.	379
Venez, frères, etc.	321	Gronde, chant de la liberté, etc.	380
Chanson à boire avant la bataille.	322	Le prince le plus riche.	380
Chant des chasseurs noirs.	322	Le voyageur dans un moulin à scier.	381
Prière pendant la bataille.	323	L'homme marin.	382
Les trois étoiles.	324	L'orage.	383
Consolation.	325	Prière à boire.	384
Chant de chasseurs.	325	Le pèlerin à Saint-Just.	385

Le jouet du géant.	385	Le pêcheur.	406
L'entretien des vagues.	387	Nous nous étions bâti, etc.	408
L'eau.	387	La revue nocturne.	408
La nuit des noces.	388	Les bohémiens.	410
Le pèlerinage de Kevlaar.	389	L'image du Christ à Vienne.	411
Tu es comme une fleur douce, etc.	390	Schwerting, duc des Saxons.	412
Ma douce chérie, etc.	391	Peines diverses.	414
La voix de la montagne.	391	Comme ci ou comme ça.	415
Chère bien-aimée, etc.	392	Le printemps dans le vin.	416
Quand je vois tes yeux, etc.	392	La clochette du bonheur.	417
À l'heure tranquille de la nuit, etc.	392	Larmes d'homme.	420
Oh! si les petites fleurs, etc.	394	Le dernier poète.	420
Don Ramire.	394	Le fossoyeur de Munsingen.	422
Sur les ailes du chant, etc.	399	Les dix derniers du quatrième régiment.	424
Pendant un jour, etc.	399	Scène d'hiver en Pologne, 1832.	425
Celui qui aime, etc.	400	Le voyage de la nuée.	426
Hermann.	400	À Marie.	427
La jeune fille malade.	401	Alors.	428
Chansons du voyageur.	401	Le roi fou.	429
Les couronnes.	403	Prière du soir.	430
Le temps des roses.	404	La vision du voyageur.	430
Le poète et le plongeur.	405	La cavalcade du lion.	432
Nuit d'hiver.	406		

www.ingramcontent.com/pod-product-compliance
Lightning Source LLC
Chambersburg PA
CBHW060233230426
43664CB00011B/1631